熔炼

张富清同志一生的党性修炼

中共中国建设银行委员会
中共中央党校（国家行政学院）党的建设教研部
编著

中共中央党校出版社

图书在版编目（CIP）数据

熔炼：张富清同志一生的党性修炼 / 中共中国建设银行委员会，中共中央党校（国家行政学院）党的建设教研部编著 .-- 北京：中共中央党校出版社，2023.5（2023.6重印）
ISBN 978-7-5035-7546-4

Ⅰ.①熔… Ⅱ.①中…②中… Ⅲ.①张富清—传记 Ⅳ.① D263

中国国家版本馆 CIP 数据核字（2023）第 081371 号

熔炼——张富清同志一生的党性修炼

策划统筹	任丽娜
责任编辑	马琳婷　桑月月　牛琴琴
责任印制	陈梦楠
责任校对	王　微
出版发行	中共中央党校出版社
地　　址	北京市海淀区长春桥路6号
电　　话	（010）68922815（总编室）（010）68922233（发行部）
传　　真	（010）68922814
经　　销	全国新华书店
印　　刷	中煤（北京）印务有限公司
开　　本	710毫米×1000毫米　1/16
字　　数	270千字
印　　张	22.75
版　　次	2023年5月第1版　2023年6月第2次印刷
定　　价	56.00元

微 信 ID：中共中央党校出版社　　　邮　箱：zydxcbs2018@163.com

版权所有·侵权必究

如有印装质量问题，请与本社发行部联系调换

编委会

主　　编： 田国立　中国建设银行党委书记、董事长

副 主 编： 张金良　中国建设银行党委副书记、行长
　　　　　　 王永庆　中国建设银行党委副书记、监事长、党校校长
　　　　　　 张志明　中共中央党校（国家行政学院）党的建设教研
　　　　　　　　　　 部主任

编委成员： 李　民　中国建设银行党委组织部部长
　　　　　　 徐　贺　中国建设银行党委宣传部部长
　　　　　　 郭元析　中国建设银行党务工作部总经理
　　　　　　 周　波　中国建设银行党校常务副校长、高级研修院院长
　　　　　　 张　超　中共中央党校（国家行政学院）党的建设教研
　　　　　　　　　　 部副教授
　　　　　　 孙耀河　中国建设银行党校副校长

执行撰稿： 周　波　中国建设银行党校常务副校长、高级研修院院长
　　　　　　 张　超　中共中央党校（国家行政学院）党的建设教研
　　　　　　　　　　 部副教授
　　　　　　 靳连珠　中国建设银行山西省分行退休干部
　　　　　　 崔连友　中国建设银行党校党建教育处处长
　　　　　　 邹　玲　中国建设银行党校教学研究处副处长兼领导力
　　　　　　　　　　 团队负责人

参与人员： 卿　劼　李富宁　杨　帆　王一辰　刘家琦　许　健
　　　　　　 王　妍　张伊佳　张鹏辉

情景案例课研发表演参与人员：
　　　　　　 黎陆昕　李小青　李立峰　刘成国　夏　青　李红霞
　　　　　　 孙小明　李星星　陈　玮　武　硕　闫雪明　李清华
　　　　　　 陈立忠

目　录

前　言　/ 001

第一篇　英雄之路

楔　子 003
① 新民主主义革命时期：舍生忘死，熔铸党性 005
② 社会主义革命和建设时期：为国为民，固根铸魂 042
③ 改革开放和社会主义现代化建设新时期：深藏功名，不忘初心 112
④ 中国特色社会主义新时代：恬淡如水，不改本色 155

第二篇　党性之问

① 熔炼之蕴：党性修炼的内涵 203
② 百年之答：张富清同志的党性分析 206

第三篇　熔炼之悟

① 理性思考：张富清同志启示我们锤炼党性修养 227
　　深刻体会张富清同志党性修养的本质内涵 .... 张志明 / 227

向张富清同志学习　自觉加强党性修养 .... 罗建辉 / 236
一名优秀共产党员的党性修养是组织培养和个人
修炼的有机统一 .... 赵湘江 / 244

● 二　学习实践：张富清同志鼓舞我们实干开创新局 257
向张富清同志学习　以高质量党建引领新金融行动
拓维升级 .... 田国立 / 257
张富清同志的先进事迹是一部党性修养的好教材 ...... 张金良 / 272

● 三　精神赓续：张富清同志激励我们弘扬时代新风 282
传承榜样力量　弘扬英模精神 .... 李　伟 / 282
为新时代唤醒一座精神丰碑 .... 邱克权 / 290
我眼中的爷爷 .... 张　然 / 298

第四篇　笃行之为

● 一　立德树人：对新时代创新党性教育相关工作的思考 307
对新时代创新党性教育的思考 .... 张　超 / 307
● 二　育才强基：党的好战士——张富清党性修炼情景案例课 314

后　记 .... 王永庆 / 345

前　言

党的二十大报告深刻指出，全面建设社会主义现代化国家、全面推进中华民族伟大复兴，关键在党。党中央在全党部署深入开展学习贯彻习近平新时代中国特色社会主义思想主题教育，并提出要坚持学思用贯通、知信行统一，坚持不懈用习近平新时代中国特色社会主义思想凝心铸魂，把习近平新时代中国特色社会主义思想转化为坚定理想、锤炼党性和指导实践、推动工作的强大力量。党的二十大指出，要坚持党性党风党纪一起抓，从思想上固本培元，提高党性觉悟，增强拒腐防变能力，涵养富贵不能淫、贫贱不能移、威武不能屈的浩然正气。

"凝心"，凝聚的是全党的心、人民的心；"铸魂"，铸就的是理想之魂、信仰之魂，而党性是贯穿其中的核心和根本。不论是各级党组织还是每一名党员干部，都要通过锤炼党性，塑造一心为民的家国情怀，将人民立场植根于心、实践于行，更好地为人民服务；都要通过锤炼党性，鼓舞人心、提振士气，将广大人民团结于中国特色社会主义伟大旗帜下，汇聚最强大的奋进力量。

百年征程波澜壮阔，百年初心历久弥坚。我们党自成立之日起，就打上了马克思主义政党的鲜明烙印，就把为中国人民谋幸福、为中华民族谋复兴作为初心使命，无论风高浪急、前路艰险，一代代中国共产党人为实现国家富强、民族振兴、人民幸福的脚步不停、步履铿锵。决定一个人如何的是品行，决定一名党员干部如何的是党性。我们党的党性在百年风雨兼程中坚如磐石、纯洁如初，塑造着每一名共产党员的党性。共产党员的党性不是与生俱来的禀赋，也不是随着组织上入党而自然拥有的，是要在冰与火、血与泪、生与死的考验中修炼出来的，是要在得与失、成与败、危与机的磨砺中锻造出来的。

党性需要以党组织和党员干部作为载体，需要以党组织和党员干部的作风进行彰显，需要以全心全意为人民服务的切实成果作为评判标准，同时，我们也应该深切地认识到，党性需要以榜样的力量、英雄的示范、楷模的引领赓续传承。老英雄张富清同志就是这样的榜样、这样的英雄、这样的楷模。他"富足于精神、清廉于物质"的一生就像是一本读得出哲理、赏得出乐趣、品得出韵味、悟得出情怀的典籍，是全体共产党员党性修炼的范例和样板。

为大力弘扬张富清同志坚守初心、不改本色、朴实纯粹、淡泊名利的崇高精神，我们怀着对英雄的敬意编写本书，以期为各级党组织和广大读者尊崇先进模范、弘扬时代新风提供参考借鉴。全书分为英雄之路、党性之问、熔炼之悟、笃行之为等四个篇章。第一篇"英雄之路"通过83个小故事全面生动地再现了张富清同志在新民主主义革命时期、社会主义革命和建设时期、改革开放和社会主义现代化建设新时期、中国特色社会主义新时代走过的平凡而伟大的人生之路。第二篇"党性之问"阐释了党性的修炼与钢铁的熔炼之间的对应关系，并由此深入分析了张富清同志的党性。第三篇"熔炼之悟"收录了中央组织部、中共中央党校（国家行政学院）

与中央和国家机关党校的专家学者、中国建设银行的主要领导、地方基层党政的主要负责人以及张富清同志的亲朋好友的评论文章，深入挖掘张富清同志的先进事迹中蕴含的党性光辉和精神实质。第四篇"笃行之为"探讨了新时代创新开展党性教育的有关思考，并将中国建设银行党校倾情打造的《党的好战士——张富清党性修炼情景案例课》的课程脚本收入其中，为开展向张富清同志学习活动提供参考。

  云山苍苍，江水泱泱。鼓角争鸣虽已渐渐远去，富清英雄之风山高水长。他的党性、品格、风范将永远激励我们在新时代新征程上奋勇前进。我们要向张富清同志学习，在张富清同志先进事迹的鼓舞下，创造出无愧于时代、无愧于历史、无愧于人民的光辉业绩，为全面建设社会主义现代化国家、全面推进中华民族伟大复兴接续奋斗！

英雄之路

第一篇

百年旅程,一生坚守。2022年12月20日23时15分,张富清老英雄走完了他平凡而又伟大的人生道路,享年98岁。老英雄深藏功与名、一生跟党走,从陕西到湖北、从部队到地方、从事迹尘封到被人广为传颂,他手握赫赫战功,却又质朴如常,始终坚守着对党忠诚、服务人民的党员初心,始终坚守着淡泊名利、朴实纯粹的为人风骨。有人说,他的事迹不需要任何润色,只要忠实地还原,就能够感天动地。我们以83个小故事全面回顾老英雄"富足于精神、清廉于物质"的一生,一如他的名字,是他光辉人生的真实写照。

第一篇　英雄之路

楔子

图1　张富清老英雄照片（《湖北日报》全媒记者张欧亚　摄）

熔 炼
张富清同志一生的党性修炼

2019年5月24日10点32分，新华网赫然刊出一则重大新闻：

中共中央总书记、国家主席、中央军委主席习近平近日对张富清同志先进事迹作出重要指示强调，老英雄张富清60多年深藏功名，一辈子坚守初心、不改本色，事迹感人。在部队，他保家卫国；到地方，他为民造福。他用自己的朴实纯粹、淡泊名利书写了精彩人生，是广大部队官兵和退役军人学习的榜样。要积极弘扬奉献精神，凝聚起万众一心奋斗新时代的强大力量。

当晚七点，央视《新闻联播》头条向全国传递了这一消息。

消息如同惊涛拍岸，顿时，在全国引发热烈反响。

"张富清？就是前段报道的深藏功名60多年的战斗英雄张富清吧，老英雄确实难能可贵！"

"老英雄用95年的人生、71年的党龄回答了人生观和党性上的重大问题，值得好好学习。"

"老英雄不仅是广大部队官兵和退役军人学习的榜样，也是广大党员和全国人民学习的榜样。"

"过去对老英雄一点都不了解，他为什么要隐藏功名？为什么要默默奉献？"

…………

一 新民主主义革命时期：舍生忘死，熔铸党性

1
洋县小个

公元1924年，江浙战争、第二次直奉战争爆发，华夏大地，军阀混战，民不聊生。革命运动风起云涌，国共两党进行第一次合作。中国共产党发表第三次对时局的主张，号召反对帝国主义，推翻直系军阀的统治。

这年12月24日，陕西省汉中市洋县马畅镇双庙村，一间四面透风的破旧屋子，屋檐挂着依稀可见的冰凌，墙角滴滴答答在渗水。屋内，晃动着三名中年妇女的身影，一人在不停地加烧柴火，其他两人服侍着一名翻滚叫喊的孕妇。

"生了，生了，是个男孩。"随着一声婴儿啼哭声，屋子里欢腾起来。

"看那小脑袋瓜子，一看就是个显贵有福之人。"

这时，一个中年汉子走进房间："什么显贵不显贵、有福没有福，能养活就不错了。"

这个中年汉子是张富清的父亲张转义。他上前瞅瞅这个幼小的生命，欣喜之中露出淡淡忧伤："又添了一张嘴，以后的日子更不好过了。"

熔炼　张富清同志一生的党性修炼

张家世代靠种租地、打短工谋生。起早贪黑，辛勤劳作，经常吃了上顿没下顿。

1921年夏，洋县下了40天霖雨，山洪暴发，河堤和渠道多处被冲决，人畜、庐舍和田地被淹没、冲毁无数，民众缺粮断炊。

第二年秋，洋县阴雨连绵，再次江河决堤，淹没田庐。冬，酉水乡农民冯德、冯耀兄弟，组织农民成立"团体会"，反对当局苛捐杂税。然而，人民仍然苦不堪言。

极度贫穷的张家，更是雪上加霜，度日如年。张转义和张周氏的大儿子因贫病交加，早早离开了人世。

"他爹，孩子生下来了，咱就得养活他。你给咱三儿子起个名字吧。"张周氏看着自己男人说。

张转义找来老先生。老先生建议说："今年是甲子年，是一元之始，小名就叫元生吧。"之后顿了顿："大名嘛，大名叫张富清怎样？希望今后日子能富裕起来，社会能清明起来。"

众人一致表示赞成。

在张转义和张周氏的辛勤抚育下，二儿子、三儿子和后来出生的姑娘张润莲都活了下来，然而，张转义和张周氏却都得了病。

1932年，张转义得病无钱医治，在床上躺了一个多月便与世长辞。因买不起棺材，在村子不远的子房山挖了一个土坑，身上裹了一张旧篾席，就下葬了。

张转义去世后，裹着小脚的张周氏苦苦支撑着这个一贫如洗的家，泛黄的脸上布满了皱纹，满头银发散落在佝偻的后背上，目光呆滞，嘴唇干裂，看上去比实际年龄大了十几岁。

穷人的孩子早当家。二儿子张茂茂年满16岁就接过了养家糊口的重担，张富清也不得不承担起打柴、烧火、做饭、洗衣的家务活儿。

张富清从15岁起，就给地主当长工。一双光脚跑来跑去，脚上磨出了厚厚的老茧。没日没夜地干活儿，却"从来没有填饱过肚皮"。因缺乏营养，长得十分瘦小，是远近有名的小个子。

1943年夏日的一天，村里来了一名中国共产党的地下工作者，讲了洋县中国共产党的一些情况。

张富清出生时，中国共产党已经成立3年，洋县阎家村青年阎灵初，考入上海大学后加入了中国共产党。贯溪乡青年尚辛友，入广州黄埔军校第一期学习时也加入了中国共产党。

张富清5岁那年，尚辛友等在洋县初级中学建立起中国共产党洋县第一个基层组织——中共洋县小组。

张富清7岁那年，中共洋县委员会成立。

张富清11岁那年，中国工农红军第二十五军军直部队和二二三、二二五团，在军长程子华、政委吴焕先的率领下，到达洋县华阳，在7个乡成立了苏维埃政府，开展了打土豪、分田地的斗争。

这些信息，在19岁的张富清心里播下了改变黑暗社会的种子，他经常和同伴说："如果有机会，我们也要跟着共产党闹革命，让穷人过上好日子。"

2
替兄受辱

1945年，抗日战争胜利以后，全国人民渴望和平、民主。但是，以蒋介石为首的国民党仍要在中国保持大地主大资产阶级专政，继续实行独裁统治，阴谋发动反共反人民的内战，抓紧扩军备战。

这年，张富清在城固县宝山镇东窑村一个王姓地主家当长工。一天，母亲张周氏托人给他捎了一个口信，告诉他二哥被国民党的部队抓了壮丁，家里的日子没法儿过下去了，要他赶紧回家。

抓壮丁是国民党使用强制手段，抓青壮年充军，用于补充兵员，参加战争的手段。人们不愿为国民党卖命，国民党就到处抓人。

张富清回到家中，母亲哭着说："元生，你知道，咱们家就指望你二哥活呢，上一次他被抓去当兵，你远房舅舅周海先说情给放回家，这次又被抓走了，镇公所说啥也不再放人了。"

说到这里，母亲抹了一把眼泪："娘想让你顶替你二哥，要么咱家的日子就没法过了。但手心手背都是肉，娘又担心你在外面受罪。"说着，一把抓住张富清的手，哭得更厉害了，"元生，人活着咋就这么难呢？"

"娘，别哭了，我替二哥。"张富清安慰好母亲，主动跑到镇公所。谁知，镇公所嫌他个子小、身体瘦，怎么也不接收。无奈，张周氏只好变卖家产，再次求人，这才用他换回了二哥。

然而，镇公所担心军方追究责任，迟迟没有把他交到部队。张富清像犯人一样，一直被关押在镇公所，人瘦得皮包骨头。一晃一年半过去了。1946年8月，随着内战的爆发，国民党大肆征兵，马畅镇无人可抓，这才把他纳入上交名单。

张富清和100多名壮丁，先被送往洋县县城，后押送人员用绳子将他们拴在一起，像赶牲口一样，手持木棍，吆喝前行。入夜，所有人员都被责令脱去全身衣服，以防逃跑。路上，没有食品准备，有的路段吃一点，有的路段吃不上，就饿着肚子赶路。

经过数百公里跋涉，到达一处不知名的营房。张富清因身材矮小，被安排搞杂役，每天干着做饭、喂马、洗衣服、打扫卫生、搬运货物等杂活儿。

在国民党军队，杂役是次等兵，备受欺凌。老实巴交的张富清被长官和老兵呼来唤去，稍有不慎就是一顿拳打脚踢和皮带抽打。

和张富清一起当杂役的有一个叫王秃子的士兵，两人有着同样的家庭背景，暗中商量逃离这个魔鬼之地。一天，两人跟着司务长采购物资，溜进一个巷子准备逃跑。不巧，巷子是死胡同，两人只好原路返回，借口内急方便，才免遭毒打。

不久，两个士兵因抢饭发生冲突，把张富清手中的饭碗撞翻。长官不分青红皂白对他拳打脚踢，罚他两天不许吃饭。

张富清十分委屈，半夜悄悄溜出营房，心想："这次说啥也要逃走。"

他摸黑行走在一条小路上，深一脚浅一脚不知走了多远，天亮了，迎面撞见一支国民党部队。

"坏了。"张富清赶快找地方躲藏。

这时，部队也发现了他，经过一番盘问，把他扣留下来。不一会儿，所在连队把他接走。

"你知道不知道'开小差'要受到怎样的惩罚？"连队几名军官问他。

"不知道。"张富清话音未落，一根皮鞭抽在他的脸上，"我让你知道知道！"

接下来是一顿狂风暴雨式的抽打。

张富清皮开肉绽，浑身是血，满地打滚。

"知道疼了吗？"一名军官问张富清。

张富清大口大口地喘着粗气,眼睛瞪着他们没有说话。

接着又是一顿毒打。

张富清顿感疼痛从身上传递到大脑中枢,从大脑中枢传递至神经系统,手脚不停地抽搐,身体蜷成一团。

这时,王秃子等人过来说情。一名军官望着人群,回头盯住张富清说:"看在大家的份上,今天免你一死。下次再有这种行为,定死不饶。"

张富清满眼含泪,心头怒火再一次燃起,紧紧攥起了拳头。他对剥削压迫人民的旧制度更加深恶痛绝,对建立人民当家作主的新制度的向往油然而生。

3
人生转折

1948年,解放战争进入第三个年头。人民解放军在各个战场上节节胜利,战争进入夺取全国胜利的战略决战阶段。

这年2月28日至3月1日,在彭德怀司令员的指挥下,解放军浴血奋战三昼夜,取得了著名的瓦子街战役的胜利。张富清所在的国民党部队被解放军"包了饺子",后方杂役人员四处逃散。

张富清和好友王秃子结伴往宜川西南方向奔走。他俩一个是洋县人,一个是留坝县人,同属汉中地区,想乘机溜回老家。

走着走着,看见几名头戴五角星帽子的战士。

"解放军?"张富清的话刚出口,王秃子撒腿就跑。张富清却犹豫了一下,停住脚步。

"不要跑了,我们都是同胞。"解放军战士追了上去,拦住去路。

张富清早就厌恶国民党军队、倾慕着人民解放军，但作为国民党军队的一员，不知将被如何处置，心里忐忑不安。

解放军战士把他们带到一个大院。大院有不少国民党士兵站在院子中间，有一名军官在给他们训话。张富清和王秃子加入人群中。

"解放军是共产党领导的人民军队，是为贫苦老百姓打天下的。你们大都是穷苦人家出身，是被抓壮丁加入国民党军队的。咱们都是同胞，都是兄弟。"听着军官的这些话，张富清心里的石头落了地。

图2　张富清从军时的照片（引自《湖北日报》文章）

之后，军官给现场人员指出两条路："如果你想回家，我们给你们发通行证、路费；如果不想回家，欢迎加入解放军，同我们一起解放更多的贫苦老百姓。何去何从，自由选择。"

"还有这样的好事？"张富清听到这里，一股暖流涌上心头。他早就知道共产党是为人民谋幸福的党，中国共产党领导的军队是穷苦老百姓的军队，党和军队实行"耕者有其田"，减租减息，解决劳动人民受剥削的问题。他想留下来，成为一名解放军战士，但又放心不下病弱的母亲。

"如果选择参加解放军，请站到左边。如果选择回家，请站到右边。"军官说道。

这时,王秃子和张富清说:"元生,你打算怎么办?我要回家,家里只剩下我娘一个人了,我想回去照顾她。"

"不瞒你说,我既想留下,又想回家。"张富清说,"咱看看大家怎么选择。"

说话间,大家纷纷往左边靠拢,并发出许多议论声。

"我也想回家,但不打败国民党军队和地主恶霸,能尽了孝道吗?"

"回家咱也不认识路,吃饭就是个大问题。如果被国民党军队抓走,那就更糟糕了。"

"想来想去,不如加入解放军,让家里的老乡们过上好日子。"

听着这些话,张富清对王秃子说:"他们说得对,要不咱们参加解放军吧。"

王秃子面露难色:"我还是想管母亲……"

"没关系,人家让咱们自由选择,你就回去照顾老娘吧。"张富清一边安慰王秃子,一边托他办件事:"你如果有机会到了洋县马畅镇双庙村,告诉我家人,就说我参加了解放军。"

说完,张富清果断站到左边,进行了信息登记。

之后,他被纳入西北野战军第二纵队三五九旅七一八团解放军战士培训班。

那年,他24岁。从此,他的命运开始发生转折。

4
部队教育

张富清跨入解放军的大门，一个崭新的世界在心中徐徐展开。

部队正在进行以"诉苦大会"和"三查三整"为主要内容的新式整军运动。

七一八团政治处专门安排了几名干事给新加入解放军的战士"开小灶"，讲解共产党的主张、政策和纪律，组织他们倾诉自己的苦难。

这天，"诉苦大会"正在进行。

"我家的日子真不叫人过的日子，七八口人，有的饿死了，有的病死了，有的被打死了，只剩下我一个人，还被抓了壮丁。"

"我们的长官空报人数、克扣军饷，还因为赌博输掉连队的伙食费，大家饿肚子还不敢说。"

"我们连有人开小差，就被直接吊起来打死，有人还被割下耳朵。"

"我们连队在行军时，怕伤者和病号拖累作战，直接开枪打死，吓得全连汗毛竖立。"

"国民党政府统治下的钱压根儿就不值钱！军队去我们家收购粮食，说是收购，可一大捆粮食换来的一大包钞票，竟然只能买得起几个烧饼！这让老百姓怎么活？"

"国民党反动派和美国佬穿一条裤子，不仅把枪口对准咱们自己的同胞们，还签了那么多不平等的条约，让美国佬坐收渔利，这不就是在卖国吗？！"

大家说着说着，悲愤交加，哭成一团，有的因为积怨过深过久，号啕大哭起来。

听着这些控诉，张富清想起自己的遭遇，跑上台讲述了半截，就哭成了泪人，再也说不下去了。

大会进行到最后，组织者上台讲话："说起国民党和国民党部队的可耻行为，大家都义愤填膺，怒不可遏。怎么办？我们应该拿起枪来，推翻国民党政府，打倒国民党反动派！"

顿时，场上响起一致的口号声："推翻国民党政府！打倒国民党反动派！"

大会之后，政治处干事教大家学唱《三大纪律八项注意》歌曲。"革命军人个个要牢记，三大纪律八项注意。第一，一切行动听指挥，步调一致才能得胜利……"歌声响彻军营，响在每个人心里。

经过一段时间的思想政治教育，张富清明白了为谁当兵、为谁打仗、怎样打仗的道理，注入了听党话、跟党走的信念。

不久，他被编入七一八团二营六连，领到了军装，拿到了枪支。在与战友一起训练、行军、打仗中，受到了更加生动实际的思想教育。

一天，张富清穿上军装，抚摸着帽徽、领章打量自己。指导员肖有恩走到他面前，亲切地拍了拍他的肩膀："小伙子，好好干。"

张富清突然感到一股暖流流过心田："这是多么亲切的动作、多么暖人的话语啊！这个大家庭真是官兵一致啊！"

后来，他切身感受到："战友之间亲如兄弟，行军、打仗处处有人帮助我、保护我"；"解放军打富济贫，扫恶除霸，保护贫下中农的利益"；"部队从不拿老百姓东西，借什么一定归还，损坏了赔新的；如果老百姓不愿意借，决不勉强"。

在国民党部队挨打受辱的他，很快发现解放军好、共产党亲。

在训练和战斗中，张富清跟着战友认真学习怎么用枪、怎么瞄准、怎么用弹药、怎么打敌人，操作武器越来越熟练，技能不断提高；看到战友们在执行任务时特别坚决，不怕牺牲，敢和敌人硬拼，同时也发现"自己只要灵活一些、敢打一些，就能打败敌人"。张富清的胆子越来越大，很快就可以单独作战了。同时，他也在骨子里注入了不怕牺牲的勇气。

在一次训练中，连长李文才发现张富清虽然个子矮小，但反应敏捷，动作灵活，手力很大，对他说："是块打仗的料。"然后把他安排到爆破突击队，进行爆破、射击、投掷等训练。

张富清一有时间就抓紧训练。时间不长，不仅掌握了跳战壕、匍匐前进、爆破、投掷手榴弹等基本技能，而且练就了手枪、步枪、机枪等多种枪支又快又准的射击本领，战术动作也在全连名列前茅。

这时，张富清又产生了一种新的想法。

5
羡慕党员

1948年6月，在一次作战间隙，张富清向连队党支部书记、指导员肖有恩递交了一份入党申请书。

这份申请书，是请人代写的。张富清没有上过学，不会写字。申请书比较简短，但基本写清了入党的目的、个人的经历和今后的决心，最后写道："我想做一名冲锋陷阵的共产党员，做一名英勇顽强的人民解放军战士。"

"你要入党？"肖有恩用惊奇的眼光盯住张富清问。

"是的。"张富清用毫不犹豫的口吻回答。

"你为什么要入党？"

"我看到，每次打冲锋都是党员带头，前面的倒下去，后面的跟上来。在党员的带动下，部队士气高涨，连打胜仗。"

"还有呢？"

"还有就是我们是为自己打仗，为老百姓打仗，为整个国家打仗。"

听到这里，肖有恩赞赏地点了点头："你说得很对，但入党是要准备牺牲的。你可能看到了，每次战役战斗，牺牲的战士们很多都是党员。"

张富清显示出一种大义凛然的姿态："能够成为党员，牺牲了也是光荣的。"

肖有恩望着眼前这位入伍刚3个多月的解放军战士，详细了解了他的家庭出身、在国民党部队的经历以及早期受地下党组织影响等情况，对他说："你的愿望很好，基本条件也具备，但入党不能光凭嘴说，还要看你在行军、作战中的表现。"

"明白。"张富清向肖有恩敬了一个礼，高兴地回到队伍中。

从此，张富清处处模仿共产党员。共产党员在危急时刻挺身而出，他就在重要关头主动请缨；共产党员在攻城拔寨时冲锋在前，他就在艰巨任务中一往无前；共产党员吃苦在前、享受在后，他就争挑重担、先人后己。

每次出征前，连长、指导员都要带领全连宣誓："革命军人忠诚于党、忠诚于革命、忠诚于人民，发扬我军光荣传统和优良战斗作风，不怕苦、不怕流血牺牲。保持荣誉，勇于献身。服从命令听指挥，为解放大西北而努力奋斗！"

张富清宣誓的声音最亮，行动最为自觉。

肖有恩看在眼里，喜在心上："这个解放军战士入党的决心很大啊！"他找连长李文才商量，建议把张富清作为重点培养对象。两人一拍即合。

肖有恩主动找张富清谈心,给他详细讲了党的性质、宗旨、组织、纪律和共产党员的标准。之后,又讲了刚刚听到的董存瑞的故事。

肖有恩告诉张富清,1945年7月,董存瑞参加了八路军,两年后加入中国共产党。他军事技术过硬,作战灵活果决,生前立大功3次、小功4次,获3枚"勇敢奖章"。1948年5月25日下午,在解放隆化的战斗中舍身炸碉堡,用生命为部队开辟了前进的道路,年仅19岁。董存瑞牺牲后,所在纵队追认他为战斗英雄、模范共产党员,将他生前所在班命名为"董存瑞班"。

肖有恩还告诉张富清,他们所在的六连,是二营的突击连,善打恶仗硬仗,以能征善战而名扬三五九旅。连队特别需要大批董存瑞式的共产党员,把连队的光荣传统接过来、传下去。肖有恩勉励他以董存瑞为榜样,努力杀敌立功,在战火中接受党组织对他的考验。

这番谈话,使张富清的灵魂又一次得到洗礼,他的眼前闪现出连队共产党员前仆后继、冲锋陷阵的形象,幻化出董存瑞舍生忘死、炸毁碉堡的形象。

他向肖有恩表示:"请指导员放心,我一定英勇杀敌,报效国家和人民,争取早日加入党组织。"

6
英雄奠基

1948年下半年,党中央、中央军委决心全年歼灭敌正规军115

个旅，并发起辽沈、淮海、平津三大战役。西北野战军的任务是，继续对胡宗南集团开展攻势，积极歼灭敌人有生力量，使其不能抽调兵力增援其他战场。

陕西渭南澄城县有一个地方，与黄龙山斜坡相接，似断非断、似连非连，拔地而起，突兀孤立，形似水壶，状如阶梯，因此得名壶梯山。它是这个县北沿山一带的制高点，是连接陕北与关中的交通要道。

7月底，胡宗南三大主力之一、整编第三十六师向北攻击，进至陕西澄城以北冯原镇、壶梯山地区。因发现我军设伏，国民党部队迅即就地转入防御，在正面宽12公里、纵深长6公里的地域内，以壶梯山为主要支撑点，构筑了要点式的防御体系。

我军采取中央突破、两翼包围迂回的战法破敌，由王震指挥的第二纵队承担中央突破壶梯山的任务。战斗打响了，敌人依托暗堡负隅顽抗，从射击孔中疯狂扫射，死死封锁住我军进攻线路，一批批战友倒在了暗堡前。

张富清看在眼里，痛在心上。他仔细观察，发现暗堡主体工事在地下，地上只露出一米多高。他心想，炸掉它，在上面扔手榴弹不行，猛打猛冲也不奏效，必须从侧面迂回，接近暗堡，从射击孔塞手榴弹进去。

这时，共产党员冲锋陷阵的情景又一幕幕出现在他的眼前，心里蹦出一个念头：我要当共产党员，我要炸掉这些火舌。他按捺不住心中的激情，向班长、排长和连长、指导员请缨："让我上去试试！"

说时迟，那时快，他很快跳出战壕。在火力掩护下，伴着"嗖嗖"的子弹声，时而匍匐，时而跃进。突然，一枚燃烧弹在他身边爆炸，灼伤了他的右臂和胸部。他似乎没有感到疼痛，仍然不停迂回，向前冲去。

什么是战斗意志？人一旦怒火中烧，把生死置之度外，就会把精力聚焦一点，把一切忘得一干二净。

到了！到了！到了那个射击最疯狂的暗堡。眼望四周喷射的火舌，想着一个个倒下的战友，他心中的怒火燃烧成一团，一个快速的滚翻，就贴在两个射孔中间。然后，静了静气，快速解下腰上别的手榴弹，缓缓拉开引线，猛地朝喷着火舌的射击孔塞进去。

"轰"一声巨响，机枪哑了。接着，他又接连扔进两颗手榴弹。四周火舌再也不肆虐了。

"同志们，冲啊！"战友们如猛虎般冲了上来。张富清露出欣慰的笑容，跟着部队一起向前冲去。

这一仗，张富清初露锋芒，不仅攻下敌人1个碉堡，还击毙2个敌人，缴获1挺机枪。

当日16时，我军向壶梯山发起总攻，全歼敌第二十八旅第八十二团，致使整编第三十六师的防御支撑点坍塌，全师动摇。一怒之下，胡宗南将其师长革职留任，旅长、团长撤职关押。

接着，我军乘胜追击，一举收复韩城、澄城、合阳。澄合战役宣告胜利，党中央致电祝贺。

当时，高度关注战况的彭德怀，顺着电话线，找到第二纵队司令员兼政委王震的指挥所，抵近观察，将一切看得真真切切，记住了壶梯山战役中这名机智勇敢的小个子战士。

此时，张富清所在部队改称"西北野战军第二军第五师第十四团"。战后，张富清获第五师一等功一次，被授予"战斗英雄"称号。

手捧获奖证书，他心潮澎湃。这是他走向英雄之路的"奠基之礼",更是他加入党组织的"奠基之礼"。

7
再立新功

壶梯山战役后,二纵首长根据党中央、中央军委和西北野战军的战略意图,决心集中纵队主力歼灭敌一四四师四三一团和四三二团,得手后再歼灭一四四师师部,并以一部兵力切断敌一四四师和敌九十军之间的联系,以确保对敌一四四师的作战。

张富清所在部队担负歼灭敌四三一团的任务。经过两次激战,歼灭了敌一个营,生俘了团长。剩下团部和两个营的兵力龟缩在东马村,负隅顽抗。

东马村位于合阳县和家庄镇,紧挨着乳罗山之巅,是北进合阳的咽喉。全歼四三一团,对实现二纵首长的决心有着非常重要的意义。

"这一仗只能打赢不能打输。"部队领导发出指示后,张富清随部队立即向东马村进发。

晚饭后,战斗在村东头打响。谁料刚开战就受到敌人的强烈阻击。东马村三面环沟,东头有一条被称为"断桥"的小路,是进村的唯一通道。敌军把路挖断,借着险要地势拼命顽抗。

张富清和战友们冒着枪林弹雨从沟底穿梭攀爬,硬是突破了敌人防线。然而,接近村子,炮火更加猛烈,6个碉堡喷出的火舌,吞噬着一个个战友。

"仗不能再这样打下去了,先端掉正面的碉堡,给部队撕开一个口子。"团领导当机立断改变打法。

任务交给张富清所在的连。连首长环视着全连战士。

有两名战士抢先报名，但连首长没有表态。是啊！这次任务非常艰巨，必须挑选最合适的人选。

张富清心想，虽然我还不是共产党员，但我已经递交了入党申请书。指导员说入党申请书不但要写在纸面上，更要写到战场上。这是一次考验。

想到这里，张富清站出来，用坚定的口气提出请求："我有壶梯山作战的经验，我去完成任务！"

连首长拍了拍他的肩膀，用期待的目光冲他点了点头："好！组织相信你！再给你配6个人，组成突击组，迅速搞掉它。"

"是！"一声响亮的应答之后，便是一个标准的军礼。让自己这个新兵负责完成如此艰巨的任务，这是多么大的信任啊！

他把突击队员召集齐，简单商量了对策，就在机枪的掩护下，一溜烟儿消失在夜幕中。

在张富清的带领下，突击组时而匍匐前进，时而一溜儿小跑，左冲右突，相互依托，很快靠近瞄定的碉堡。

"大家掩护我，我先冲上去。如果我倒下了，你们接着往上冲。"说着，大家扔出手榴弹，扣响冲锋枪，张富清乘着烟雾直抵碉堡死角部位，放好炸药包，拉动导火索，快速滚到远处。

随着一片火光和一声巨响，"哒哒哒"响个不停的碉堡变成了"哑巴"。

"滴滴滴答，滴滴滴答，滴滴滴滴答滴答答答"，这时清脆嘹亮的冲锋号吹响了，一队队战士蜂拥而起涌向村庄。

突然，村庄一侧响起噼噼啪啪的枪声。满脸乌黑、满身血迹的张富清与突击组员朝着枪声跑去。跑着跑着，张富清摔倒了，大家上前搀扶，发现他受了伤，就去背他。他怒吼："不要管我，赶快打退敌人。"接着，一瘸一拐冲向敌阵。

黎明时分，东马村守敌被我军全歼，俘敌官兵1100余人。这场战斗也成为西北野战军贯彻我军"快打、快歼、快撤"战术原则的一个经典战例。战斗结束后，张富清被五师十四团记一等功一次。

8
战场明星

1948年8月，国民党西安"绥靖"公署主任胡宗南，为阻止西北野战军南下潼关、再出西府，重兵驻守在大荔县城及其以北地区。西北野战军根据中央军委部署，发起荔北战役，歼灭国民党军2.5万人。

在这场战役中，有一场著名战斗叫临皋战斗。

临皋，是陕西省澄城县韦庄镇一个村，位于澄城、蒲城、大荔三县交界处，自古就是兵家必争之地。

11月14日，胡宗南残部一四四师四三二团北越金水沟向县城以东袭扰，黄昏宿至临皋村。

二纵队三五九旅接到上级命令，对来犯国民党部队实施打击。这天，已经担任班长的张富清，带领全班执行搜索任务，正好与驻扎在临皋的敌人相遇。

"班长，敌人。"张富清定睛一看，一队国民党兵正在村边巡逻，好像发现了什么，气势汹汹地向他们扑来。

"快，迅速抢占村西头无名高地，压制敌人火力。同时向部队报告。"危急之下，张富清边布置边向无名高地奔去。

老天好像有意考验张富清，这时下起绵绵细雨，脚下一片泥泞。敌人看出他们的意图，也涌向无名高地。

张富清带领战友边冲边打、边打边冲，一直打到高地。在高地上，雨越下越大，崖体随时有垮塌的危险，但他们全然不顾，与敌人展开殊死搏斗。

在反复争夺中，敌人兵力越来越多，我方人员逐步减少，高地落到敌人手里。

危急中，张富清想起部队进行政治教育时经常讲的话："共产党员是特殊材料铸成的人"，"只要还有一个人就要继续战斗下去"。同时想起自己曾向党组织表示的入党决心，顿时一股无形的力量冒了出来。

他定了定神喊道："同志们，跟我上，说啥也要把高地夺回来，为部队全歼临皋村守敌创造有利条件。"大家发疯似的向高地冲去。

15日拂晓，二纵队三五九旅和独四旅十二团齐聚临皋村，张富清和他的战友仍然坚守在高地上。凭借有利地形，部队一举攻克临皋，击毙国民党四三二团团长曾挽国，俘敌副团长赵仲宏等1300余人。

这场战斗，切断了韦庄、永丰和宜井之间的联系，打乱了国民党军队的防御体系，在我军历史上写下了光辉的一页。

说起这场战斗，临皋村里人至今记忆深刻："他们都戴着柳树枝编成的草帽，打着绑腿，队列整齐，特别精神。""他们都不怕死，英勇无比。"

这场战斗结束后，张富清荣获五师二等功一次，顿时成为西北野战军的战场明星。各部队都在传说，有一个新兵，短短4个月时间，连续三次担任突击任务，连续三次荣立大功。

9
火线入党

1948年9月，辽沈战役拉开序幕，西北野战军确定展开秋季攻势。张富清和他的战友们不分白天黑夜，连续行军打仗，取得辉煌战果，处在兴奋之中。

一天，在合阳县行军的七一八团二营六连进行短暂休整。吃过早饭，指导员肖有恩、连长李文才同时找到张富清："告诉你一个好消息，一会儿召开支部党员大会，研究你的入党问题，我俩做你的入党介绍人。"

张富清喜出望外，他知道，自己一直按党员的标准去要求自己，但没有想到加入党组织的这一刻竟来得这么快。他忙说："我够条件了吗？"

指导员笑着说："够不够条件，待会儿听听大家的意见。"

大会开始了。一个不大的农家小院，围墙上挂着鲜红的党旗，贴着红纸上书写的入党誓词，十几名党员围坐在一起。党支部书记、指导员肖有恩坐在中间。

"今天的支部大会是专为张富清同志召开的。张富清同志入党动机端正，在战场上的英勇表现有目共睹。这次会议讨论的是张富清同志的入党问题。"

指导员一番开场白之后，张富清宣读了入党申请书，他和连长分别介绍了张富清的家庭情况、入伍经历、考察结果以及各自意见。

"下面，请大家发表意见。"指导员话音刚落，大家七嘴八舌接上话茬，纷纷表示同意张富清加入中国共产党，并对他今后的表现提出了一些希望。

"张富清同志作为一名解放军战士，入伍不久就申请入党，才6个月就开会研究入党问题，这在咱们连是少见的。这是拼命杀敌获取的结果，我很佩服，希望张富清同志再立新功。"

"张富清同志最大的特点是具有献身精神，战果突出，立功很多，受到上下称赞。事实证明，他初步实现了从国民党兵到解放军战士的转变，初步实现了从普通群众到共产党员的转变。希望他继续完成这种转变。"

"中国共产党担负着重大历史使命，作为组织成员必须永远保持先进。入党前表现好，不等于入党后表现好。入了党的门，就是党的人，希望张富清同志以后做得更好。"

"张富清同志也有不足，就是学习抓得还不够紧。共产党员要永远听党话、跟党走，这不仅需要战火考验，也需要思想修炼，希望张富清同志在学习方面打一场硬仗。"

…………

张富清听着听着，脸上出现了红晕。他知道，作为一名共产党员，要求是很高的，自己在很多方面做得还很不够，还需要付出极大努力。

大家发言完毕，他站起来说："感谢大家的鼓励！我存在的问题还很多，除了大家提到的，我对党的认识还不够全面深刻，关注党和军队的大事也比较少。今后我要发扬优点，弥补不足，迎头赶上。"

不知是激动，还是紧张，抑或是文化水平受限，张富清在表态时有点儿磕巴，但大家还是报以掌声。

大家举手表决，他以全票获得通过。

这时，张富清在指导员的带领下，面向党旗，举起右手，庄严宣誓:"誓为共产主义,坚决奋斗到底。密切联系群众,不断努力学习。实行党的政策,服从党的决议。遵守党的纪律,保守党的秘密。倘有违反行为,愿受党的处分。"

宣誓完毕,指导员宣布散会,张富清盯着入党誓词仍在默默诵读。他想,上级党委批准后,自己就成为一名共产党员了,共产党员就应该有个共产党员的样子。他在进一步熟悉入党誓词内容的同时,也在思考今后应该怎么做。

这时,"打败国民党、解放全中国"的信念在脑海里再一次升腾,"党指到哪里,我就坚决打到哪里"的口号再次从骨子里发出。他暗自下定决心,要把自己的一生交给党,做到"活着是党的人,死了是党的魂"!

10
永丰战火

1948年11月23日,敌第七十六军南撤至永丰镇以西的石羊地区。25日下午,在我军追击下,该部主力逃回永丰镇,困兽犹斗。这是一场惨烈的攻坚战。

张富清所在的六连是这次战役的突击连,上级交给他们的任务是:想尽一切办法炸掉城墙里的2个碉堡,并消灭外围敌人,为部队前进开辟通道。

连长、指导员把全连集合起来,明确作战任务,决定成立一个3人突击队,由作战经验丰富的党员带队,先打开一个缺口,然后全连跟进。

张富清听到这个情况,深深感到这次任务非常关键,责任重大,自己作为有炸碉堡经验的共产党员，责无旁贷。于是他赶忙向连队提出任务请求："我已是共产党员，我有两次炸碉堡的经验，我保证完成任务。"

连队批准了他的请求，叮嘱他："这次任务更加艰巨复杂，一定要多加小心。"

战斗在11月27日晚打响。张富清背着两个炸药包、16枚手榴弹，还有冲锋枪和子弹，带着两名队员通过地道接近城墙，扣着砖缝攀上4米多高的城墙。张富清第一个跳进城里，10多个敌人向他扑来。他端起冲锋枪一阵猛扫，打死七八个。

这时，他突然感觉头部好像被什么东西重重砸了一下，用手一摸，一块头皮被掀了起来，鲜血直流……原来，一颗子弹擦着他的头皮飞过，在头顶犁开一道口子。疼痛向他袭来，他不由地一阵后怕：妈呀！如果子弹再低一点，我可能就"光荣"了。

然而，他满脑子都是完成任务，什么也顾不上。看到敌人碉堡还在猛烈射击，就不顾一切地匍匐到敌人碉堡旁。

他用刺刀刨出一个土坑，将捆在一起的8颗手榴弹和1个炸药包码在一起，拉下手榴弹的拉环，迅速滚到一边。随着惊天动地一声巨响，敌人碉堡"飞上了天"。

接着，张富清借着弥漫的硝烟和扬起的灰尘，又飞快地爬到另一座疯狂扫射的碉堡旁，用同样的方法炸毁了它。

这时，他感到脑袋发晕，浑身疼痛，嘴角流血，用手一摸嘴里，牙齿全都震松，有3颗已经脱落。他环顾四周，攻城部队还没有上来，一股敌人正向他扑来。

"战场上没有幸运儿，你不想法杀死敌人，敌人就会杀死你。"张富清突然意识到，战斗意志是克敌制胜的法宝。他似乎忘记了自已的身体状况,不知从哪儿借来了无穷的力量,腾地站了起来,端着枪冲向敌阵。

暗夜中,枪炮声、厮杀声响作一团,张富清与敌人激战一昼夜,打退敌人多次反扑,缴获了2挺机枪和数箱弹药。天亮了,攻城部队打了进来,体力消耗殆尽的他一下子瘫倒在地,被后续部队用担架抬到驻地。

张富清醒来后了解到,至28日上午10时,战斗胜利结束,敌第七十六军25000余人全部被歼。但我军也付出惨重代价,一夜之间,仅一营就换了3个营长,而他们六连换了8个连长!

得知那么多战友都牺牲了,他号啕大哭。那天晚上,他想起了突击队的两名战友,几乎一夜没睡,喃喃自语:"我把你们带上城墙,跳下城墙后却再也没有见到你们。你们在哪里呀?"

第二天,张富清出去寻找突击队的战友,边找边哭、边哭边找:"好兄弟,你们在哪里呀,快点回来吧……对不起呀兄弟,都怪我没有把你们照顾好……"可城里城外转了好几遍,始终没有找到他们。

一连几天,张富清茶饭不思,嘴里不停念叨:"战友啊,你们在哪里?!"

永丰一战,粉碎了胡宗南集团的西北军事部署,有力配合了淮海战役,同时缴获大量物资装备,解决了我军的粮食给养问题。

张富清因作战英勇,贡献突出,荣立军一等功,再次获得"战斗英雄"称号,晋升为副排长。

当时的军功章是纵队司令员王震亲自给他佩戴的。从那以后,王震就认识了他,一见面就称赞说:"了不起!了不起!你是个好同志!"

西北野战军司令员彭德怀到参战部队视察时,多次接见张富清和突击队战士。每次见到张富清,彭德怀就会握着他的手说:"你在永丰为人民立了大功,你是个好同志,好好干!我可把你认准了!"

11
立功喜报

1948年12月,一份由西北野战军发出的报功书,寄到陕西汉中洋县马畅镇双庙村。

这是由西北野战军司令员兼政委彭德怀签署的,上书:

贵府张富清同志为民族与人民解放事业,光荣参加我西北野战军第二纵队三五九旅七一八团二营六连,任副排长。因在陕西永丰城战斗中勇敢杀敌,荣获特等功,实为贵府之光我军之荣。特此驰报鸿禧。

"张富清立大功了!"全村一片欢腾。

"我儿还活着!我儿还活着!"张富清的母亲喜极而泣,奔走相

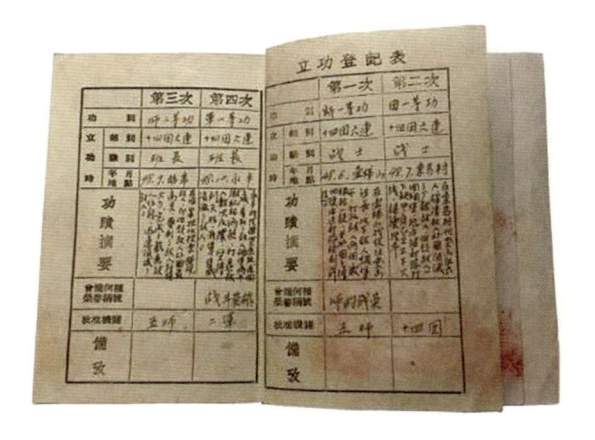

图3 张富清的立功登记表(《湖北日报》全媒记者魏铼 通讯员朱勇 摄)

图4 张富清的立功证书（来凤县融媒体中心唐俊 摄）

告，流下了激动的泪水。

自从张富清替哥从军后，一直没有音信。母亲焦急万分，十里八乡只要有当兵的回家，她都要拄着拐杖上门打听儿子的下落。可是，得到的回答都是"没见过"。老人认为，儿子肯定不在了，要么为啥都不知道他的消息。因此，老人经常以泪洗面，有时跑到村边僻静的地方放声大哭，嘴里念叨着："三儿啊！娘对不起你，娘不该让你替你二哥去从军，你生下来就没吃饱过肚子，你走了娘心痛呀！"

现在，儿子参加了解放军，立了大功，部队大领导还亲自签发证书报喜。村里的男女老少都为她祝贺。这怎能不叫她激动万分呢？但是，老人还是心里放心不下，战场上子弹不长眼，啥时能见三儿一面呢？

此时，刚刚提拔为六连某排副排长的张富清，得知西北野战军给自己记了特等功，而且还把立功喜报寄回了家，百感交集，他想起了小时候的点点滴滴，想起了在国民党部队的林林总总，想起了参加解放军的桩桩件件，深感自己走上了正确的人生道路，庆幸自己加入了伟大的中国共产党。

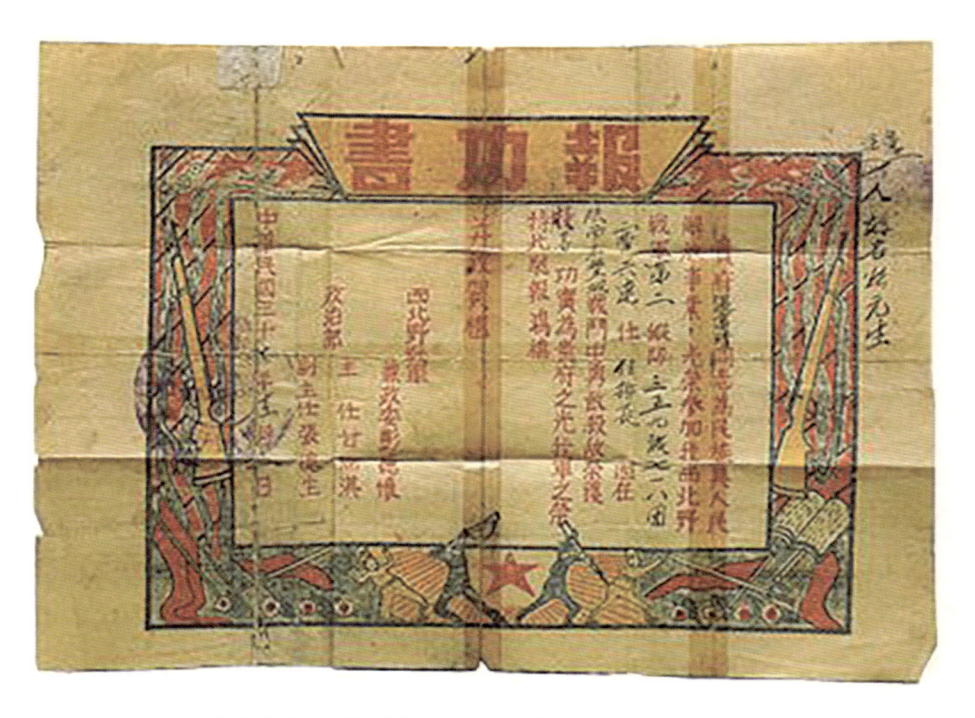

图5 张富清的报功书（《湖北日报》全媒记者魏铼 通讯员朱勇 摄）

晚上，他翻来覆去久久难以入睡。他想，如果没有遇见解放军，如果没有在党的培养下快速成长，自己怎么能获得那么多奖励，怎么能受到各级领导重视，又怎么能在短短几个月时间内入了党、当上了副排长。而这一切，主要在于党给自己注入了信仰、信念和信心，使自己变得勇敢、智慧和顽强。他又想，人都说母子连心，自从他离家后，不知母亲是怎样想念自己的，也不知道她现在过得怎么样，她的病不知到了什么程度，她收到立功喜报会是什么样的心情。想着想着他流泪了，未能在家尽孝，他感到遗憾；能够为国尽忠，他又感到欣慰。

第二天，他请人写了一封家信，解释了自己因打仗而未能写信的原因，汇报了自己参加解放军的经历，表达了自己坚决跟党走的决心。随信还寄去了一张穿军装的照片。

张富清的母亲收到这封信，拿着照片，看了又看，摸了又摸，眼泪像断了线的珠子再一次滚落下来。

12
角色转换

1949年初，随着"三大战役"的结束，国民党军队节节败退，胡宗南根据国民党军的撤退计划，开始收缩兵力。

此时，根据中央军委决定，西北野战军改称中国人民解放军第一野战军，第二纵队改称第二军，三五九旅改称步兵第五师，七一八团改称第十四团。

1949年4月，按照第一野战军计划，第二军进行了以大中城市为主要攻击目标的整训练兵。

张富清在第五师接受了整训，了解了党的七届二中全会精神，明确了毛泽东、朱德发布的"坚决、彻底、干净、全部地歼灭中国境内一切敢于抵抗的国民党反动派"的进军命令，对打倒国民党反动派、解放全中国充满了期待，战术训练水平也有了新的提高。

整训结束，张富清担任了排长。

1949年5月底，张富清作为一线战斗骨干调至第二军直属教导团，任该团二营一区队副队长兼教官。

该团下辖3个教导营和勤务保障中队,主要职责是收容、审查、教育、改造国民党军的俘虏军官;担负新兵、士兵骨干等的军事训练任务;为作战部队提供综合保障。教导团二营主要担负新兵、士兵骨干和解放军战士的训练任务。

"作为一名共产党员,我服从组织安排,但教学不是我的特长。"张富清找到区队指导员反映自己的想法。

"你还是想打仗吧?"指导员问他。

一线战斗骨干都是打出来的,来到教导团普遍感到不适应,大多想重返战场,杀敌立功。张富清总是闷闷不乐,指导员猜到了他的心思。

"是的。"张富清直言不讳。

"想打仗的想法是好的,但你想想,你在战场上是带领一个排甚至一个连去战斗,在教导团可以把你的作战技能和经验体会传授给一批又一批新兵、士兵骨干和解放军战士,他们累加起来,可能就是成千上万个像你这样的英雄,那作用该有多大啊!"指导员和张富清仔细算账。

张富清豁然开朗,连连点头。但他对自己的教学能力还是信心不足。

指导员对他说:"任何知识和能力都是从实践中来的,从战争中可以学习战争,从教学中可以学习教学。你有宝贵的军事技能和战斗经验,这本身就是教学的基础,如果能把这些东西条理化,再很好地表达和展现出来,就是一个非常好的教官。"

接着,指导员给张富清讲了两名优秀教官的例子,然后拍拍他的肩膀:"你在战场上的表现,说明你非常聪明,只要肯下功夫,一定能出类拔萃。"

一席话说得张富清信心满满。他向指导员表态："一定做个好教官。"

教导团的工作是随着部队行军打仗展开的，部队打到哪里，他们就跟进到哪里。一路上，不断有新兵入伍，教导团集中对他们进行教育培训，启发他们的阶级觉悟，教会他们基本的作战技能。一场战斗结束后，将俘虏的国民党部队官兵交给教导团，教导团一方面对其进行收容、审查、教育、改造，一方面组织军事训练。这样，为作战部队源源不断地提供兵员。

张富清在随部队行进中，白天，协调征兵事宜，收容解放军战士；晚上，组织教育培训，传授训练和作战经验。之后，还要进行备课，常常工作到深夜。遇有紧急任务，白天黑夜连轴转。

不长时间，张富清就成为一名称职的区队领导和优秀教官。

13
奔袭作战

1949年2月20日，第一野战军根据毛泽东的指示，发动了春季攻势，对胡宗南部队展开了全面围歼和追击。

在1949年5月至7月"陕中战役、扶眉战役经过图"上，一段段红粗箭头，标注着第二军的战斗路线，东起蒲城，途经泾阳、咸阳、兴平、扶风，西至宝鸡。

8月5日，第一野战军号召全体指战员：为"解放整个大西北而战斗"，"敌人逃到哪里必须追到哪里，不给片刻喘息机会"。

8月中旬，教导团随第二军到达甘肃省临洮县，先头部队已在县城贴满征兵告示。5天之内就有千余名青年报名，其中有150多名女兵。

张富清和教导团的战友一边行军,一边培训这些新兵。硬是在连续奔袭中完成了培训任务。

奔袭中,张富清看到部队攻城拔寨,风卷残云。这时,他真正理解了"兵败如山倒"的含义。他为党中央、中央军委的英明决策而兴奋,为人民解放军的强大威力而自豪,同时,他也想多作点贡献。

一天,他找到区队指导员,希望把最重的任务交给他。指导员说:"现在,跑得快、追得上、拿得下是第二军的头等大事。我们教导团跟得上部队、补充好兵员就是最重的任务。你只要发扬前段工作作风,党让干啥就干好啥,需要怎么干就怎么干,就是最大的贡献。"

这番话引起张富清进一步思考。

他想起七一八团二营六连的指导员肖有恩给他讲过的张思德的故事。张思德同他一样,出生在穷苦农民家庭,是一名中国共产党党员。他在长征时,见到一种草总是先尝,发现能吃的马上告诉兄弟单位。在一次战斗中,右腿负伤仍冲入敌阵,缴获2挺机枪,有"小老虎"之称。做警卫工作,他发明了"控绳拉铃"的通信方法,获得"枣园哨兵"的美誉。临时执行烧炭任务,他二话不说,带着8名战士分散在3个地方挖窑。窑洞塌方,他奋力推出战友,自己却被埋在窑洞。后来,毛泽东亲自参加了他的追悼会,发表了《为人民服务》的演讲。

他突然想明白了,服从全局、奋力工作、立足岗位、尽到责任,就是真正的贡献。

作战部队不停地赶路,连吃饭都在赶,有时候用帽子、衣襟、树叶盛上饭，边吃边走。赶路中，很少有鞋子穿，有时候一两个月全是光着脚板走路。没有衣服换洗，反复被血、汗浸透的衣服散发出恶臭，成为虱子的天堂，用热水烫洗后，水盆里漂了厚厚一层。

张富清带领区队人员拼命追赶。有的实在跑不动，就上前搀扶；有的脚上磨出了泡，就帮助处理；有的负重较多，就抢背肩上。中队官兵和学员对他给予高度称赞。

这天，张富清所在党小组召开生活会，轮到他发言，他站起来摸了摸头，不好意思地说："以前我总觉得，作为共产党员，必须不怕牺牲、英勇杀敌、建立功勋。现在我懂得了，共产党员必须胸有大目标，既要能在关键时刻站出来，也要能在各种平常时候显出来。"

张富清所在区队在党员的带领下，跟随第二军作战部队出色完成了追歼敌人的任务，随"一野"三路大军陈兵陕甘边境，直指平凉—宁甘两省的咽喉。至此，八百里秦川，换了人间。

队伍中的张富清，第一次走出陕西。他心潮澎湃，斗志昂扬，望着一望无际的行军方向，准备迎接新的更艰巨的考验。

14
一路向西

1949年10月1日，北京天安门广场，随着28响礼炮轰鸣大地，毛泽东庄严宣告：中华人民共和国中央人民政府今天成立了。

那天，张富清和战友们正跋涉在进军酒泉的路上。喜讯是两天后听到的，但兴奋程度不亚于现场人员。

"新中国成立啦！"

"中国人民站起来了！"

"打倒蒋介石，解放全中国！"

张富清和战友们相互拥抱，四处奔跑，举枪高喊，彻夜难眠。

新中国成立前夕，党中央决定："第一野战军必须在1949年冬结束西北解放战争，以便明年进入和平建设，新疆不能例外。"

新中国成立后的第4天，第一兵团在甘肃酒泉召开进疆誓师大会，号召部队"把五星红旗插上帕米尔高原"。

第一兵团于1949年6月组建，由第一、第二、第七军（原第一、第二、第七纵队）组成，属第一野战军，共8.3万余人，王震任首任司令员兼政治委员。

帕米尔高原地处新疆西南部、中国最西端。"把五星红旗插上帕米尔高原"，这是多么雄伟的目标，然而，要把这一目标变为现实，谈何容易！

从酒泉到喀什，要走5000多里路。有人说，进新疆有"穷八站，富八站，不穷不富十八站"。还有人说，新疆是大沙漠，无边无际杳无人烟，狂风能把人卷上天，冷能把人冻成冰块，热能把人烧焦。多地传着一个顺口溜："过了嘉峪关，两眼泪不干，往前看戈壁滩，往后看鬼门关。"

大会之后，部队进行政治教育。张富清从中了解到，新疆地域辽阔，物产丰富，是我国西北的门户，是一道天然的屏障，也是一条战略要道，地位十分重要。晚清钦差大臣左宗棠统率清军，消灭侵占新疆的阿古柏势力，维护了中国主权和领土完整。1942年，新疆当局投靠蒋介石，反苏反共，对在新疆工作的共产党人和进步人士实行监禁和屠杀，毛泽东的弟弟毛泽民和陈潭秋、林基路等同志就惨遭敌人杀害。随着"三大战役"的胜利，全国解放形势一片大好,但新疆随时都有被分裂的危险,新疆出事就会威胁到内蒙古和北京。

张富清向党支部写了决心书,表示不管遇到多大困难,一定按时到达新疆,粉碎敌人阴谋。

10月12日,张富清和战友在第二军军长郭鹏、政委王恩茂的率领下,每人身背两条布袋、一条干粮袋、一条米面袋、露营被子和武器弹药,浩浩荡荡出发了。部队每天行程近百里,多时达120里。路上互相鼓劲,互相激励,不时响起"白雪罩祁连,乌云盖山巅。草原秋风狂,凯歌进新疆"的战歌声。

这是一条"西天取经"之路,难免遭遇"八十一难"。进入沙漠腹地,风暴突然袭来,狂风卷着飞沙,搅得天昏地暗,张富清和战友手持指南针,与大家手挽手前行。宿营地异常寒冷,张富清和战友睡在风口处,给大家筑起"暖心墙"。路上饥渴难忍,张富清和战友把自己的水和粮食节省下来让大家用,搀扶着病号前进,不使一人掉队。

12月,张富清所在部队经哈密、过鄯善到达吐鲁番。当天晚上,部队给1000多名起义官兵和少数民族群众表演了《白毛女》《兄妹开荒》《改造二流子》等文艺节目,一些懂维吾尔语、汉语的人边看边翻译,精彩的节目博得大家阵阵掌声。

看着节目内容,望着眼前情景,张富清激动得流下了泪水,他真真切切感受到了中国共产党在各族人民心中的地位,实实在在地掂量出了共产党员在民族解放中的分量。

15
幸福新疆

1950年1月7日,彭德怀在中央人民政府委员会第五次会议上作《关于西北工作情况》的报告,宣布人民解放军已进驻新疆全境,中华人民共和国的国旗已飘扬在祖国最远边疆帕米尔高原。

这时的张富清沉浸在无比幸福的感受之中。这种幸福,除了因为新疆完全进入祖国和人民的怀抱,还在于部队官兵从此过上了从未有过的幸福生活。

进入新疆吐鲁番,教导团进行了短暂休整,度过了1950年元旦,军政干校奉命改编,女兵大都归属第二军教导团女生大队。教导团的规模进一步扩大。

鉴于张富清的出色表现,此时,张富清被任命为教导团一区队队长。

1950年1月下旬,第二军教导团从吐鲁番出发,向南疆重镇喀什进军。在"徒步行军到喀什,等于生产两年"口号的鼓舞下,张富清带领区队官兵,天不亮就出发,晚上摸黑宿营,每天行军六七十公里。路上,饥渴难忍,疲惫不堪,大家互相鼓励,提振精神。

1950年3月中旬,部队踏进了塔克拉玛干沙漠。这里没有村庄,没有人烟,没有飞鸟,有的只是一个接着一个的沙丘。温差非常大,早晚滴水成冰,中午骄阳似火。张富清时不时鼓励大家:"同志们,咬紧牙关往前走,走出去就是胜利。"

1950年3月底,第二军教导团战胜重重困难,历经1800公里,终于到达喀什。

从此，他和战友布满老茧的脚穿上了鞋，脱去破旧不堪的衣服换上了黄色新军装，吃饭全都用上了碗，还可以用汽油桶烧开水洗澡、洗衣服，内衣上消灭了"小动物"。

在"大草湖"搭起帐篷，拉开"军垦第一犁"，迎来一边开荒、一边建营房的激情岁月。

每天，他喜不自禁，再一次想起了家乡，想起了母亲。他想，不知他们现在生活怎么样，要是都像我们多好呀！

他发现，教导团官兵和学员与他一样，都有这样的想法。

"什么是幸福？"一天教导团组织学员对这个问题展开讨论。有的说打败国民党反动派就是幸福，有的说不再受剥削压迫就是幸福，有的说吃饱穿暖就是幸福。

这时，有个党员站了起来："大家讲得都非常好！我觉得幸福有两个层次，对一般人来说，日子过得比过去好就是幸福，比如，从战争环境过渡到相对和平环境，无论是老百姓还是我们，都感到幸福无比；对共产党员来说，能让别人幸福就是幸福，比如，我们行军打仗，使老百姓和部队都过上了好日子，心中有说不出的高兴。共产党员不仅要追求个人幸福，更要在实现国家独立、民族解放的过程中感受到幸福。"

一席话使张富清开了窍，他突然意识到自己的不足，于是接着话题说："我也是共产党员，过去出生入死没什么想法，艰难困苦也没什么怨言，到新疆生活稍微安定了，却有点儿沾沾自喜，这是需要警惕的。共产党员要为共产主义事业奋斗终生，前面的路还很长，任务还很艰巨。我们要珍惜现在的生活，向着更高的目标迈进。"

这次讨论之后，张富清学习比以前抓得更紧了，工作比以前干得更欢了。

他，经常给教导队官兵和学员讲课，强调：一手拿枪，一手拿镐，担负屯垦戍边任务，减轻人民负担，是毛主席交给我们的任务，我们要努力完成好这一任务。

他，经常教育官兵不与老百姓争水、争地，选择最艰苦、最边远的地方开荒造田。

他，经常在极端简陋恶劣的环境中，光着膀子，顶着月光，伴着篝火，开荒种地，每天工作10多个小时，手上打起了"连环泡"，鲜血染红了一件件工具。

大家说，张富清又在创造新的传奇。

二 社会主义革命和建设时期：为国为民，固根铸魂

16
崇高荣誉

1950年，西北军政委员会为了表彰奖励在解放大西北中作出贡献的人民解放军官兵，决定颁发人民功臣奖章，并制定公布了《解放大西北人民功臣奖章条例》，于当年8月3日开始施行。

条例规定，人民功臣奖章颁发条件：1. 凡1947年3月以前参加人民解放军（包括公安部队），坚持到西北全部解放者；2. 凡在解放大西北斗争中，已评为大功、特功者（指团以上评准的大功、特功）；3. 凡参加解放战争的三等以上荣誉军人及负伤两次以上者；4. 参加解放战争光荣牺牲与积劳病故者，可追认为人民功臣，对其家属发给光荣证书。

奖章是圆形铜质镀金。正面上方为金色毛主席像，背衬五星红旗，下方横写"人民功臣"，落款为"西北军政委员会颁"；背面刻有"上海亚洲厂制""1950年"字样。人民功臣奖章佩带，为红蓝丝带，正面上方镶嵌一颗金色五星。

张富清荣获了这枚奖章。

"人民功臣"——人民，功臣。这是两个多么神圣的字眼，这是一个多么崇高的荣誉。

手捧这枚奖章，张富清百感交集，加入解放军以来的一幕幕情景不停在眼前闪现：从一个国民党军队的士兵，成为一名解放军战士，参加了一些战役战斗，荣立了一些战功，受到了彭德怀、王震等首长的称赞，加入了中国共产党，当了干部，现在又成为"人民功臣"。

奖章里面包含着什么？告诉了自己什么？一连几天，张富清反复问自己。他感到：这是党和人民对广大官兵的深切关怀，这是部队党组织对自己帮助教育的结果，这是自己英勇杀敌的结果，更是听党话、跟党走的结果。如果没有为共产主义事业奋斗终身的追求，没有身边优秀共产党员的激励和鼓舞，就没有战场上的牺牲精神和战斗意志，就不可能炸毁那些碉堡、打死那些敌人、缴获那些武器弹药，也就不可能获取那些奖章证书和崇高荣誉。

张富清找来一块红布，把这枚奖章和其他荣誉包在一起，放到枕头包里，每天睡觉感受它、思考它。有时他拿出这一奖章，仔细端详上面的毛主席图像、五星红旗图案和西北军政委员会字样，告诫自己要胸怀祖国、扎根新疆。

他给党支部递交了一份决心书，里面写道："王震司令员要求进疆人员，每人种四棵树，死后当棺材埋在新疆。我已下定决心，创业戈壁沙滩、矢志维稳戍边。"

17
赴朝路上

1952年12月，朝鲜战场上甘岭战役结束后，中央军委决定从各大军区抽调150名有作战经验的连职以上军官，到北京集中，准备入朝作战。

12月底，喀什军分区接到新疆军区命令后，派人到教导团传达上级精神，动员人员参战。动员中明确："这次抽调人员，充分尊重本人意见。去，热烈欢迎，不去，也不强求。"

会场上，符合条件的人员犹豫不决。去，九死一生，而且会牺牲在异国他乡。不去，继续留在新疆，虽然需要扎根，但无生命危险，眼下的生活条件也有了很大改善。

这时，时任第二军教导团边卡连副连长的张富清站了起来："新中国不容侵犯，我报名参加！"

顿时，会场热闹起来。

"我去！"

"我报名！"

"我也报名！"

……

1953年1月初，喀什军分区批准张富清等10名同志入朝参战。

得到消息，张富清兴奋异常，但想起疾病缠身的母亲，思虑重重，难以自控。

自从他换回二哥到了军营后，再也没有见到她，音信也基本中断。她现在怎么样了？二哥和妹妹能照顾得了她吗？她是不是想我常睡不着觉？这一走，可能会与她阴阳两隔，她能受得了吗？想着想着，泪水充满了眼眶。他想忍住，但眼泪还是如泉水般流了出来。

他不敢想下去了，起身来到训练场。望着火热的训练场面，他仿佛来到了充满硝烟的朝鲜战场，看到了美帝国主义疯狂的侵略行径，听到了一阵阵激烈的枪炮声，听到了"打倒美帝国主义，中朝友谊万岁"的口号声。他嘴里喃喃地念叨："忠孝不能两全，为了保家卫国，我和美国佬拼了，母亲，我可能不能给您尽孝了，原谅儿子吧！"

一个星期后，他和教导团参战人员背着背包，背包里装着坨坨馍、武器、弹药，唱着"雄赳赳，气昂昂，跨过鸭绿江"的志愿军战歌，从喀什出发，一路汇集从新疆军区抽调的40多名骨干，一同到北京集结。

从喀什到北京有4000多公里路程，中间需要重走进疆路线，沿途虽有兵站接应，但因道路崎岖、车辆稀少，基本都靠徒步行进。这无疑又是一次"长征"。

一行人星夜兼程，跨越诸多山川大漠，经历无数风雨冰雪，走得饥肠辘辘、嘴干舌燥、口鼻出血、精疲力竭，大家常常晕倒在地。途经鄯善，遭遇沙尘暴，黄沙遮天蔽日，差点儿未能走出来。

一路上，张富清在想：他们这一行人，从"山连山川连川"的陕北，到"平沙莽莽黄入天"的南疆，再从南疆到首都北京，来回走了多少路、经了多少难，谁也说不清楚，但都精神十足、一往无前。更可贵的是，随时准备为国捐躯，却豪情万丈，充满乐观。这究竟为什么？原因就是共产党员心中有一种信仰、有一种信念，那种信仰、信念是任何东西都无法比拟的力量。

历经一个多月的艰难跋涉，他们终于到达北京。

穿行在北京街头，张富清看到了许多抗美援朝宣传画，其中有《欢迎中国人民志愿军》，描绘着中国人民志愿军战士在朝鲜受到热烈欢迎的场景；有《支援志愿军，保卫好光景》，描绘着全国各地踊跃捐钱捐物的场景；有《全力支持抗美援朝志愿部队》，描绘着中国人民志愿军与朝鲜人民军奋勇杀敌的场景；有《蔑视美国》，揭示着美帝国主义的各种败象之因……

"赶快上战场,狠狠打击美帝野心狼。"看着这些画,他的心随着飞到了朝鲜。

18
在京休整

到达北京后,中央军委有关方面负责人亲切接见了张富清等战斗骨干,安排他们原地休整。

这时,张富清知道,他们这些战斗骨干是为粉碎"联合国军"在朝鲜东西海岸实施两栖登陆企图而召集起来的。1953年5月以后,中国人民志愿军和朝鲜人民军对"联合国军"进行了两次进攻作战,已迫使"联合国军"作出妥协,因此,他们需要待命。

休整期间,军委组织他们游览名胜古迹,观看文艺演出,而后来到天安门广场。

到天安门广场,是张富清多年来的愿望,激动得心快要跳出来了。

他登上天安门城楼,仿佛看到,毛泽东等党和国家领导人、各界代表一起站在这里,整个广场彩旗招展、人山人海;仿佛听到"中国共产党万岁""毛主席万岁"的口号声此起彼伏。不禁在想,如果新中国成立那天,能现场接受毛主席检阅、聆听毛主席讲话,该有多好呀!

他站在金水桥桥头,仿佛感到,长安街上络绎不绝的人们,充满当家作主的自豪,正在奔向崭新的生活。顿时觉得,这些年,打了那么多仗,走了那么多路,吃了那么多苦,全值了!

他来到正在兴建的人民英雄纪念碑前,仿佛觉得,所有牺牲的战友都来这里集合,已经逝去的连长、指导员、排长、班长和一个个战友的形象又在眼前晃动,在永丰战役中那两个瘦高个突击队员正在缓缓招手。他不由地感到心痛,好多人牺牲后都没来得及立起坟头。

吃过晚饭,白天参观的情景又一幕幕闪现。他与接待人员交谈后得知,在举行开国大典那天,54门礼炮齐鸣28响,毛泽东按下电钮,鲜艳的五星红旗伴随着《义勇军进行曲》冉冉升起。54门礼炮象征着参加中国人民政治协商会议第一届全体会议的54个民族;28响标志着中国共产党领导人民英勇奋斗的28年;五星红旗象征着中国革命人民的大团结;《义勇军进行曲》让我们永记屈辱历史,时刻居安思危;毛泽东按下电钮告诉我们,这是党建设新中国的伟大号召。

听着这些情况介绍,张富清似乎感到,中国共产党和共产党员这两个字眼更加神圣了,肩上的担子更重了。

回到宿舍,他悄悄哼唱起《义勇军进行曲》:起来!不愿做奴隶的人们!把我们的血肉,筑成我们新的长城……心里默默在说:坚决听从党的召唤,坚决打败以美国为首的"联合国军",誓死捍卫新中国的胜利成果。

几天后,朝鲜停战协定签字仪式在开城板门店举行,中央军委取消了这次赴朝参战任务。

张富清感到一阵欣喜,也感到一丝遗憾。欣喜的是我国在朝鲜战场上胜利了,遗憾的是未能参加抗美援朝。

张富清又一次失眠了,他在想,下一步自己应该怎么办?怎样在新的战场上再立新功?

19
文化补习

出乎张富清的预料,中央军委取消了赴朝参战任务后,没有安排他们回新疆,也没有安排他们到其他部队,而是安排他们到防空部队文化速成中学学习,学期两年,学习地点分设在天津、南昌、武汉3个地方。

后来,张富清了解到,解放军指战员绝大部分是穷苦人家出身,文化水平普遍偏低,仅文盲和半文盲就占了30%。新中国成立后,部队开始有计划地普及中小学教育,到1953年6月,全军师以上单位开办文化速成学校322所。中央军委感到,他们这批拟赴朝作战的骨干,是国家的宝贵财富,应该补上文化知识不足这一缺陷,因此决定,全部转入文化补习。

"暗淡了刀光剑影,远去了鼓角铮鸣。"从未上过学的张富清,将党的关怀化作学习动力,如饥似渴地恶补各种知识。

"富清,出去走走吧?"

"不行,我还没有完成作业。"

"富清,稍微缓缓再做吧?"

"我底子薄,还得往前赶一赶。"

在学习文化课之余,他还抓紧学习时事政治,经常摘抄内容、制作剪报、记录心得,努力提升自己的思想理论水平。学习中,他买了一本《新华字典》,边学习边认字,边认字边学习。

一次课堂上,老师讲道:"1945年4—6月,为夺取抗日战争的最后胜利,我们党在延安召开第七次全国代表大会。为激励和鼓舞大会代表和全体党员更好地发挥先锋模范作用,毛泽东主席为代表题写了'提高党性'的赠词，号召全党同志加强党性锻炼，增强党性觉悟，做党性坚强的共产主义先锋战士。"

他将老师的授课内容认真誊写在笔记本上，并用红笔作了标记。课后，他与老师和同学探讨：为什么毛泽东主席在这样的关键时刻，在如此重要的大会上，给会议代表题写这样的赠词呢？

最后得出的结论是：中国共产党的党性是人民性、先进性、实践性的统一，是中国共产党的生命所系、力量所在。党员是党的肌体的细胞，中国共产党的党性要靠千千万万党员的党性来体现。只要党员有了坚强的党性，党的事业就会无往而不胜。

接着，张富清从党史中寻找答案，看到党从诞生之日起，就十分注重共产党员的党性修养。1941年7月，中央政治局通过了党的历史上第一个以党性为主题的文件《关于增强党性的决定》。在此前后，毛泽东撰写的《反对自由主义》、刘少奇撰写的《论共产党员的修养》、陈云撰写的《怎样做一个共产党员》、任弼时撰写的《关于增强党性问题的报告大纲》，都深刻阐述了党性问题。1951年3月召开的第一次全国组织工作会议，提出了共产党员标准的八项条件，要求对党员普遍进行一次党性教育。

从党的历史中，他发现人民性是党性最本质的特性。党的宗旨是全心全意为人民服务。在党的文件和领导讲话中反复强调，党除了最广大人民的利益，没有任何特殊的利益。党从成立之日起，所做的一切，无不打上了"人民"的烙印。党受到人民衷心拥护，也源于处处以人民的利益为重。

一连几天，张富清就像哥伦布发现了新大陆，处于无比兴奋之中。

速成中学毕业考试，张富清的语文、算术、自然、地理、历史五门课程成绩，均在四分以上（五分考核制），综合成绩在全校名列前茅。

20
首次探家

1954年6月，防空部队文化速成中学第三期结束后，张富清请假回到阔别8年的故乡。

"娘，我回来了。"张富清一进自家院子，急切地喊了一声。

张周氏听到这熟悉的声音，忙推开家门走了出来，仔细打量着这个在蒙蒙细雨中打着一把黄色油纸伞、身穿一身新军装的后生，嘴里喃喃道："你是元生？是你吗？"

"娘，是我，我是元生。"张富清放下雨伞，跑到母亲跟前，抱住了她。

图6 张富清当年英姿（引自《湖北日报》文章）

娘儿俩抱头痛哭。

自从张富清1946年8月离开家之后，体弱多病的张周氏再也没有见到过他。城固县王秃子传回口信，说他参加了解放军，西北野战军寄来报功书，证实他在部队干得不错，但后来再无音信，张周氏心神不定，成天打听他的下落。后来有人传说他死了，张周氏经常坐在门前哭泣。他到了速成中学，给母亲写了信，张周氏喜极而泣，日夜盼望他回来。

俩人哭了好一阵，二哥张茂茂和嫂子方娟凤来到面前，也跟着哭了起来。这时，街坊邻居来到院里，这才止住了哭声。

张富清回家的消息不胫而走，迅速传遍全村。乡亲们纷纷来到张家，看到过去那个身材矮小、黄皮寡瘦的元生身强体壮、精神抖擞，一身合体的军装衬托得威武英俊，引来啧啧称赞声。

一时间，张富清成了村里茶余饭后的话题。

"张家的元生有出息了，在部队当了官。"

"现在部队上学，以后还会提拔呢。"

"听说还没找对象，看谁家姑娘有福气，能找上这个小伙子。"

这时，有个来家里看望他的姑娘引起张富清注意。这个姑娘叫孙玉兰，刚满19岁，是一名共青团员，还是村妇联副主任。懂事能干，长得很俊，曾代表组织慰问过张家。

两天后，表哥周金元到家给张富清介绍对象，提到的姑娘正是孙玉兰。于是，两人一拍即合。

得知元生看上孙玉兰，张周氏心里特别高兴，但也不托底："玉兰是个人见人夸的好姑娘，可元生已经30岁了，两人相差11岁，玉兰和她的父母能同意吗？"

孙玉兰早就知道张富清在部队立功的事，从心底产生了一种钦佩感，自从见面后，更加仰慕他。回到家里，她总是若有所思，母亲高易华几次叫她，她都没反应。晚上，高易华和丈夫孙瑞祥说了感觉，丈夫也有同感。他们猜到姑娘可能看上了张富清，但是觉得张富清当了官，以后会留在大城市，不会看上他们的姑娘。因此，他们也没敢多想。

周金元知道了张富清娘儿俩的意思，又找到孙玉兰父母。孙玉兰父母一阵惊喜，孙玉兰一口答应。

传递回信息，张富清当天就见了孙玉兰。很快两家就订了婚。

孙玉兰的父亲是双庙村四组农会主席，思想开明，主动与亲家母商量："元生在部队不能经常回家，干脆挑个日子给他们完了婚吧。"

张周氏听后高兴得合不拢嘴："好好好，我全听亲家公的。"

之后，两家迅速忙碌起来，准备为张富清办一场像样的婚礼。

然而，速成中学的一封电报打乱了他们的计划："第四期文化补习提前开学，迅速赶到武汉武昌报到。"

"共产党员、革命军人必须不折不扣听从组织召唤。"张富清向双方父母讲清原因，向孙玉兰告了别，在依依不舍中离开家乡，赶往部队。

21
转业选择

20世纪50年代是二战之后两极格局对峙最为激烈的时期。快速发展经济、巩固新生的人民民主政权，提上党的重要工作议事日程。

1952年2月1日，毛泽东亲自起草《军委关于部队集体转业的命令》，其中写道，"你们过去曾是久经锻炼的有高度组织性纪律性的战斗队，我相信你们将在生产建设的战线上，成为有熟练技术的建设突击队"。

1954年12月，张富清等战斗骨干在速成中学毕业，也被纳入集体转业之列。

"服从组织安排，党让干啥就干啥。"张富清向党组织表明了坚决态度。

然而，组织上考虑到这批骨干的特殊情况，允许他们选择转业地点。

当时，张富清面临三种选择：一是留在武汉；二是回陕西老家；三是到祖国最需要的地方去。

如何进行选择，他犯了难。他最想回陕西老家，那里有老母亲望眼欲穿的等待，还有未婚妻的殷切期待。其次想留在武汉工作，这里海阔天空，发展空间很大。但是，很多偏僻落后的地方急需干部，国家倡导转业干部到祖国最需要的地方去。

这时，毛泽东"提高党性"的赠词又闪现在眼前。他想，提高党性，首先必须把党和人民的利益放在第一位，以个人利益服从党和人民的利益。同时，指导员曾经讲的毛泽东"孩儿立志出乡关"的诗句和故事也在耳边响起。他想，衡量党性，不仅在于认知，更在于事关切身利益的选择和行动。

张富清马上找到校领导："湖北哪里最需要干部？"

"恩施最需要干部，但那里是土家族、苗族自治的地方，有'天无三日晴、地无三里平、人无三分银'之说，地势比较偏僻，条件十分艰苦，生活特别贫困。"校领导简要介绍了恩施的情况后，让张富清慎重考虑一下。

张富清斩钉截铁地说："我可以去！"接着又问："恩施哪里条件最差？"

"来凤县最偏、最穷、条件最差。"校领导告诉张富清。

"那我去恩施的来凤县。"张富清毫不迟疑地说。

第二天，他向党组织递交了转业申请报告。

有的同学听说他决心到恩施来凤县去工作，担心他身体顶不住，提醒他："你受过伤，到了这里，劳动强度大，工作难度大，而且一干就是一辈子甚至几辈子，你一定要慎重考虑呀！"

张富清说："我考虑过了，哪里黄土不埋人，咱共产党人就是为民造福的，原来，我准备在新疆扎根，后来准备到朝鲜捐躯，现在抱定到来凤献身。都是为党和人民做事、为国家做事，再苦再累又何妨！"

有人对他的选择不解，觉得曾经立过那么多功、受过那么多奖，不留城市、不回家乡有点亏。

他说："哪个人不想到好一点的地方去？但我是党培养的，应该服从党的需要。那里苦，那里累，那里的条件差，共产党员不来，哪个来啊？"

张富清一边和大家交换想法，一边进行着各项准备工作，人还没有到来凤县报到，心中已经燃起当年当突击队员的那种豪情。

22
收藏荣誉

新中国成立后，随着经济水平的提升，国家十分重视优抚工作，对历次革命战争中获得重大荣誉的转业退伍军人给予一定待遇。

张富清确定转业到来凤县工作后，将自己的立功受奖奖章证书拿出来，看了又看，摸了又摸，然后一一放到皮箱里。

看到党的优抚政策，张富清不由得一阵欣喜。他想用这些证书奖章找转业安置部门，请他们予以照顾。但转念一想有点儿不对，这些证书奖章不仅是自己的，背后还有很多战友的鲜血，他们人走了，什么都没有得到，用这些奖章证书换取个人的东西，对不住死去的战友啊!

想着想着,他的眼泪顺着脸颊流了下来,又从皮箱将这些奖章证书拿出来,一个一个翻看:这是永丰战役的,这是壶梯山战斗的,这是东马河战斗的,这是临皋战斗的……说着说着,喊起了死去战友的名字,喊着喊着竟然号啕大哭,其悲痛不亚于战场寻找失去的战友。

此时,他进一步觉得:这些奖章证书是自己和战友同仇敌忾、奋勇杀敌的结晶,它们有自己的血,更有战友的命。部队已经给了我很多,我用这些东西显摆,就是贪心不足的一种表现。毛主席在《纪念白求恩》一文中说:"一事当前,先替自己打算,然后再替别人打算。出了一点力就觉得了不起,喜欢自吹,生怕人家不知道……这种人其实不是共产党员,至少不能算一个纯粹的共产党员。"做一名真正的共产党员,必须在公与私的问题上保持正确的立场。

于是,他把这些奖章证书再一次收拾起来,再一次装在箱底,打算从此将其封存起来。

收拾停当,他到照相馆照了一张身穿军装的照片,算是对7年军旅生涯的总结。

接着,他写信让未婚妻孙玉兰来到武昌,办理了结婚登记手续,准备携手开启新的生活。

新婚宴尔,张富清和妻子讲了封存证书奖章的想法,妻子感到不理解:"这些东西是部队正式颁发的,是军人的光荣与自豪,按照优抚政策落实相关待遇也是合情合理合法的,为什么非要深藏不露呢?"

张富清告诉她:"我是一名共产党员,共产党员要为人民谋利益，必须与私心杂念作斗争。我藏证书奖章，是因为我觉得我没有资格独占这份荣誉，我作为一名共产党员，更应该想的是如何更好地为老百姓干点实事。"

一席话说得孙玉兰频频点头："你是一名真正的共产党员。我支持！"

看到孙玉兰的态度，张富清请她保证一件事："以后不准告诉任何人。"

孙玉兰笑了笑："好吧。谁让我嫁给一名追求纯粹党性的共产党员呢？"

说完，两人告别战友，打起背包出发了。先是溯江而上到达巴东，又沿崎岖山路蹒跚前行，"两头赶黑路"，经过一个多星期的长途跋涉，来到了心驰神往的来凤县。

23
铁面无私

20世纪50年代中期，随着国民经济的发展，粮食问题成为党和国家极为关心的一个问题。1955年，党中央和国务院先后下发了《关于加紧整顿粮食统销工作的指示》《农村粮食统购统销暂行办法》《市镇粮食定量供应暂行办法》，对非农业人口一律实行居民口粮分等定量供应，工商业用粮实行按户定量供应，牲畜饲料用粮实行分类定量供应。

张富清政治条件优越，转业报到后，来凤县将他安排到城关镇粮油所任主任，负责城关镇非农业人口的粮食供应。

这个岗位"权力很大"，责任也很大。本准备在地方冲锋陷阵、再立新功的张富清，遇到的第一个问题不是苦与乐，而是要不要坚持原则。

当时，所里仅有一台碾米机，难以保障供应，只能供应一部分细米、一部分未完全脱皮的粗米。许多群众拿着粮票买不到细米，意见很大，经常与粮店工作人员发生口角。

一天，一个单位的管理员来买米，要求多供应一些细米。

"同志，对不起，现在没有多余的细米，只有粗米。"张富清解释说。

"我只要细米！"这个管理员不依不饶，口气生硬。

"你们要吃饭，群众也要吃饭，我只能按规定供应，等有了细米再通知你。"

张富清的答复，让这个管理员无话可说，知趣地离开了。

然而没有想到，他回去后找了单位领导，单位领导又找了县里领导。

县里领导专门跑到粮店，"提醒"张富清："凡事都得灵活一些，该照顾的还是要照顾。"

张富清仍然没有给这位领导面子。他详细汇报了粮店的情况，说："我觉得，在供应上要一视同仁，要不就违反了党的政策，会引起群众不满。我是一名共产党员，必须坚持原则。"

这位领导很不高兴地走开了，边走边说："这个干部真难说话。"

面对这种情况，张富清很是难堪。这时，有人走到张富清跟前劝导他："地方不比部队，不是大的原则问题，不要太认真。与领导伤了和气，以后不好工作。"

这件事难道做错了吗？晚饭时，他与妻子孙玉兰说起心中的疑惑。

妻子望着他凝重的表情，放下饭碗说："要我判断，从大的方面看，你没有错。作为党员就是要坚持党性原则、维护群众利益。从小的方面看，你错了，县领导跟你说话，你都不给面子，眼中还有没有领导？"

听到这里，张富清也放下饭碗："领导说得对当然要听，说得不对做点解释也是可以的，我总不能盲目服从啊！如果说有错，是我之前没有好好向上级汇报工作，上下缺乏沟通和交流。"

妻子冲他努了努嘴："说对了。不过，我想，还有一条你要注意改进，就是想办法提高碾米量。"

张富清向妻子伸出大拇指。

一个星期后，他拿着汇报提纲，详细向上级汇报了工作中的难题和打算，虚心听取意见和建议。

接着，他登门找到那位县领导，就对待领导的态度作了道歉。那位县领导不好意思地说："当时是我错了，我要向你学习。"

同时，张富清发动社员帮助加工细米，筹钱买来三台碾米机碾米，基本解决了供应难题。

半年多时间过去了，群众对粮店的赞扬声不断。那个曾跟他争吵的管理员见到他，主动向他道歉，还跟别人说："这名部队下来的干部，是个好干部。"

1955年9月，来凤县粮食局党支部对张富清进行考察，结论是："能够带头干，群众反映极好。"

24
进入党校

1957年3月，来凤县委将张富清作为培养对象，送到恩施地委党校脱产学习。

接到通知，张富清心中不由一阵欣喜。这不仅是因为他的工作得到组织认可，更重要的是，他在防空部队文化速成中学时，主要是进行文化补习，对党的基本理论涉猎较少。他在实践中深深感到，缺乏理论武装，跟不上社会主义建设的需要。他迫切需要补上这一课。

"玉兰，我要到地委党校学习两年，你和我搬到恩施住吧。这样我学得安心，也好照顾你和孩子。"张富清一回到家里，就和妻子商量居住地点问题。

此时，张富清和孙玉兰的女儿张建珍不到两岁，孙玉兰又怀有身孕，听丈夫这么说，心里非常高兴，马上表示赞同。

张富清向组织报告了他的家庭情况，征得同意后，在党校附近租了一间房子，便把孙玉兰和女儿接到恩施。

党校开学了。校领导在动员时强调："党校的教育方针是：学习理论，联系实际，提高认识，提高党性。"

张富清反复琢磨这句话："开始是学习理论，最后是提高党性，这就是说，要在理论学习上下功夫，在提高党性上见成效。中间有什么意义呢？哦，就是要结合以前的实践思考问题，把理论知识变成自己的认识，再用这种认识指导今后的实践。"他似乎一下明白了学习方法，一拍大腿："对，今后就这么学。"

张富清所在的班级共有45名学员。班主任张华山是一名大学生，党建理论水平很高，讲课深入浅出、通俗易懂。

学习中，张富清在课堂上认真听讲，认真回答老师的提问。下课后，一有时间就和同学们讨论问题，向班主任请教有关知识，同时，还模仿老师讲课。回到家里，也常常端着书本愣神。

"嗨，想啥呢？"一天吃罢晚饭，张富清拿着《中共党史读本》想问题，妻子叫他给女儿拿东西，他一点儿也没听见。于是，妻子大声喊他。

"对不起，玉兰。"张富清突然回过神："我在思考咱们双庙村的变化。"

他在探亲时了解到，新中国成立后，家乡经过了清匪反霸、减租减息、土地改革，发生了巨大变化。县政府给农民发了土地证，他家按劳动力和人口计算，分了两亩地，真正实现了"耕者有其田"。同时，村里成立了互助组，调剂使用农民剩余人力、畜力，既提高了劳动效率，又加强了集体观念，村民成天笑得合不拢嘴。

"玉兰，你说，咱们村为什么会发生这么大的变化？"张富清问妻子。

"因为成立了新中国呗！"妻子答。

"说得对。但新中国是共产党领导人民成立的，没有共产党就没有新中国。"张富清补充道，接着又问："为什么新中国成立后农民被极大激发了生产积极性？"

"因为农民当家作主了呗！"妻子再答。

"完全正确。但，是共产党让人民当家作了主，没有共产党就没有人民的自主权。"张富清说："这段时间我反复思考，共产党是人民的政党，是人类历史上最先进的政党，作为共产党员要永远听党的话，永远想到人民的利益，永远保持先进性。"

妻子钦佩地点了点头："完全有道理，看来你这次党校学习很有收获。"

这次进党校，张富清系统学习了辩证唯物主义和历史唯物主义、政治经济学、中共党史、党的建设、中国近代史、国家建设和世界近代史等12门课程，每门课程的考试成绩都在中等以上。随着理论水平的提高，他分析问题头头是道，能像老师那样讲授党课，自己的党性修养也迈上了一个新台阶。

25
二次探亲

1958年，党提出"鼓足干劲、力争上游、多快好省地建设社会主义"的总路线，开展了轰轰烈烈的"大跃进"、人民公社化运动。

正在党校学习的张富清激情澎湃。

1959年1月底，恩施地委党校最后一个学期将要结束，张富清向组织请假，带全家回老家探亲。

张富清和孙玉兰的第二个孩子张建国在1957年10月出生。孙玉兰一人拉扯两个孩子，十分辛苦，已经4年多没有回家了，日夜想念父母。张富清曾向孙玉兰承诺，有机会带孩子看看亲人，同时也想看看家乡的人民公社化运动，以加深对党建理论的认识。

"娘，我们全家回来看您来啦！"张富清未进家门，声音先到。

"元生，你真的回来了！"听到儿子的声音，张周氏迈着小脚，走到门前，扶住门框，脸上堆满笑容。

接着是张建珍稚嫩的声音："奶奶，你好！"

一家人坐到炕上，张周氏抱着建珍、建国亲了又亲、吻了又吻。

听说张富清全家回来了，二哥、二嫂赶过来："元生，你看看，娘见到你们，马上精神了。以后你们可要多回来呀！"

张富清最大的牵挂是母亲的身体。二哥在精心照顾母亲的同时，对母亲的后事也做了安排，前不久专门在金水镇买了一副上好的寿木料。

听说此事，张富清对二哥充满感激，对母亲充满愧疚："二哥，抽空我和你看看这副寿木料，之后，咱们找个好木匠，做个好棺材。"

"好了，快过年了，咱们不说这些不吉利的话。"哥嫂打住张富清的话，聊起了家乡的变化。

双庙村在"大跃进"和人民公社化运动兴起之时，农民的积极性空前高涨，正在筹办集体食堂，实行"农忙时各自出粮，专人烧饭，农忙结束，恢复各家吃饭"的管理办法，并在上级的统一规划下，努力实现水利化、机械化、电气化、化学化，但其中也存在很多不切实际的想法和做法。

第二天，张富清带全家来到岳父家，岳父母高兴得不知说什么好，喜气洋洋地给他们去做团圆饭。但是，席间，他们流露出对女儿、女婿在外地结婚、安家的不满，希望他们早日调回家乡。

张富清没有回应。他的心飞到了来凤县，正在筹划党校毕业后的奋斗规划。

除夕之夜，双庙村响起了噼里啪啦的鞭炮声。这声音，过去只有地主家才能听到，现在几乎家家户户都有。张富清感慨："新旧社会真是两重天啊！"

鞭炮声响过后，张富清和全家人吃了被抓壮丁之后的第一次年夜饭。望着母亲满含热泪的脸庞，他给母亲夹了一块肉："娘，别哭了，我会常回来看您的。"

一晃20多天过去了，张富清到了归队时间，张、孙两家为他们全家送行。

母亲希望张富清调回洋县工作。岳父岳母请求张富清将孙玉兰和两个孩子留下。

张富清无法满足两家老人的心愿，默默无语。最后孙玉兰给他解了围："娘，爹，你们都不要难为他了，我知道他的心思，明天我们一起回去。"

第二天早上，张富清收拾好东西，准备带着全家出发，三位老人对两个孩子抱来抱去，母亲拉着他的手不松。岳父岳母再次向他发出调回老家的请求。

张富清带全家人走到村口，三位老人依然在张望，所有人依依惜别，泪水涟涟。

26
春风化雨

1959年3月，经过恩施地委党校学习的张富清回到来凤县，组织上考虑他在城关粮油所、县粮食局、县纺织公司踏实肯干，善打硬仗，安排他任三胡区副区长。

三胡区地处来凤县西部，地处低山、二高山地区，距来凤县城13公里，1958年成立三胡公社，1959年增设管理区，是当地最穷的管理区之一。

当时，城里的人这样打趣三胡区：三胡的人，都是吃稀饭的，如果在县城看到谁衣服上有稀饭渍，准是三胡的。

熔 炼　张富清同志一生的党性修炼

到了三胡，张富清才知道什么叫真穷：很多群众几乎顿顿以菜代饭，有的群众没衣穿，用线把烂布片连起来遮丑……

"共产党员就是攻坚克难的，我必须迎难而上，让百姓过上好日子。"张富清想起了战争年代当突击队员时的情景，浑身充满激情和力量。

他到区里报到后，径直走进最偏远的村、最穷的家，与社员同吃、同住、同劳动。在社员家里，无论吃玉米、土豆、红薯还是野菜，都按规定，一餐交半斤粮票，一天交3角伙食费，一个月交3两油票，三五天结一次账。

然而，令他想不到的是，一个多月过去了，社员并不信任他。有的觉得，他是区里来的干部，干不了农活，不能助力，只会添乱；有的觉得，他是当兵出身，冲冲杀杀可以，组织生产不行。他动员大家改变贫穷面貌，不少人说："我们连饭都吃不饱，没力气干活。"

问题出在哪里？夜深了，张富清躺在床上，打开《毛泽东选集》，《〈农村调查〉的序言和跋》中的一行字跃入他的眼帘："群众是真正的英雄，而我们自己则往往是幼稚可笑的，不了解这一点，就得不到起码的知识。"

他又反复看了两遍，停下来反思自己进村入户的行为，心里豁亮起来。从表面上看，自己沉到了底层，住到了社员家，实行了"三同"，吃饭也按标准缴纳粮票和伙食费，但还没有把他们当作英雄，心也没有和他们贴在一起。群众路线是党性的根本体现，群众路线的核心是一切为了群众，一切依靠群众；从群众中来，到群众中去。

从第二天开始，他挨家挨户征求社员搞好农业生产的意见，宣讲党的农村工作政策，很快制订出包片村切实可行的生产计划。

在此基础上，他带领社员一项一项落实生产计划。背粪上山，社员背多少他背多少，头上的汗水从没有干过；上山锄地，社员锄多少他锄多少，手上的血泡从没有断过。在和大家干活儿时，他仔细观察、虚心学习各种劳动技能，很快成了"行家里手"。

他注意处处体贴群众。社员吃不饱，他尽量少吃饭，有时饿得难受，就一个人跑到水井旁，舀点水喝。空暇时间，他经常帮社员打扫院子、挑水。自己的陕西口音重，怕社员听不明白，就放缓语速，慢慢地说话。不管工作多苦、多累、多困难，他从早到晚总是笑呵呵的。

社员家普遍房子不宽裕，没有多余的床。他就找间柴屋，铺上稻草休息。晚上，刚躺下，蚊子、跳蚤便开始"联合攻击"，他就拿手帕、衣服驱赶，实在赶不走，干脆把手帕盖在脸上睡。早上起来，他浑身是包，就找来"六六粉"撒在地上。

慢慢地，社员们对张富清刮目相看，"俺们村来了个好干部！"在十里八乡迅速传开了。不少社员抢着请他吃饭，并说："扫饱扫饱。"张富清听不懂，他们又解释道，就是"管饱吃"。张富清到了社员家，社员拿不出好吃的，就在张富清碗里添两块红薯，让他多点甜味。

张富清被感动了，暗暗下决心："说啥也要改变三胡区的贫穷落后面貌。"

27
不幸消息

1959年夏天，来凤县遭遇了百年未见的旱灾，从6月30日至9

月20日的83天内,每天烈日炙烤着大地,三胡区很多地方的农作物颗粒无收。

1960年5月至6月,三胡区又连续干旱了42天。大塘、胡家沟、三堡岭等地饮水告急,群众的生产生活再次陷入困境。

张富清蹲点的大塘大队,属喀斯特地貌,地面无河,地下有阴河。平日饮水困难,遇到旱灾更是水贵如油。

这年6月的一天,张富清进驻三胡区大塘大队,研究抗旱救灾方案,一名社员带着一个邮递员来到他面前。

"张副区长,您有一封电报。"邮递员着急地说。

"我的电报?"张富清不由得一惊,"该不是母亲……"

真是怕啥来啥,张富清接过二哥张茂茂发来的电报,一眼看到"母已去世,速回办丧事"几个字,顷刻间,他觉得天旋地转,眼泪像掉了线的珠子大滴大滴滚落。

自从他记事之日起,母亲就贫病交加,苦苦支撑着全家。他参军后,整天为他提心吊胆。他转业到了来凤县,一直想让他回到身边。他两次回家,母亲悲喜交加,总嫌时间太短。

更不能让他释怀的是:前段时间,母亲处于弥留之际,嘴里不停念叨自己。二哥拍来电报,希望他回家与母亲相见。无奈当时正在组织三胡区财贸干部职工业务技能培训会,不好脱身,只借了200元钱寄到家中,希望母亲好好治疗、早日康复。谁知,母亲带着对他的思念溘然长逝。

张富清越想越后悔,越后悔越悲痛,眼泪不由自主地掉了下来。

他给大队干部交代了一下工作,回到区里,向区委汇报了家中不幸,请假回家祭奠母亲。区委书记田维恒、区长王仕才同意了他的请求。

然而，走出区委大院，他又改变了主意。返回再找田维恒、王仕才。

这时，两人正发愁大塘大队的饮水、灌溉问题。

张富清见到他俩，指了指火辣辣的天空："我不回去了，现在干旱这么严重，大塘大队十来个小队近千名群众，眼巴巴地看着我、等着我，我撇下他们，回去也不安心。"

说到这里，他顿了顿："再说，我家路途遥远，交通不便，回去需要十来天时间，到时人已下葬，没有什么意义了。前不久，组织借给我200块钱，需要两三年才能还清，也不能再给组织添麻烦了。"

田维恒、王仕才对张富清先群众后自己的精神给予赞赏，要他节哀顺变。

张富清径直来到邮电局，给二哥张茂茂发去电报："工作忙，回不去，望原谅！"

回到家里，张富清对母亲的思念之情、遗憾之感总是挥之不去，趴在炕上大哭了一场。晚上，难解思念之情，起身来到空旷地方，向着家乡方向给母亲跪拜、道歉："老娘啊，儿子对不起您，请原谅您这个不孝之子吧！"

妻子孙玉兰对他不理解："组织上批准你回，你不回，却又哭个不停，折腾个不停。"

张富清说："自古忠孝难两全。我是党员，我一事当前，首先要想群众；但老娘一生十分可怜，我却没好好尽孝。两相矛盾，心里难受呀！"

第二天早上，他又出现在大塘大队。大队干部和社员对他肃然起敬。

母亲出殡的前一天晚上，按照家乡风俗，张富清在远方给母亲磕头、烧香、守灵，泪水打湿衣襟。

事后，他在日记中写道：干好工作，就是对亲人最好的报答；干好工作，就是对母亲最好的尽孝。我一定要干出一番成绩来。

28
探洞找水

张富清的母亲去世后，他把悲痛化作力量，决心要打一场抗旱救灾歼灭战。

一天晚上，张富清从区公所开完抗旱救灾会后回到家里，妻子孙玉兰见他焦躁不安，有点儿不放心："发生什么事了？"

"如果再找不到水，大塘大队的老百姓就没法儿活了！"张富清不无忧虑地说。

"天灾哪个都没有办法，着急也没有用，早点休息吧。"孙玉兰安慰丈夫。

"我是共产党员、副区长、蹲点干部，不着急不行啊！我必须想出办法。"张富清讲了自己的心情。

入夜已深，张富清辗转反侧还是没有睡着。遭灾后，他和大队干部亲自上山寻找水源，把大塘境内跑了个遍，都无功而返。哪里会有水呢？他突然想到邻近的石桥大队。如果那里有水，想办法引过来不就行了吗？

想到这里，张富清立即起床，拿上手电筒，向石桥大队赶去。妻子孙玉兰没有拦住他，只好安慰说："路上一定要小心。"

凌晨一点多，张富清敲开了石桥大队党支部书记刘平安的家门。

刘平安以为出了什么事，忙穿衣起身开门。弄清事情的原委，心里一阵感动，忙推醒年近80岁的老父亲刘志武。刘志武告诉张富清，离这里2公里的半山湾山上，有个麻坑洞，那里可能有水，但洞里很危险，据说有蟒蛇，他长这么大，还没听说哪个人敢进去。

听说麻坑洞可能有水，张富清立即来了精神，转向刘平安："刘书记，天亮咱们能不能进洞看一看。"

刘平安满口答应，但刘父的脸上却写满担忧："你们最好不要进洞。"

张富清安慰刘父："您放心吧，我们会想办法。"说完，与刘平安耳语了几句，便向刘家父子道谢，离开了刘家。

第二天上午，张富清带着大塘大队民兵连连长龙学松、三胡区驻石桥大队干部李兰清，带着绳子、手电筒、火把等物品，再次来到刘平安家。与在半山湾放过牛、在海南当过兵的石桥大队民兵连连长邓明成接头后，一行五人披荆斩棘爬到离地面200多米高的麻坑洞前。

洞口不太高，有4米多高，2米多宽，里面黑黝黝的，深不可测。大家情不自禁地倒退了几步。

"你们点一个火把，我到里面看看。"张富清说着就往洞里走，大家紧随其后。走了近30米，道路突然中断，只见下面是一个深不见底的大坑。

张富清兴奋起来："你们听，下面好像有流水的声音。"说着，就要下去一探究竟。刘平安、邓明成坚决反对，他笑笑："放心吧，我命硬。"说着，将一根绳子绑在腰上，另一头系在一块，并让他们把绳子死死拉住，一截一截下到坑底。

"啊，这是一条小暗河。"这时，张富清犹如哥伦布发现新大陆，打着手电筒顺着暗河走了近20米，发现前面有个洞口，暗河的水绕过洞口，流到另一边去了。

"如果将水朝狭洞口这边引过来，穿过洞口的下方，不就将水引出去了吗？"张富清长长舒了一口气。他弯着腰从洞口爬出，到了山的另一侧。站在洞口边，观察了四周环境，一幅洞中引水蓝图在胸中绘出。

探水工程结束后，一个重大的修建拦水坝和水渠工程开始了。从1960年10月下旬开始，在张富清的协调和带领下，大塘大队和石桥大队分工协作，开山挖石，日夜奋战，400多名农民形成了一幅幅热闹非凡的劳动场面。

1961年春，麻坑洞的汩汩清水流向了大塘、石桥大队的家家户户，奔向了多个生产队的田间地头，彻底解决了两个大队的人畜饮水和农田灌溉问题。

29
引进铁匠

1961年1月，党的八届九中全会在北京召开。会议根据我国当时经济工作中出现的比例关系严重失调和严重不平衡问题，号召全国集中力量加强农业战线，贯彻执行国民经济以农业为基础的方针，要求全党全民大办农业、大办粮食，适当缩短基本建设战线和降低重工业发展速度。

这年春天，三胡区委组织各大队努力恢复农业生产，各村社员纷纷忙碌起来。这时，不少大队反映，社员春耕生产普遍缺乏镰刀、锄头、铁锹"三小工具"。

三胡区委开会认为:"这些工具的严重不足,成为制约粮食生产的瓶颈,成为事关社员吃饭、粮食供应的大事,必须设法加以解决。"

任务交给了分管区财贸工作的张富清。

张富清经过调查研究,发现缺乏"三小农具"的主要原因是缺少打制铁匠,而本县铁匠奇缺,一时无法解决,小农具也只是自给自足,没有多余的出售。

一时,张富清犯了难。他想矛盾上交,但那不是共产党员的态度。他想临时应付,但那不是共产党员的作风。想着想着,想起一句话:天下事难不倒共产党员。接着又想起一句话:群众是真正的英雄。

第二天,他来到供销社,让大家出主意、想办法。

"张副区长,我们这种小农具湖南永顺县有,但也数量有限,每次采购都有限制。"常年在外跑业务的采购员李世万提供了一条信息。

"从三胡区到永顺县,中间隔着龙山县,去一次不容易,你能不能住下来做做工作,争取多采购一些呢?"张富清建议。

李世万面露难色:"做工作可以,但没有直达长途汽车,购买的多了,也不好运回。"

这时,供销社书记向启胜也感叹道:"运输确实是个棘手问题。"

"好,不要考虑那么多了。向书记,明天是否派李世万去永顺县,住下来一点一点采购,我想办法往回运输。"张富清当即作出决定。

李世万来到永顺县,一时没有采购到小农具,但结识了永顺县第二机械厂的技术骨干杨圣。

杨圣出生在一个铁匠世家，从小便学习打铁，曾在湖南省一个兵工厂工作过三年，现任机械加工车间主任。

张富清得知这一信息，决心把杨圣调到三胡区。他让李世万做杨圣本人和永顺县第二机械厂的工作，自己做三胡区领导和县领导的工作。

杨圣在工作中遇到诸多难题，张富清不断加以鼓励，并献计献策。根据对方提出的携带全家问题、户口迁移问题，张富清报告区领导、请示县领导，三番五次协调有关部门。

经过上下左右的努力，硬是打通了各个环节。

1961年初夏，杨圣带着妻子和一名帮手来到三胡区。

随着杨圣的到来，张富清组织区里人员在三胡区供销社靠北街头建起了铁匠铺，架起了炉灶，响起了叮叮当当的打铁声。很快生产出大量"三小农具"，三胡区农民再也不用为买不到"三小农具"发愁了。

接着，三胡区按照张富清"前门开店，后门办厂"的设想，将铁匠铺由两间增加为四间，为杨圣新招了两名徒弟，在扩大"三小农具"生产的同时，开始加工菜刀、锅铲、铁瓢、犁杖等工具。

不久，杨圣与供销社主任闹矛盾，一气之下，扔下铁锤就要离开三胡区，回到老家去。

张富清得知情况后，立即上门做工作。在弄清事情真相的情况下，严厉批评了供销社主任，耐心细致地与杨圣谈心，设法解决杨圣工作生活中的实际问题。杨圣深受感动，决心在三胡区扎下根。

在张富清的努力下，铁匠铺不仅满足了本区农民的生产生活需要，产品还外销县城和其他乡区。

30
过道住宿

三胡区的"三小农具"问题解决后，农业生产有了一定发展，但由于当时正值国家三年困难时期，加之三胡区灾情严重，大多数农民食不果腹，许多人得了浮肿病。

1962年3月，三胡区委决定，所有领导成员进驻粮食生产困难的大队，设法把粮食生产搞上去。

张富清选择了最困难的一个大队——文坪公社大地垄大队。

这里，离三胡区20多公里，山大人稀，很多家庭常年生活都是"瓜菜代"，有的甚至吃用稻草、糠皮、树皮做成的饼类食物。

张富清打定主意，在抓好面上工作的同时，住在一户最困难的群众家里，深入了解情况，将其帮起来，同时把其他家也带起来。

当天下午，在三胡区文书姚道生、大地垄大队书记李福田和副书记姚学权的带领下，张富清来到第10队社员谢书银家。

"这是咱们区里的张副区长，他到咱们这里蹲点，准备住在你家。"李福田指着张富清，给谢书银作介绍。

听说区里干部要住在自己家，谢书银和妻子杨茂云悄声商量了一下，一口拒绝："不行，不行，我家地方太小，家里太穷，实在没法接受。"

谢书银所住的房子是过去一个地主家的，新中国成立后分给了四户人家，每户空间狭小，没有多余房间。谢书银一家四口挤在一起，没有多余房间。

张富清仔细打量了一下谢书银一家的穿着，到房间转了一圈，把行李搬到屋檐下的过道说："好了，我就在这里住了。"

谢书银执意不肯："区里干部怎能遭这个罪呢？"

李福田等人也主张再换一家。

张富清指着谢书银一家人穿的破烂衣服对李福田等人说："我就看中了这家的条件差，咱们共产党员不是享福的，而是为民造福的。"

李福田等人说不过他，只好服从他。

见谢书银对自己爱理不理，张富清找来稻草，铺在地上，把行李打开。

两个孩子好奇地看着张富清。谢书银的妻子杨茂云不解地问："区长，您吃饭怎么搞？"

张富清抬头答道："在你家搭伙。"接着补充，"按规定，我每天会给你们支付伙食费和粮票，每月给你们油票。"

"可我家没有粮食供您吃啊！"杨茂云为难地说。

"你们吃什么，我就吃什么。"张富清毫不在意地说。

当天晚上，杨茂云做了洋芋、菜叶子煮成的菜饭，张富清同一家四口人吃了饭后，就在地铺上休息了。

第二天早上，谢书银起床后，看见院子里的杂草清除得干干净净，农具、家什摆得整整齐齐。走到过道，发现被子叠成豆腐块，旧军装码在稻草铺上，张富清正弯腰在菜地里刨土。

"张副区长，您这是干么子？"谢书银诧异地问。

"帮你家种点菜。"张富清告诉谢书银，"我也是农民出身，小时候种过。我们下来，就要帮你们干点事。"

听着这话，谢书银紧锁的眉头一下子松开，把烟杆别在腰上，拿着锄头一起刨起来。

让谢书银想不到的是，在往后的日子里，这位区里来的"大干部"，没有一点儿架子，回家从不闲着，不是挑水就是种菜，一日三餐和他们一个锅里吃饭，不停地在吃饭问题上给他们出谋划策，给的钱和粮票、油票，弥补了他家的吃粮不足，是一个打着灯笼也找不到的好帮手。

谢书银仔细观察张富清的睡觉情况，发现尽管稻草上撒了"六六粉"，但还是有不少蚊子和跳蚤围着他，把他叮得胳膊、腿上常有红疙瘩，但他没有抱怨过一句话。

谢书银再也忍不住了，将自己和妻子住的房间让给张富清住。见张富清不肯，谢书银又将两个孩子的小房间腾出来，硬是把他的行李搬进去。

从此，谢书银一家四口人挤在一起睡。

31
赢得信任

大地垄大队的群众淳朴憨厚、勤劳智慧，但由于地处偏僻地区，平时很少见到区里干部，认为张富清来了，也就是卖卖嘴皮，干不了农活儿。有的甚至认为他"会给生产队添乱"。

张富清第一天参加劳动，一些群众根本不理他。如何尽快摆脱这种尴尬的处境呢？

"群众不信任是当前最大的困难。摆脱困难必须发扬党的密切联系群众的作风。"面对当前处境，张富清想起在大塘大队和石桥大队组织修建拦水坝和水渠时的做法。

那时，张富清既当指挥员，又当战斗员。在重要关头率先垂范，迎难而上，赢得了群众的信任和支持，有效激发了他们的施工积极性，因此，圆满完成了修建任务。

"解决群众吃饭问题，是一项更大的民心工程，只有把自己融入群众之中，让群众把自己当成知心人，才能把群众凝聚起来，才能有效推进工作。"厘清工作思路，张富清一头扎到群众中。

当地群众干活各使各的农具，张富清自己买了一套农具，每天跟着群众下地，群众使用什么农具，他就使用什么农具，群众干什么，他就跟着干什么。他完全把自己当作一个社员。

当地群众多数是土家族、苗族人，说话听不大懂。张富清认真学习当地方言，学会了"逮馍馍（吃饭）""郎场（地方）""泡巴（说大话）""各人（自己）"等日常用语，尽量用方言与群众交流。他完全把自己当作一名学生。

当地群众有"大锅饭"思想，生产积极性不是太高，张富清处处以身作则，群众干的活儿他干，群众不干的活儿他也干，手上磨出了厚茧，肩膀上旧皮盖着新皮。

经过一段时间，大地垄大、小队干部和社员群众对张富清由排斥转变为接受和欢迎，发出啧啧称赞声。

"张副区长平易近人，一点儿架子也没有，和咱老百姓一个样。"

"张副区长挖土、育种、薅秧、插秧，样样农活都能拿下来。"

"张副区长是一个接地气、能吃苦、一心为群众的好干部。"

看见群众对张富清的态度，大队书记李福田到各小队给群众做工作："你们想想看，张副区长作为一个外地人，来我们这里吃了多少苦，受了多少累，挨了多少饿。他为了什么？不就是为了让我们多打粮、吃饱饭吗！我们不支持他的工作，良心上说得过去吗？"

李福田的一番话，让群众纷纷感到愧疚，都说前期对不住张副区长，表示今后一定要听从他的意见和安排，以实际行动报答他的关心。

张富清看到时机成熟，先后召开由大小队干部参加的"粮食生产研究会议"、由社员群众参加的"粮食生产动员会议"，宣传党的政策，号召大家团结起来，向土地要粮、向科学要粮。在生产环节中实行以定工序、定人员、定数量、定时间为内容的"四定工作法"，核计工分，按劳分配。组织各生产队之间开展挑应战和粮食生产竞赛，充分调动群众的积极性。

一时间，大地垄大队出现了热火朝天的劳动场面。

32
勇往直前

在轰轰烈烈的生产竞赛中，粮食短缺问题进一步凸显出来，社员饿着肚子干活儿，经常有人晕倒在地。

有两位驻村干部吃不了这些苦，受不了这些罪，放弃了干部身份，悄悄去抓黄鳝挣钱去了。

张富清住在谢书银家更是吃不饱，整天感觉肚子咕咕在叫，全身无力，心跳加速，眼冒金星，看到食物就流口水。回到家里，妻子给他端上一碗家乡的菜疙瘩，他似乎感到进了天堂。孩子知道他在村里忍饥挨饿、极度劳累，经常翻山越岭去看望他。

"越是困难的时候，越是考验人的时候。共产党员在困难面前决不能打退堂鼓。"张富清暗暗告诫自己。

一天傍晚，三胡区通知张富清和李福田到区里开紧急会议。张富清干完农活没有来得及吃晚饭就上了路。走了20多里，当路过一座狭窄木桥时，只觉天旋地转，一头栽进河里。李福田等同行人员赶紧把他救了上来，住进三胡区卫生所。

妻子孙玉兰闻讯，赶往卫生所看望他，禁不住泪流满面，俯下身子握住他的手说，"你受苦了！""你命真大！"

张富清缓缓贴近妻子，紧紧握住她的手："解决群众的吃饭问题，是天大的问题，共产党员不干，谁干？在困难面前，共产党员不冲，谁冲？"

说完，他怕妻子不理解，给她讲起了党的宗旨，讲起英雄模范人物故事，讲起了自己在战场上完成任务的情景，而后对她说："我也有过撤出大地垄大队的想法，也有过偷懒应付的念头，但一想到自己是共产党员，这些想法都退到后面去了。咱作为党的一分子，怎能为了自己而撇下那些贫苦社员呢？"

妻子冲着他一个劲儿点头称"是"。

他不无心疼地对妻子说："我要好好领着社员干，家里的事全靠你了，你辛苦啦！"

妻子说："放心吧，我做你的后盾。"

两人露出了欣慰的笑容，手握得更紧了。

从卫生所回到村里，张富清干工作干得更起劲了。他认定一个道理：任何事情都有困难，在困难面前要勇于坚持，坚持就是胜利。同时，为了人民利益，坚持好的、纠正差的，是共产党人应有的品格，是党性修炼的重要途径。

他和农民在一起的时间更多了，回家的时间更少了。谢书银说，张副区长每月至少在他家住20天，农忙季节，一两个月不回家。家里有急事，就利用回区里开会的机会，顺便回去一下。

他时时处处为群众着想，不仅带头苦干实干，精心组织实施各项工作规划，而且坚持把方便让给群众、把困难留给自己。

一次，张富清和第10生产队社员在畜牧厂砍红苕藤子，砍完已是深夜。队里煮了一锅红苕饭犒劳大家。开饭时，排在前面的社员多盛了一些，排在后面的社员越来越少，轮到张富清就没有了。

见此情景，张富清招呼社员："大家慢慢吃，我先回去了。"说着，放下空碗离开畜牧厂。

社员你看看我、我看看你，满脸不好意思。事后议论说："张副区长这人真好，以后咱说啥也得好好干。"

1962年，在全国大饥荒末期，大地垄大队生产的粮食比往年有了大幅度增产，各生产队除了交公粮，都给群众分了稻谷、玉米、土豆、红薯等余粮，基本告别了"瓜菜代"的日子，广大社员奔社会主义的信心倍增。

33
妻子下岗

20世纪60年代，在我国遭遇严重经济困难时期，党中央决定实行"调整、巩固、充实、提高"八字方针，要求精减城镇人口。

来凤县按照上级精神，陆续精减干部职工，压缩商品粮销售，动员部分干部职工家属和城镇居民自谋出路，或者到农村参加劳动。以"勇于啃硬骨头"著称的张富清，担负了这项艰巨而又棘手的任务。

1961年12月的一天，张富清回家后，郑重其事地对妻子说："国家压缩城镇人口，你辞掉供销社工作，回家吧。"

张富清的妻子孙玉兰到来凤县后，按照拥军优属政策，被招录为公职人员。张富清到三胡区工作后，孙玉兰随调到三胡区供销社。

"我又没出问题，没犯错误，为什么拿我开刀？"一向通情达理的孙玉兰实在想不通，以委屈的口气质问张富清。

"执行党的政策，不从自己做起，怎么落实？"张富清劝说孙玉兰，"我分管这项工作，你下去了，我才好做别人的工作。"

"可是，我属于可以不精减对象，给大家做做工作不就行了吗？"孙玉兰再次强调。

《来凤县干部职工精减方案》规定：精减的主要对象，是1958年以来参加工作的，来自农村的新职工，精减后回到各自家乡参加农业生产。原先是城市居民的职工，一般不精减。没有田土的外来干部家属，通过组织核实清楚，可以不精减。孙玉兰属于城镇居民和没有田土的外来干部家属。

"你说得没错，但精减涉及个人和家庭切身利益，工作难度非常大，如果你下来了，其他各种理由都站不住脚了。"张富清看着妻子，耐心加以解释。

接着，他又指了指自己："更主要的是，我是共产党员，你是共产党员的家属，党号召精减城镇人口，我们要带这个头呀！"

孙玉兰知道他已下了决心，不再多说什么，但提出一个问题："辞掉工作，家庭生活怎么解决？"

说到这个问题，张富清一时无力回答。这一年，张富清已有三个孩子。这些年，全家经常吃不饱饭，少了一个人的收入，生活会更加捉襟见肘。

这时，张富清靠近妻子，握住她的手："玉兰，这些年让你受苦了，我对不住你。以后生活会更加困难，这是肯定的，需要你多担待，也需要我们进一步省吃俭用。"

孙玉兰掉下眼泪："我苦点累点不要紧，关键是怎么养活孩子们呀！"

张富清擦去孙玉兰的眼泪："以前那么困难，我们都能熬过来，现在有这么好的制度和政策作保障，不会有问题。再说，我们再困难还是比多数社员强。"

听到这些话，孙玉兰只好顺从张富清。孙玉兰知道，自两人结婚后，张富清处处都以群众的利益为重，不支持他，他就会非常为难和痛苦。孙玉兰不想给他添堵。

第二天，孙玉兰找到三胡区供销社书记向启胜、主任丁世峰，要求把她纳入精减名单。

向启胜、丁世峰感到诧异，问其原因。孙玉兰说："这个事，你们问我家老张吧。"

当向启胜、丁世峰和众人知道事情的原委后，都为张富清的举动赞叹和钦佩，对他更加敬重了。

没过几天，孙玉兰正式办理了离职手续。回到家里，一种无名的委屈和对今后生活的忧虑涌上心头，趴在床上蒙着被子大哭。已上小学一年级的大女儿张建珍不知发生了什么事，也跟着哭了起来。张富清下班见状，赶快进行安慰。

孙玉兰离职后，多次找张富清诉苦、求情、威胁的精减对象，再也没有找过他的麻烦，纷纷离职自谋出路、回村务农。三胡区的精减工作开展得非常顺利。

34
山村电站

1962年10月，张富清带人查看大塘、石桥水利工程，路过狮子桥刘家坝，望着流经此处的老虎洞河若有所思：前两年大旱，这一带几千亩农田几乎颗粒无收，让老百姓吃尽苦头。如果能在这个地方筑个坝，修个水渠和电站，不仅能解决当地灌溉问题，还能让老百姓用上电，这岂不是一件造福群众的好事。

张富清来到狮子桥大队，和大队干部说了自己的想法。大队干部认为，这个想法好是好，但不好实现：一是三胡区从来没有搞过这么大的工程；二是老百姓很穷拿不出资金；三是在河中拦截筑坝不大可能。

张富清亮明自己的观点："实现这个设想肯定有困难，但困难是可以克服的，只要对群众有利，咱就下决心干。"

说完，他要求向世瑞等大队干部与县农业水利局对接，迅速展开前期勘察工作。自己回到区里，向区委领导作了汇报。

1963年3月，三胡区狮子桥水电站建设开工了。张富清作为工程总指挥，带领400多名青壮年、20多名石匠，拿着锄头、撮箕、钢钎等简单劳动工具，浩浩荡荡出现在施工第一线。

施工队伍按部队建制设连、排部，以连为单位设食堂。每天天不亮，食堂就亮起了灯火。吃完早饭，在刘家坝500米的河道、山头上，挖的挖、挑的挑、抬的抬、敲的敲，分工协作，团结互助，绘成一幅壮丽的电站建设图景。

为了给施工人员加油鼓劲，张富清借来一台老式柴油发电机和一个高音喇叭，传达上级指示精神，表扬工地好人好事，播放励志歌曲，统一协调作息时间。

施工中，张富清和大家一起抬石头、下基脚、打炮眼，手上的裂口、脚上的血泡、肩上的破皮从来没有间断过。

经过日夜奋战，1963年8月，工程挖填全部完成。此后，施工人员土法上马，把一块块重达数百斤甚至上千斤的石头放入河道砌起来。在决战时刻,来了许多义务劳动者,张富清的妻子孙玉兰也加入其中。

1964年12月,一座8米高的引水土石重力大坝、一条500多米灌溉水渠、一个前所未有的发电厂房全部建成。水利工程贯穿三胡乡黄柏园、石桥、狮子桥三个村。望着这一雄伟工程,施工人员流下了激动的泪水,无数社员站在田埂上笑开了花。

然而,正当工程收尾时,一道难题又一次摆在张富清的面前。

这项工程预算为16.27万元,其中,国家投资14.27万元,需要自筹2万元。张富清和工程技术人精打细算,开源节流,在预算范围内,不仅满足了工程需要,还腾出资金购买了30千瓦发电机、水轮机、电力表、配电盘等设备,安装了两台变压器。但最后一笔架设电线和入户电线的资金无法解决。

指挥部人员抓耳挠腮,一时没了主意。

"通过前期工作,大家已经感受到了,只要党群一条心,没有克服不了的困难。再捐款,发动生产队再捐点款。"张富清满怀信心地讲出了自己的意见。

谁知,捐款通知还没发,有个生产队交给指挥部110元钱,一下解了燃眉之急。原来,他们得知缺少资金购买电线的消息后,就卖黄牛换了这笔钱。

张富清非常感动,马上让人在发电厂房的墙上写上:"人民,只有人民,才是创造世界历史的动力。"

1964年12月16日晚上7点,三胡区集镇和附近两个生产队正式通电,家家户户亮起了电灯,公社大喇叭的声音传进了每一户人家。

社员们像"刘姥姥进大观园",有人好奇地问:"电灯能不能点烟呀?"有人高兴地说,"我听到了中央人民广播电台的声音啦!"

有人激动地高喊:"毛主席万岁!共产党万岁!"

三胡区是来凤县首个亮起电灯的乡镇,受到上级水利部门的表彰,地市和省级媒体对此作了报道。

35
家庭困境

1962年11月,张富清家中再添一丁——第四个孩子张健全出生了。

这个可爱的小儿子过满月,妻子孙玉兰怎么也高兴不起来:"元生,你说,以后咱这日子怎么过呀?"

孙玉兰退职后,为了贴补家用,当过保姆、喂过猪、捡过柴、做过帮工。后来找师傅学缝纫,每天只挣两三角钱。孩子们下午放学,先去地里捡别人刨剩下的土豆回来当晚饭,然后就去捡煤块、拾柴火、背石头,或者帮妈妈盘布扣。

张富清的工资,除交党费和归还母亲去世的借款外,全都交给家里。身上的衣服缝了又缝,补了又补,平均每条裤子要打3次补丁。

孙玉兰生怕口粮吃不到月底,每次做饭,抓一把米后总是松一下手,好让米粒再漏下一点。每次分饭,建珍和建国盯着桌子上的碗抢夺。最艰难时,张富清、孙玉兰和张建国还吃过"观音土"。买不起布,孙玉兰就用尿素袋染色做成衣服给孩子穿,"含氮量"字样清晰可见。

回忆过去一年的家庭生活,张富清也很无奈:"玉兰,今后我不再抽烟了。"

张富清多年来喜欢喝点酒、抽点烟,在孙玉兰退职后,把酒戒掉了，但烟难以离手。孙玉兰心疼丈夫，每逢赶集，就给他买一些烟叶，他把烟叶切成烟丝，动手做了一个卷烟工具，自己卷烟抽。

"你不抽烟，也解决不了家庭困难呀！听说不少干部向单位反映困难争取补助或向单位借钱，不行，咱也试试。"孙玉兰建议说。

"不可，这超过了我的底线。"张富清立即摆手。他除母亲病重时组织主动借给他钱以外，从未向组织张过嘴，他认为作为一名共产党员，不管个人或家庭遇到什么困难，都要想法克服，不能动不动就给组织添麻烦。

孙玉兰不再说什么了。她知道，在张富清的心里，党性高于一切，触碰党性这个底线，说啥也没用。

张富清这时却又开了腔，他讲了蹲点时看到的听到的种种群众饥饿现象，强调，现在全国处在严重困难时期，连中央领导都在节衣缩食，希望全家一起继续共渡难关。

看到孙玉兰在点头，他给妻子盛了一碗饭："玉兰，人要知足，不能总是往上比，而要与新中国成立前比，与贫下中农比，这样，越比越觉得我们的日子已经过得不错啦，不能再有什么非分之想了。"

说到这里，懂事的张建珍、张建国也说了话："爸爸，咱们共渡难关。"

当时，张富清全家住在区公所旁边一所年久失修的房子里。每到雨季，屋里湿漉漉的，地上踩出了一个个鸡蛋状小土包，下雨时，常有青蛙、虫子出没，有一次还进了蛇。几个孩子穿着破旧衣服蜷缩在炕上，不敢出去玩，生怕把吃到的东西消化掉。

一次，张富清踏进家门，看到两个孩子因抢饭而吵架，面容憔悴的妻子苦苦哀求，眼睛含着泪花，他也掉了泪："我有愧于你们，都是我不好。但如果我整天想着家里的事，想着自己的事，那我就

图7　张富清的妻子和孩子们（张富清的家属提供）

不是共产党员了。"

打这以后，张富清在精神生活上更加关心家人了。回到家里，他就给妻儿唱上几句秦腔，孙玉兰也跟着唱上一段陕北民歌，孩子们高兴地瞪着眼睛、拍着小手。他有时也带点小东西回家，让妻儿分享。

有次，张富清外出开会，会务组给每个人发了一个苹果，他带回来让妻儿分着吃。细心的孙玉兰想到他快过生日了，就把苹果装进茶叶盒子里保鲜。生日那天，孙玉兰取出苹果，让全家人一起分享，并唱起陕北民歌，马上引来欢笑声和歌声，整个房间充满温馨和愉悦。

36
亏欠女儿

1963年7月的一个深夜,仍在给孩子缝补衣服的孙玉兰听到大女儿的呻吟声。

"建珍,建珍,你怎么了?"孙玉兰喊了两声,没有应答。她赶紧摸头,一下惊慌起来:"怎么这么烫呀!"

孙玉兰上下打量张建珍,突然,发现她在抽搐。

"这可怎么办?"孙玉兰第一次看到女儿这样,心里一阵着急,背起来就往离家300米远的区卫生所跑。

区卫生所门开了,迎接她的是一位吴姓的女医生。吴医生量了一下孩子的体温,嘴里念叨:"高烧,我马上给她打针。"

药液注射了一个多小时,仍然不见好转。吴医生又用土办法给建珍降体温,仍然收效甚微。

又一个多小时过去了,吴医生对孙玉兰说:"感冒针打过了,不能再打了,这里条件差,再没有其他药,你赶快想其他办法吧,要么孩子很危险。"

顿时,孙玉兰握着孩子的小手哭了起来。

看着母女俩的样子,吴医生一声叹息:"为什么不早点治疗呢?"

听着这话,孙玉兰哭得更厉害了。她何尝不知道有病要早治的道理?但家里经济紧张,孩子们得病不是"拖"就是"扛"。再说,张富清常年在乡下,也不方便送医院治疗。张建珍的病,确实被耽误了。

孙玉兰把女儿紧紧搂在怀里:"建珍,你可不能有事,要么妈就没法儿活了。"

天亮了，孙玉兰的心也亮了起来。原来，女儿经过一夜高烧，温度降了下来，闭着眼睛睡着了。师傅严邦达也来到卫生所。

孙玉兰退了公职后，曾向三胡区裁缝严邦达拜师学艺。严邦达家在张富清家与区卫生所之间，孙玉兰在来区卫生所时，顺便求师傅到她家照看其他三个孩子。

孙玉兰见到师傅，犹如见到亲人，请他照看建珍，自己回家安排其他三个孩子，托人告诉张富清。

孙玉兰返回卫生所，张建珍又发起了高烧，不一会儿，建珍就处于昏迷状态。她感到更加担心、更加无助。

张富清得知女儿病重的消息，火速赶到卫生所。看见病床上的女儿，他十分心疼，不断恳求医生救治女儿。医生建议他将女儿迅速转到县人民医院治疗。

县人民医院确诊，张建珍得的是病毒性脑炎。经过三天治疗，体温恢复正常，但张富清发现，平时口齿伶俐的女儿，此时目光呆滞，反应迟钝。

"医生，我女儿情况不对，这是怎么了？"张富清着急地找到值班医生。

值班医生认真进行观察，协调仪器检查，然后不无遗憾地说："孩子高烧时间太长，虽然脱离了危险，但落下了后遗症。以后智力可能会受到影响，弄不好生活难以自理。"

张富清顿时蒙了。伤心、痛苦、自责一齐涌上心头，他狠狠地打了自己一拳。

张建珍3岁以后，他长时间蹲在农村，有时想陪陪孩子，但总是不能如愿。有段时间，他没有顾上刮胡子，回到家中，孩子竟然没有认出他。每次回家，孩子拉住他问这问那。离开时流露出难舍的目光，有时抱住他的腿大哭。这些年，妻子退职，家中生活艰难，把孩子的小病拖成了大病。

张建珍出了院，果然变得痴痴呆呆，时常四肢抽搐，瘫倒在地。从此告别了学校，告别了老师和同学，像幼儿一样，常年生活在父母身边。这成为张富清和孙玉兰一生中最大的痛。

37
义务厨师

1964年8月，三胡区狮子桥水电站建设工地来了一名熟悉的义务劳动者。

"嫂子，你又来了，建荣、健全才两三岁，谁照看呢？"狮子桥大队党支部书记宋胜元见到张富清的妻子孙玉兰，热情地上前打招呼。

"我让建国照看呢，建珍也能搭把手，都给他们锁在家里了。"孙玉兰一面应答一面请领任务："看看哪有空缺，给我安排个事儿。"

此时，水电站建设进入筑坝关键时刻。孙玉兰结婚后，深受张富清崇高党性的影响和教育，感觉共产党员的妻子也应该有点共产党员的风范，一心想为工程建设贡献点力量。

"嫂子，您厨艺好，帮助做做饭吧。"说着，宋胜元把她领到工地厨房。

这是搭建在工地附近的一个简陋棚子，里面有两个用石头和泥巴垒起来的灶台，镶嵌着两口大锅，旁边堆放着干柴，还有红薯、南瓜等食材。

孙玉兰与其他厨师边聊天边烧火、洗菜、切菜，充满欢声笑语。准备做饭炒菜时，一下子愣住了：米袋里的米所剩无几了，油壶里的油也见底了。

原来工地上每天吃的是用玉米粉、红薯及少量大米煮成的"红薯玉米饭"，很少沾油星了。

无奈之下，孙玉兰给大家煮了一锅红薯玉米饭、一锅水煮南瓜，用仅有的一点儿油熬了一锅不够标准的"油茶汤"。

忙完，孙玉兰找到丈夫张富清："你们干这么重的活儿，长时间吃无油的瓜菜饭，是铁人也顶不住啊！"

张富清问："那该怎么办？"

孙玉兰把张富清拉到一边："我想把家里的2斤清油送到工地，让大家吃点儿油，这样干活儿才有劲儿。"

张富清不知是感动，也不知是兴奋，一时不知说什么好。大女儿患病花了不少钱，家里的日子越过越紧巴。那2斤清油是孙玉兰3年攒下的家当，孩子们营养跟不上，她都舍不得给吃，现在却要献给工地。妻子是在心疼他、支持他，更反映出他们一心向党、一心为民的思想境界。

"你同意不同意，快说话呀！"孙玉兰催促张富清。

"家里的事，你做主。"张富清钦佩地望着孙玉兰，笑了。

得到丈夫的同意，孙玉兰借口家里孩子等着吃饭，匆匆离开工地。

下午，孙玉兰提着一个装油的罐子，再一次出现在工地上。

"不行，不行，你家的情况我知道，赶快拿回去。"分管工地后勤的狮子桥大队会计张文科说啥也不收，并报告了大队党支部书记宋胜元。

宋胜元赶忙跑过来："嫂子，你硬送给工地，大家也吃不下去，还是留给孩子们吧。"

"我该说的都说了，哪有拿来了再拿回去的道理。这是我们全家对施工人员的一点儿心意。"孙玉兰坚定地说。

第二天收工后，宋胜元带着10多名施工人员来到张富清家，将一朵大红花戴在孙玉兰胸前，接着一字一句读起感谢信，由衷感谢她对人民群众的一片深情。

这时，围观的人群中爆发出热烈的掌声和赞叹声。

此后，狮子桥水利水电站施工工地不时收到附近群众送来的土豆、南瓜、冬瓜、辣椒等蔬菜。区水利水电站站长向世瑞将一块腊肉送到工地说："张副区长为水利水电建设操碎了心，家里那么困难，还把2斤清油送到工地，我作为水利水电站的一员，必须出点力。"

人心齐，泰山移。在互助互爱、团结奋斗的氛围中，狮子桥水利水电工程快速推进。

38
提水上山

1965年初，三胡区党委安排张富清到革勒车人民公社光明大队蹲点。原因是他相继蹲点的3个大队，粮食生产取得很大成绩，希望他再改变一个大队的落后面貌。

革勒车大队地处高山峡谷之间，有"八山一水一分田"之称，那一分田都在山上，群众祖辈靠天吃饭，生活苦不堪言。

"我一定设法啃下这块硬骨头。"张富清当场向党委表了态，之后便来到这个大队。

张富清来到第五生产队覃家坝。大队党支部书记田余才站在田埂上介绍："这是革勒车公社面积最大的一块稻田，有400多亩。由于位于二龙山上，一遇干旱，稻谷就要大幅度减产。1959年的旱灾，颗粒无收。今年又出现旱情，如果继续下去，情况很不乐观。"

"这一片稻田的水从哪里来的？"张富清问。

"附近有几股小水源，如果干旱，水源也干了。"田余才顿了顿，向下指去，"山下离这里100多米有条革勒车河，但水往低处流，上不来呀。"

张富清眼前一亮："走，咱们看看这条河。"

田余才将他带到河边。他望着川流不息的河水，想起在新疆开荒饮水的情景，一个设想在脑海萦绕。

"田书记，我有一个设想，你把大队所有干部叫到这里，咱们一起商量商量这个事。"张富清想着想着兴奋起来。

大队干部到齐了。张富清侃侃而谈："可以在河里建一座大坝，大坝边上建一个导流渠，再建一个水轮泵站，利用导流渠中水的落差，将水倒提上山。这样就可以灌溉农田了。"他怕大家听不懂，又讲了水轮泵的原理。

大队干部纷纷伸出大拇指："妙招，妙招。"

1965年10月，张富清担任了三胡区区长，这项工程也正式拉开帷幕。张富清亲自担任总指挥，300多名社员参加修建，20多名石匠开采、加工建坝石料。大坝沿线，红旗招展，人头攒动，大锤敲击声、人工号子声响彻二龙山。

随着工程的进展，一个难题摆在大家面前：石匠加工的条石重达千斤，缺少大型起重设备和运输工具，人工搬运不动。张富清组织大家召开"诸葛亮会",研究出用"圆木垫、钢钎撬、绳索拉"的方法,发动群众发扬蚂蚁搬家精神,把一块块条石移到砌坝位置。

过完春节,有的社员出现了懈怠情绪,延缓了工程进度。张富清召开动员大会,讲清汛期一到可能带来的种种严重后果,鼓励大家一鼓作气完成大坝修建任务。设立宣传员,宣传党的政策,鼓舞群众士气。组织党员干部以身作则、争挑重担。张富清日夜不离开工地,困了就在工地上打地铺休息。很快,整个工地出现了热火朝天的劳动景象。

1966年3月,一座高大的土石组合坝,横截了10多米宽的革勒车河,巍然屹立在二龙山上。导流渠和通往农田的提水管道工程,相继延伸到四面八方。不久,水轮泵也安装调试完毕。

"开始抽水!"随着工程指挥部一声令下,清澈的革勒车河水抽到山顶,流到田间,观看人群欢呼雀跃,奔走相告,脸上挂满笑容。

从此,光明大队二龙山农田的灌溉问题得到彻底解决,靠天吃饭成为历史。

39
改造水泵

1966年春,三胡区区长张富清到二龙山查看提水灌溉情况,看到流经导水渠的河水下落到水泵上,发出轰轰轰的巨大响声,不禁想起狮子桥水电站发电时的情景:"那里不仅能灌溉,还能发电,这里能不能也让它发电,进一步造福人民呢?"

张富清立即前往区农机站,找到两名技术员:"前不久,你俩在革勒车二龙山安装的水轮泵,能不能将它改造一下,让它不仅能抽水，而且还能发电，解决照明、碾米、磨面等问题。"

两名技术员讨论了一会儿，抓耳挠腮："区长，这水轮泵是厂家制造的，如果将它改造成您说的那样，我们做不了。再者，如果将设备改坏出了问题，我们负不起责。"

张富清有点失望，但不甘心，他想起从湖南永顺县引进的铁匠杨圣，曾在兵工厂干过，还当过机械厂的技术员和车间主任，于是，又利用晚上时间前去拜访。

两人探讨了半夜，第二天又去现场研究，最后杨圣建议到县机械厂咨询。县机械厂的技术员看了杨圣绘制的图纸，连连摇头，表示县里没有先例，不敢接这个活儿。

"区长，让您失望了，县机械厂和三胡农技站的说法一样，看来真不能改。不行咱就算了。"与杨圣一同考察的水泵站站长田万福对张富清说。

张富清没有吱声。他确实有些失望，但仍然不甘心。水轮泵每天抽那么多水，如果得不到充分利用，那多可惜呀！如果这里能改造成功，比较偏远的太平、古架等大队可以效仿，那又可以造福多少百姓呀？任何事情都有一个深入认识、反复探讨的过程，为了人民的利益，不能放弃任何可能性。

回过神，张富清把杨圣和田万福叫到一起："我就不信这个邪，你俩再去一趟龙山县机械厂，看看那里行不行。"

龙山县机械厂有个技术负责人叫修雷，和杨圣在兵工厂工作过三年，善于技术革新。他拿过图纸看了一会儿，缓缓抬起头："这个可以搞，不过，我们人手紧张，我去不了，也抽不了人。"停了一下又看向杨圣："不过，我这里有机械设备，你是内行，可以自己动手加工。所需材料大部分也有。"

杨圣和田万福喜出望外，兴冲冲赶回三胡区。

张富清听说水轮泵可以改造，高兴得叫起来："啊！太好了。"接着拍了拍两人肩膀："担子就压在你俩肩上了，你们把所需零部件带上，在那里住下来，加工完就安装改造。"

两天后，加工的零部件和所需材料全部运至二龙山水泵站。张富清对他俩说："你二人劳苦功高，但前期工作只是上篇文章，下篇文章如何，就看你们的努力程度了！"

时间一天天过去了。这两个人弄得怎么样了？张富清来到水泵站。

"区长，成功了！这几天我还在进一步测试，准备过几天向您报告，结果您赶过来了。过来就看看吧，有啥问题再改进。"杨圣带着张富清转了一圈，边走边聊。

水轮泵与机房里的碾米机接通了，稻谷很快变成白花花的大米。

看着运转的机械和大米，张富清连声说："好，好，下篇文章也做得很好！"

不久，张富清协调购置了一台小型发电机，安装后，通过皮带传动，发电效果与狮子桥发电站相差无几。在场人员惊奇得睁大了眼睛。

接着，张富清安排光明大队在水轮泵前修建了碾米房和发电房，按照狮子桥水电站的用电照明模式，为附近5个生产队56户人家架设了输电线路和入户电线，很快，几个村庄一片光明。

群众高兴地说："张区长为光明大队真正带来了光明。"

40
非常岁月

1966年5月,中共中央发出"五一六通知"。8月1日至12日,党的八届十一中全会召开,通过了《中国共产党中央委员会关于无产阶级文化大革命的决定》。

张富清以极大的热情投入"文化大革命"中。然而,由于他在国民党部队当过兵、对党的工作提出过批评意见,随着革命风暴的掀起,他被一些不明真相的人打成右派,胸前用细铁丝挂着"反革命分子张富清"的大牌子游街。

从此,张富清被撤销职务、停发工资,只保留了基本生活费。一家六口人的生活更加艰难。妻子和孩子们到山上挖野菜、到收割过的庄稼地里捡漏,但都无法解决吃饭问题,只得靠一些好心群众接济。

一家人被迫从三胡区委那间宿舍搬了出来,住进了一间四面透风的小木瓦房里。到了冬天,一家人冻得瑟瑟发抖。

一次,一群红卫兵殴打张富清,年仅12岁、患有脑膜炎后遗症的大女儿上前保护他,却被推到水沟里,头部再次受到重创,病情进一步加重。

看到这些情况,一些党员干部感到不公,登门安慰他。他却十分坦然:"公不公,那是组织考虑的问题,不用个人瞎操心。"

然而,说归说,张富清心里还是想不通:"我一心只想着怎样完成党交给的任务,把群众的生活搞上去,难道错了吗?"他想把立功证书奖章拿出来让组织看一看,想把自己的身世和当兵、转业、当公仆的经历写份报告交给组织,想让粮油所、粮食局、纺织公司、三胡区的群众出来说说话，但转念一想觉得不妥，特殊时期整个社会的大环境都变了，评判人的标准也变了，这时候讲出自己立功杀敌和之前当干部的一些成绩意义也不大了，说不说又有什么用呢，不如去从自己身上找原因、找方法，怎么度过这个特殊时期。

想到这里，张富清思绪返回到自己身上。自己虽然为党做了一些有益的工作，但在国民党部队当过兵是事实，对党的工作确实提过不同意见，着急时对上级、同级的态度也不够好。

他想来想去感到，自己虽然改变不了大环境，但经历了战场上生与死的考验，能活到现在已经是捡回一条命了。更何况目前的低谷终会过去，自己也从来没有做过对不起党和人民、对不起自己良心的事，心底无私天地宽。自己现在要做的，是转变自己的心态，在人生的低潮期保持隐忍、积极的态度。

他找出《毛泽东选集》继续深入学习，反思自己的问题；跑到曾经待过的单位和村庄，为大家做一些力所能及的事情；找来妻子和儿女，向他们宣传国家原子弹氢弹爆炸、导弹上天、粮食增产的巨大成就，要他们相信群众、相信党。

当时，游街示众的人常常想不开，偶有自寻短见的。妻子孙玉兰开始也担心张富清想不开，一天到晚守着他。没想到他竟然是这种心态，孙玉兰一颗悬着的心落了地，鼓励他说："你说得对，我们应该相信群众、相信党。"

望着妻子的脸，他对未来信心倍增，心里想"我们的心永远向着共产党，党的光辉也永远会照耀着我们。困难是暂时的，以后一切都会好起来"。他又重复了一遍妻子安慰他的话："我们要相信群众、相信党！"

说到这里，妻子笑了，他也笑了。

41
高山公路

1974年7月,毛泽东在中央政治局会议上批评江青说:"不要设两个工厂,一个叫钢铁工厂,一个叫帽子工厂,动不动就给人戴大帽子。"党内,实事求是的风气逐步恢复。

这年11月15日,三胡区委会对张富清的问题重新进行审查,作出其不属于"五类分子"的结论。来凤县委很快予以批复,并安排他到卯洞公社任党委委员、革委会副主任。

"这一天终于来到了。"接到任职命令,张富清处在无比兴奋之中,这是党对他的肯定和重视啊!年已51岁的他,决心再干一番事业。

怎样去干?他想起毛泽东的教导:"什么叫工作,工作就是斗争。那些地方有困难、有问题,需要我们去解决。我们是为着解决困难去工作、去斗争的。越是困难的地方越是要去,这才是好同志。"他准备到最困难的地方一展身手。

卯洞公社有个高洞管理区,是全县最偏远的高寒山区,素有卯洞"西伯尼亚"之称。全区不通电、路难行、吃水难。当地有一首民谣:"山高石头多,出门就爬坡,一年四季包谷沙,过年才有米汤喝。"尤其交通不便,有人说这里是"办事基本靠走、喊人基本靠吼"。

张富清上任时,沿着挂在悬崖峭壁上的羊肠小道,走了4个多小时才到高洞,对交通不便之难感受颇深。

卯洞公社党委会正在进行。"咱们公社有11个管理区,按照要求,每名班子成员都要蹲点负责一个管理区。考虑到张富清同志负责机关、财贸、供销和生资部门,年龄又比较大,这次就不再蹲点了。大家有什么意见?"公社书记段锡禄环视了一圈党委委员。

张富清霍地站起来:"我不能搞特殊,我想蹲点负责高洞管理区。"

大家知道张富清的性格,便一致同意了他的想法。

当时,来凤县提出"社社通公路"的目标。卯洞公社决定集中财力物力修两条路,其中一条是从安抚司到高洞的高山公路。这条路虽然只有7.5公里,但有近2.5公里在悬崖峭壁上,勘测、设计和修筑难度非常大。

张富清反复申请、上下协调,最终将其列入"民办公助"简易公路计划。他请来工程技术人员实地勘测、规划设计,连续在鸡爪山的悬崖上测量相关数据。一些粮田被占农民想不通,他就挨家挨户做思想工作。

1977年10月16日,张富清带领近1000名施工人员进入工地。

他脚穿水草鞋,肩挎帆布包,帆布包上用毛巾系一个搪瓷缸,在离公路不到50里的桃子洞驻扎下来。洞内搭了几块木板,搬了一张桌子,洞外架起高音喇叭。有时在高音喇叭里给大家鼓劲,有时跑到现场指导施工,干得太晚了就在洞里休息。

工地缺乏专业工具,他就和大家用农具开山挖土,靠肩挑背驮运石头、修路基。碰到大石头,

图8 张富清当年英姿(引自《湖北日报》文章)

实在凿不动，就用贷款买来的炸药，节省着一点点地炸。

施工强度大，粮食不够吃。工地上流传着一个来凤方言顺口溜："早上浑个个，中午剁一剁，晚上现场和"，意思是一天三顿都吃土豆。张富清就想方设法给大家调剂粮食。

冬季农闲，是修路的好时机，但空气湿冷。为加快修路进度，他带着大家在山上安营扎寨。每天天刚微亮就起床，吃过早饭立即上工地，一直干到满天星光。

哪里难修，他就赶到哪里，和大家一起抡大锤、打炮眼、开山放炮。在最危险的鸡爪山崖壁上，他让人将几根粗大的三角木桩砸进岩缝中，然后带上高洞管理区干部代芳斌，系上绳索，脚蹬草鞋悬在空中，一人抓钎一人抡锤，不停向崖壁开战。

1978年春，在国家没有投资的情况下，海拔1000多米的从安抚司村直通高洞村的安高路终于修通了，自行车、摩托车、拖拉机源源不断进到了高洞区，一辆解放牌汽车也上了山。2000多名土家族、苗族群众敲锣打鼓跳起了摆手舞，他们说："这条路圆了我们的世代梦想。"

42
老师家访

1975年3月的一天，来凤县卯洞公社育红学校。吃罢晚饭，一年级老师向致春迎面遇见本班同学张建荣、张健全："你俩喂完猪了？我想到你们家搞搞家访，现在可以带我去吗？"

张建荣、张健全是张富清的二女儿和小儿子，一个14岁，一个13岁，同在一个班，向致春是他们的班主任。两人学习努力，成绩很好，但穿着最差，衣服打满补丁。向致春原以为他们家庭条件不好，后来了解到，他们的父亲是公社革委会副主任，却生活得如此清贫，无形中产生了一种好感。一次，学校开展勤工俭学活动，向致春领回一头小猪，请集镇的同学喂养，张建荣、张健全同时举手。之后，放学先喂小猪再回家，而且小猪喂得肥肥胖胖，猪圈扫得干干净净。

"这样的学生是怎么教育出来的？"向致春对张建荣、张健全的家庭产生了好奇。

"我爸不一定在家。"张建荣、张健全应答。

"没关系，和你妈聊也可以。"向致春态度坚定。

张建荣、张健全把向老师领到家，正巧张富清回来了。

"请进，欢迎向老师！"张富清热情地把向致春迎进门。

向老师坐下来，环视四周。正准备吃饭的4个人，碗里都盛着玉米糊糊，桌上摆着两碗酸菜和南瓜。所有人都穿着带补丁的衣服。没有一件像样的家具，碗柜是用几块小木板钉成的。

"这哪像个干部家庭的样子！难怪张建荣、张健全都穿带补丁的衣服，连张副主任也这样。这个家为什么是这样？"一连串疑问涌到向老师心头，话题不知从哪里说起。

这时，张富清首先开了腔："向老师，两个孩子给您添麻烦了！"

向致春回过神："不麻烦，两个孩子很优秀，不仅学习好，思想品质也好，这都是家长教育得好呀！"

张富清让张建荣给老师倒了一杯水，正欲接话，突然听到"嘭"的一声响，一看，大女儿张建珍倒在地上，口吐白沫，全身抽搐，他马上跑了过去。

原来，张建珍的脑膜炎后遗症害怕惊动。家里来了陌生人会引起恐慌，也容易发病。一旦发病，会接连发生几次。

见状，向致春只好告辞，离家回学校去了。

这次尚未展开的家访，却使向致春增强了对张富清的敬佩感和好奇心。此后，他到处了解张富清的情况，弄清了张富清的孩子们刻苦努力、艰苦朴素、品质高尚的原因。

张富清自从转业后，不仅工作出色，而且廉洁奉公。家里人口多，女儿看病花钱多，家庭生活来源少，但不占公家半点便宜，不给组织添任何麻烦，还时常资助集体和个人。家长是孩子的第一任老师，家长怎么想怎么做，孩子就会怎么想怎么做。

自那时起，向致春成了张富清的义务宣传员。在课堂上，他和学生讲，勤俭不仅促学而且养德，张建荣、张健全就是很好的例子，是因为其背后有一位勤奋工作、公私分明的好爸爸。在社会上，他和同事朋友讲，张富清一身正气、两袖清风，不仅成就了工作业绩，而且培养了后代作风。

1985年，向致春担任百福司镇（原卯洞公社）镇长，安排清理干部借资情况，在长长的借款名单中，竟然没有发现张富清的名字。这更让他心生崇敬，逢人便说："张富清是一名真正的共产党员。"

43
卯洞林海

自1956年3月12日毛泽东发出"绿化祖国，实现大地园林化"的号召后，全国逐步掀起植树造林高潮，我国的森林覆盖率逐年增加。

位于湘、鄂、渝三省（市）交界处的来凤县卯洞公社，地处高山，树木稀少。1975年，卯洞公社决定消灭荒山，发展林业生产，大办林场。

"这是一件利国利民的大事，必须做出成效。"秋收刚过，张富清在高洞区召开动员会，"从现在起，我就住在这里，同大家一起完成这项艰巨任务。"

之后，他带领近1000名群众上了山。漫山遍野红旗招展，人头攒动，在"植树造林，绿化祖国"大幅标语的辉映下，人们挥舞着各种工具"炼山"。

所谓"炼山"，就是把山上的杂草、灌木或采伐剩余物用火烧掉，以便挖坑种树。

张富清头戴斗笠，腰系帆布包，脚穿水草鞋，跟大家一起"炼山"。哪里活儿多、活儿重，哪里就有他的身影。

10月下旬的一天，他在"炼山"时不慎碰到漆树，导致皮肤过敏，仍然不肯离开现场。第四天，全身浮肿奇痒，睁不开眼睛，手臂、前胸、后背、脖子全都被抓破了皮，大家把他送到卯洞公社卫生院，医生说："这是严重植物中毒，再晚来就会出现大问题。"经过两天治疗，病情略有好转，他又出现在打窝、栽苗的地段。

张富清仅用两年时间，就带领群众完成了近2000亩的造林任务。广袤的山地，绿衣如袍，一片生机，向人们昭示着希望。

望着这片树林，张富清心潮澎湃，突发奇想。在造林过程中，他从社员口中得知，卯洞的金丝桐油，是精品中的精品。他进一步了解到，金丝桐油可广泛应用于农业、军工、电器、化工以及家具、工艺品等行业，医药价值也很高。他还了解到，卯洞的藤茶，系葡萄科蛇葡萄属植物显齿蛇葡萄的茎叶，其味甘淡、性凉，具有清热解毒、抗菌消炎、祛风御湿、降血压、降血脂、保肝等功效。他想带领社员大力开发卯洞的金丝桐油和茶叶。

"咱不能守着摇钱树让社员受穷。"在公社党委会上，他大胆提出了自己的想法，得到积极支持。

一场新的攻坚战在卯洞打响。张富清在加强树林管理的同时，带领群众把四五千亩的山坡变成梯田，全部栽上油桐树和茶树，办起桐油和茶叶基地；带领人员到广西一些山区考察，借鉴他们的经验办起了林场；组织群众办起畜牧场，既解决了吃肉难题，又解决了种树所需的农家肥问题。

两年后，汗水换来收益，每个小队年收入都增加了两三千元以上，群众生活明显得到改善。

很快，卯洞的林业发展在全县出了名，县里召开现场会推广，外省的同志也来参观。

如今，这里的树林被命名为"英雄林"，成为名副其实的"生态文明林""脱贫致富林"。"来凤桐油甲天下，卯洞桐油甲来凤"成为耳熟能详的广告词。随着来凤藤茶走俏全国，卯洞茶叶也崭露头角。

44
国企招工

我国从20世纪50年代至70年代，为了消灭"三大差别"，响应毛泽东的号召，大量持城镇户口的知识青年到农村插队落户。70年代后期，国家开始允许他们以招工、考试、病退、顶职、独生子女、身边无人、工农兵学员等名义逐步返回城镇。

1975年7月，恩施市知名国企303厂来县里招工。张富清的大儿子张建国得知这一消息喜出望外。他早就想走出山区，到城市工作。眼下刚刚高中毕业，条件具备，政策也允许，真是天上掉下一个大馅饼。

然而，来凤县想进城的高中毕业生很多，国企招工名额有限。张建国想到了父亲。他怎么说也是个科级干部，找找人一般问题不大。

张建国带着妈妈缝的裤子和腌的辣椒，在高洞修路工地上，见到了父亲。

"这个消息我早就知道了，你想到城市工作也可以理解，但我不能给你办这个事。一则，我不能动用关系谋私利；二则，我感觉农村更能锻炼人。"张富清一见面就给了儿子一个"闭门羹"。

"爸，求您了，帮帮我吧。机会难得，我很想去。我从小没求过您什么事，以后也不再给您添麻烦了。"张建国说着说着几乎掉出了眼泪。

张富清见状，心头不由得一阵疼痛。张建国是家中老大，跟着自己没有享上什么福，还担负了不少家庭重担，尤其在妻子和自己都没有工作时，成天跟着母亲上山挖野菜、找树皮，吃饭时还让着弟弟妹妹，饿得瘦弱不堪、面容枯黄。他想说：我再考虑考虑，但话没出口，又咽了回去。

"孩子，不是爸不心疼你，是爸实在不能这样做。爸是向党发过誓的，保证不谋私利，为党献身。组织上让我重新工作，也是让我为老百姓多做点事。卯洞老百姓也对我给予很大期望。我是你的父亲，更是党员、党的干部，如果让我为你求情，如果我去拉关系、打招呼把这个事给你办成了，组织上对我怎么看，老百姓对我怎么看，自己心里怎能过得去。"张富清边说边盯着张建国忽闪忽闪的眼睛。

张建国不再吱声了，陷入深深的思考之中。

张富清乘机讲了自己的看法："有人说过，谁也不愿意选择困难，但困难是最好的老师。人只有经过重重困难的考验和磨炼，才能成才，也才会有出息。"

之后，他又讲了一些名人故事，讲了自己的切身体会，说得张建国频频点头。

看到时机成熟，张富清说："林业生产大有作为，那也是我的一个梦想。咱县几个林场需要大量的知识分子，我建议你到那里锻炼锻炼，咱父子俩携手做点事情。"

儿子知道父亲的脾气，他心里定下的事，九头牛也拉不回来。他没有再讲什么，含着眼泪出了门。

张建国没有辜负父亲的期望，来到酉水之滨的扎合溪林场，住茅棚、砍火（苗族人用斧子、柴刀将山上的树木、茅草、茨丛全部砍倒，待晒干，点火把树木、茨蓬烧化为灰烬，稍冷却后，撒上小米、红稗、高粱之类早熟耐旱作物）、开荒种地，造林植树，创出一片新天地。

后来，张建国顺利考上了来凤县师范学校，当了小学老师、教导主任，成为县教育局局长。

看到儿子的成长，张富清笑了。

45
勃然大怒

1977年5月中旬的一天，天下着蒙蒙细雨，张富清带领党政办公室主任杨胜友下乡检查农业生产情况，从高洞下到安抚司，张富清穿的草鞋耳子和后跟都烂了,只好用几根巴茅草系着,勉强走到安抚司供销社,准备买双新的。

"你们买什么?"售货员不冷不热。

"买草鞋。"杨胜友有点看不惯,大声说。

售货员取出两双,放在柜台上,然后继续同另一名售货员聊天。

"再取几双,这两双不是没耳子,就是没后跟。"张富清喊过售货员。

"这批草鞋都是这样,要买就买,不买就算了。"售货员有点不耐烦。

"什么?都是这样?"张富清想起了自己脚上的鞋,一下明白了其中的原因,顿时板起了面孔:"你们还有没有良心?把你们负责人叫来。"

供销社负责人看到来人是张富清,堆满笑脸:"是张副主任啊!请到后屋坐。"

张富清没有应答,劈头盖脸训斥起来:"我今天不来,还发现不了你们的问题,把这种劣质鞋卖给老百姓,你们心里不觉得惭愧吗?"

然后指向售货员:"看我们披着蓑衣、戴着斗笠、穿着草鞋,就爱答不理,这种服务态度能让老百姓满意吗?"

供销社负责人和售货员身子有点抖动,马上表示:"我们错了,以后再也不会了。"

事后,供销社负责人找到杨胜友,悄悄问:"都说张副主任态度和蔼、平易近人,怎么发这么大的火?"

杨胜友对他说:"那要看什么事,你要损害群众利益,他就火冒三丈,绝不饶你。"

熔炼 张富清同志一生的党性修炼

接着,他讲了一件发生在4月的事。

4月初,卯洞公社要求每个管理区完成3000亩水稻新式育秧技术推广任务。中旬,张富清带着杨胜友到月亮管理区听取落实情况汇报。为了掌握真实情况,路上顺便检查了却道河大队6个生产队,发现有4个尚在犹豫之中。接着又到了木车坝大队,情况大同小异。

"这可是一件涉及群众切身利益的大事。春播就要过季了,再不抓紧,任务就不可能完成了。"张富清对杨胜友说:"走,赶快到管理区想办法。"

两人匆匆赶到月亮管理区。区总支书记姚元正准备向他们作汇报,张富清摆摆手:"不听了,马上通知各大队干部、生产队队长,明日上午到这里开会。"

晚上,张富清对这项工作作了调查,发现管理区虽然作了安排部署,但宣传、检查不到位,有些干部不作为,导致很多生产队落实不力。

开会人员到齐了。杨胜友通报了却道河大队和木车坝大队的检查情况后,张富清站起来:"月亮区4个大队、3000多亩稻田,按新式育种方法播种插秧,不仅可以节约3万多斤种子,而且可以增产30多万斤粮食。我们现在还没有完全填饱肚子,可不能好了伤疤忘了疼啊!"

讲到这里,他情绪激动起来:"一些干部既不开会宣传新式育秧技术的好处,也不将未完成任务的情况向上面汇报,你们这是向老百姓负责的态度吗?""有的同志遇到一点困难,就不想做工作了。你遇到的困难和革命前辈相比,算得了什么?"

讲着讲着,他突然怒目圆睁,提高嗓门,把桌子拍得咚咚响:"这项工作在别处能落实,为什么在这里落实不了?你们到底落实不落实？"

与会人员一下紧张起来，不少人脸上红一阵、白一阵，渗出密密的汗珠。

会后不长时间，所有大队和生产队都圆满完成了任务。

杨胜友和供销社负责人讲完这件事，严肃地对他说："你们要好好反思问题，彻底改正问题，要么，张副主任和你们没完。"

张富清一行走后，供销社认真进行整顿，很快，工作面貌焕然一新。

46
欢送人群

1978年12月，党的十一届三中全会召开，作出把党和国家工作重心转移到经济建设上来、实行改革开放的历史性决策，开启了我国改革开放历史新时期。

1979年6月的一天，正和卯洞公社班子成员策划家庭联产承包责任制的张富清，突然接到县委组织部的命令，县委调他到县外贸局任副局长。这标志着55岁的他，将要离开卯洞、离开大山、离开朝夕相处的大山人民。

县委组织部人员找张富清谈话后，他对即将要分别的社员依依不舍，对即将上任的工作深感责任重大。他在交接工作中，一面总结在卯洞工作的经验教训，一面思考到外贸局工作的打算。

在即将到外贸局上任那一天，他起了个大早。他听说有的村民想送他，他不想扰民，想吃过早饭就离开卯洞。然而，他推开门惊呆了。

熔炼 张富清同志一生的党性修炼

宿舍周围站了七八十个人，一打听，都是为他送行的，其中不少是摸着夜路赶来的。见他出来，有的给他送鸡蛋、花生、面条，有的捧着包谷粑粑、米豆腐让他吃，有的还拿着小木椅、小竹椅。细看看，来人有桐油厂职工、高洞的农民、集镇居民，还有公社及管理区干部。

这时，公社书记杨斌儒走过来，告诉张富清，他工作调动的消息不胫而走，许多群众都想送他。得知信息，公社感到翻山越岭太辛苦，就下了一个通知，强调"每个大队可派一名干部代表和一名群众代表"，没想到还是来了这么多人。

"打扰各位了，让各位受累了，谢谢大家对我和我家人的关心！"张富清和送行人一一握手。当来到代芳斌、廖成金跟前时，心里一阵不安："你们是什么时候起身的？"

这两人都是高洞区的，离卯洞公社有34里，道路崎岖，最快也得三四个小时。

代芳斌嘿嘿一笑，没有直接回答："我们也不知道几点，到了这里天亮了。"接着不好意思地指了指人群："我们到时，已经来了三四十人。"

廖成金接过话题："张主任，您来卯洞5年，给大家办了那么多好事、实事，不管起多早也得送送您，不然心里过意不去。"

说话间，人们纷纷将带来的东西往孙玉兰和孩子手里塞。

望着此情此景，张富清的眼睛湿润了。他想起，当年他被打倒，生活遇到困难，常常发现门口放着米面和菜，究竟是谁放下的，至今也不知道。在山区工作的20多年时间里，农民把他当亲人，无微不至地关心他、照顾他。他感到，他和卯洞的老百姓，犹如庄稼和土地，紧紧连在一起。

图9 张富清接受媒体采访（《湖北日报》通讯员朱勇 摄）

有的群众主动跑过来和张富清拥抱，他拍拍对方的背，心里默念着一句话："你对老百姓付出了，老百姓绝不会忘记你。共产党人任何时候都不能忘记群众的利益。"

汽车驶上通往县城的公路，望着烈日照耀下道路两旁绿油油的金丝桐、藤茶、松树、竹子、黄精和水稻，张富清的心绪久久不能平静。入伍、入党、转业以来，他心中崇拜的英雄一个个浮现在眼前，董存瑞舍身炸碉堡，黄继光用胸膛堵枪眼，雷锋做好事从不留名，王铁人拼命也要拿下大油田，焦裕禄敢教日月换新天。他之所以能为人民做点事情，其中一个重要原因是始终踏着英雄的脚步前进。他认为，这些英雄的共同特点都是心中只有党和人民、唯独没有自己；为党和人民作出巨大贡献，也得到党和人民的高度认可和赞誉。他越想越感到自己与英雄人物差距很大，决心在新岗位做出更大的成绩。

三 改革开放和社会主义现代化建设新时期：深藏功名，不忘初心

47
扭亏为盈

1979年6月18日，张富清到县外贸局报到。

"欢迎，欢迎！总算把你盼来了。你工作认真、扎实、点子多，以后咱们局的工作一定会大发展。"县外贸局局长张绪启热情地同他握手。

张富清与张绪启是老相识。1959年，张富清在三胡区分管财贸工作，张绪启在卯洞公社分管财贸工作，两人经常在一起开会。张富清比张绪启大两岁。

"绪启，别客气，以后我在你手下工作了，需要我怎么干，尽管吩咐，保证坚决服从。"张富清明确表明态度。

两人的谈话很快进入正题。

县外贸局是适应改革开放需要设立的部门，1979年3月成立，工作人员有8人。主要研究制定全县对外贸易经济合作发展战略及相关政策，研究制定本县外经贸改革方案及配套措施，综合协调和指导全县外经贸工作，宏观管理全县进出口工作。经过努力，各项业务有了一定发展，但势头不够强劲，仍然处于亏本状态。

"我想让你主抓外贸业务。这是全县的工作中心，更是咱们局的

重头戏，希望你能把这副担子挑起来。"张绪启讲了自己的想法，看着张富清。

"好，我当开路先锋，你把握好局里工作的大局方向，咱们共同开创新局面。"张富清暗下决心，一定要在新的领域闯出一条路子来。

与局长见面后，张富清定了一个短期目标：从开辟货源入手，在货源出口数量上做文章，力争年底实现扭亏为盈。

张富清有多年分管乡镇财贸工作的经历，对全县农副土特产品比较熟悉。经过一番分析比较，他把三种货源作为主打品种：一是桐油，二是蚕丝，三是藤制品。

他的想法得到了局长和来凤县领导的大力支持。

在此后的日子里，张富清带领业务骨干不停奔走于各乡镇、各厂区、各社队，往返于来凤县交界的省区，把货源开发、货物生产、协调收购、组织出口等打造成完整的链条，一环扣一环精心组织实施。

他和业务骨干深入走访生产队及群众家，鼓励在管理油桐树的同时，发展新林、多产桐籽。在卯洞公社，协调几家桐油厂改进榨油技术，改善生产管理，提高桐油产量和质量。

他和业务骨干从外地引进桑籽500多斤，大桑苗1.2万株，小桑苗5万株，蚕种7000多张，发展桑园2000亩。走了25个大队130多个生产队，帮助兴建改建蚕房223间。在两个区成立了蚕茧收购烘炕站，聘请各类技术人员40多名。

他和业务骨干深入调研县藤竹工艺厂和部分社、区藤竹厂，与有关部门协调，为他们解决低息贷款和周转资金问题，解决了三个厂的基础设施建设和购置原材料问题。

他和业务骨干多方协调，在湖南大庸县修建了400平方米仓库、60平方米生活用房，建立起外贸转运站，加速商品流转，节省运杂费支出。

1979年底，外贸局第一次实现了扭亏为盈。

1980年底，全县农副土特产收购额达到67.4万元，比1978年多30多万元；蚕茧收购由1978年的183万担上升到502万担；收购藤制产品6910件，收购额达到24.22万元；所有外贸业务均实现了20%以上的正增长。

48
庆贺喜事

1979年，是我国改革开放的第一年，也是张富清全家最开心的一年。二女儿张建荣考上了来凤县卫生学校，小儿子张健全考上了来凤县师范学校，大儿子张建国从来凤县师范学校毕业分配了工作，妻子孙玉兰进了来凤县红旗服装厂。

年关将至，张建国三兄妹回到家中，张富清从外地赶了回来，平日冷清的家里热闹了起来。

参加工作4个多月的张建国提议："现在咱们全家人聚齐了，待一会儿照一张全家福，回来聚个餐，怎么样？我掏钱。"

张建荣举起双手："好，太好了，我同意"。

张健全大声说："我没意见。"

孙玉兰笑呵呵地表示支持："咱家很少照相，在三胡照了一张，你爸爸没参加，在卯洞照了一张，是在田边蹲着的，效果不好，到现在，还没有一张像样的全家福。"

张富清没有表态。孙玉兰走到他跟前，摇了摇他的身子："行不行，你说话呀？"

张富清笑了："行。要照好好照，要吃好好吃。不过，我有个要求，你们都想想，为啥咱家喜事多？"

"就按老爸说的办！"全家人激动得拍手击掌。

穿戴完毕，大家来到东方红照相馆。吴邦林师傅将他们领到写有"喜乐园"的布景前，安排张富清和孙玉兰坐在前面，张建珍站在孙玉兰旁边，其余三兄妹站在后面。然后，来到照相机前："都注意，看我这里，笑一个。"咔嚓，全家人的形象留在底版里。

返回家里，孙玉兰开始做饭，兄妹四人帮助洗锅、刷碗、择菜、洗菜，边干边聊学校的趣闻轶事，简陋的房间充满欢声笑语。

开饭了，一大盆用豆腐、白菜、香肠做成的烩菜端到桌子上，一锅香喷喷的米饭放在桌子的一旁。菜里的香肠，是孙玉兰和张建珍在照相前特意购买的。原计划买肉，但售货员说香肠是新产品，孙玉兰一家人从来没有吃过，就买了一根，让大家尝尝鲜。

"来，大家动筷子，咱们边吃边聊，今年咱家为啥喜事多？"张富清盛了半碗米饭，夹了一箸菜，说了开场白。

"那还用说，改革开放的政策好呗。"大家异口同声地说。

"从党和国家的层面来说没有错。确实，没有改革开放的政策，没有恢复高考制度，你们有再大的能耐也上不了这样的学校，分配不了工作。你们不能忘记党的恩情啊！但从家庭和个人层面分析，还有什么原因？"张富清进一步引导子女。

张建国看着父亲，脸红了一下："还有就是爸爸对我们的严要求。说实话，我高中毕业、师范毕业求您帮助安排工作，您都没管我，当时很不理解，后来感到这是对我最大的帮助。没有您的大公无私，我就不会那么奋发，也就没有今天。"

张富清听着，给他夹了一些菜："你是好样的，爸爸感谢你。但爸爸是党员，不能拉关系，请你原谅爸爸。"

张建国眼睛湿润了："爸爸，我现在真正懂得了什么叫身教重于言教，你的行动对我影响特别大，我是照您的样子学习工作的。"

这时，细心的孙玉兰发现，丈夫和子女除了开始夹了一片香肠外，筷子只朝着白菜、豆腐去，扫视大家："怎么都不吃香肠，是我做得不好？"

"哪里哪里，您和我爸辛苦，你们多吃点。"张建荣建议，大家附和。

"这些年，你爸最不容易。他是真正的严父，建荣、健全也是在他的影响下才品学兼优，你们在任何时候都不要忘了爸爸对你们的爱。"孙玉兰说着，给张富清夹了一片香肠。

"我们深有感受。""爸爸不仅是严父，更是明镜。""对照爸爸，看看自己，就会不断进步。"张建荣、张健全你一句我一句地说着，也给张富清夹香肠。

听着这些话，张富清露出满意的笑容："你们既然认可你爸爸，以后就要多听党的话。"

"保证多听党的话。"三兄妹纷纷表态。

49
勇立潮头

新中国成立以来，我国基本建设投资一直实行国家统一管理制度，它对集中财力、物力保证重点建设起了较大作用，但也存在敝口花钱、工期拉长、比例失调、投资效益低等弊端。从1979年起，"拨改贷"由点到面在全国推开。"拨改贷"，就是我国基本建设投资，由财政无偿拨款改为通过中国人民建设银行以贷款方式供应。

1981年9月，中国人民建设银行成立来凤县支行，组织上看中担任了两年多外贸局副局长的张富清，想请他担任牵头副行长，专门派人征求他的意见。

"去还是不去？"年已57岁的张富清展开思想斗争。去，这是一项具有开创性、挑战性的工作，自己能不能在仅剩3年多的工作时间里，出色完成这一任务？不去，这是组织上对自己的信任，自己不能辜负组织上的培养和期望。

这时，选择突击队员、入朝参战、转业去向、妻子退职、母亲祭奠、孩子护林等一连串事件又在心中回想，他感到，这一辈子一切服从组织和人民的需要，很少想过自己，很少怕过困难，临近退休了，更不能给组织丢脸。

"我听从组织安排。"张富清鲜明地向组织表明了态度。

一周后，张富清的任职命令下达到中国人民建设银行来凤县支行。

接到通知，又一个问题摆在张富清面前：到了中国人民建设银行来凤县支行，接下来的工作怎么干？敢不敢向组织表态？他一时间有些没有头绪。这时，他想起儿子激励自己的一句古诗："老骥伏枥，志在千里。"他想，组织安排他这位有丰富工作经验的"老兵"到全新的岗位去工作，这是对他莫大的信任和期许，也是给他一副装满责任的担子。自己只有打起精神、锐意进取，才能不辜负组织的信任、造福于人民，为自己数十年的工作经历画上一个圆满的句号。于是他再一次鼓起了勇气。

"'拨改贷'是党的重大决策,是固定资产投资管理体制的重要改革,我想带头把这项业务做起来。"张富清一上任,就向上级行请缨,并立下"军令状":"一定将业务搞好。"

上级行对他的决心给予充分肯定和赞扬,希望他"蹚出一条路子来"。

这样做,无疑把自己逼上了一条"绝路",只能前进,不能倒退。

消息传开,一些熟人找上门:"'拨改贷'是新事物,可不是好玩的,你不要把话说得那么大。""你眼看就船到码头、车到站了,还是悠着点吧。""全行连你才5个人,这么繁重的任务怎么能完成得了,不如趁早打退堂鼓。"

听到这些劝说,张富清总是笑笑说:"我在部队时,战友们常说一句话,宁可前进一步死,绝不后退半步生。我为党工作的时间不多了,离休前,想为党和人民再干一件事。因此,就是要逼一逼自己。水不激不活,人不逼不强。"

经过一番调查研究,张富清很快拿出一套"拨改贷"工作方案。在员工会上,他一边解读一边说:"咱们小行要有大志向,现在正是建行人大显身手的时候,我们要团结一致,当好改革的弄潮儿。"

50
精神讲堂

1980年5月26日,邓小平给《中国少年报》和《辅导员》杂志题词:"希望全国的小朋友,立志做有理想、有道德、有文化、有纪律的人,立志为人民作贡献,为祖国作贡献,为人类作贡献。"之后,培养"四有新人"成为我国一项战略性举措。

张富清想起邓小平的题词,看到一些单位进行"四有"教育的做法,决定将人生观、价值观教育作为打响建行工作的第一炮。

这一想法刚露头,有人就表示不理解,认为银行不是部队,也不同于学校,讲这些东西离实际太远,人们听不进去。上面说归说,实际做归做,劝他还是从"拨改贷"业务抓起。

这一劝说引起张富清深思。抓"拨改贷"业务没有错,自己和员工都缺乏"拨改贷"知识,急需补上这一课。但是"拨改贷"业务政治性强,就业务抓业务很难抓好。抓"拨改贷"业务,应该在抓人生观、价值观教育的前提下进行,将二者融为一体。同时他感到,银行和钱打交道,接触巨额资产,如果银行工作人员的人生观、价值观出现问题,损害的是国家和人民的利益。

张富清仍然坚持自己的想法。"人生观是对人生目的、人生道路、生活方式总的看法,是世界观的重要组成部分,主要回答人为什么活着,人生的意义、价值、理想、信念等问题。"在5人挤在一起的办公室里,张富清学着部队连队指导员的样子,给大家讲授着人生道理。

然而,令他想不到的是,员工并不配合。他讲得口干舌燥,员工却满不在乎,有的无精打采,有的交头接耳,还有的偷看闲书。他提问员工讲过的内容,普遍答不上来。

事后,他与员工座谈,大家说,现在工作的重点是把业务干好,否则,即使我们树立了正确的人生观、价值观,在社会上也行不通,甚至还会有人嘲笑我们。

听到这些,张富清觉得,员工讲的话也有一定的道理,但越是这么想,越应该进行正面教育。自己是一名共产党员,党的先进性要求我们在各行各业都要毫不动摇地进行正面思想引导，决不能放弃思想文化阵地。思想如果偏了，业务也不能干到位，二者并不冲突。

谈心活动开始了。张富清利用业余时间和每个员工唠家常，讲人生理想追求，讲模范人物故事，讲反面人物教训，分析业务发展、日常生活可能遇到的问题和不同解决办法的利弊。随着交谈的增多，大家感受到了树立正确三观的重要性。

人生观、价值观的授课声再一次在办公室响起。与以往不同的是，讲课声中增添了讨论问题声、交流体会声；出现了学政治、学政策、学业务紧密结合的新模式；形成了每次学习安排一名员工重点发言的制度规定。

随着学习的深入，张富清又组织大家开展了"三比三不比"评比竞赛活动，即比干劲不比条件，比作为不比待遇，比业绩不比生活。评比竞赛结果，及时进行公布。建行支行典型案例和模范员工不断涌现，受到社会广泛好评。

因这间当年办公的砖瓦房位于来凤县凤翔镇精神堡，同时也因房间注重实施正面教育，后来人们称它为"精神讲堂"。

51
财政参谋

来凤县作为湖北比较贫穷的县之一，群山环绕、交通不便，这也是造成它经济落后的一个重要原因。"要想富，先修路"，改革开放后，这句耳熟能详的口号，被县委、县政府和全县人民普遍接受，一个个交通建设的方案陆续出台。

"来凤除了修路，还应抓什么？"全县据此热烈讨论，旅游和城建也成为基本建设的重点。

"来凤县基本建设的热点，就是我们关注的重点。"张富清在带领员工推进"拨改贷"中，结合来凤县实际，提出了"紧盯建设项目，当好财政参谋，扩大低息贷款，获取政策资金"24字工作方针。

在讨论这一方针时，张富清说，国家规定，凡是实行独立核算、有还贷款能力的建设项目，都要进行"拨改贷"改革。我们要弄清"独立核算、有还贷款能力的建设项目"的确切含义，弄清建设项目的底数，然后深入政府和相关部门做工作，提出切实可行的实施方案，让来凤县、建设单位和建设银行三方受益。其中，扩大低息贷款业务是一个重要环节，而获得政策资金是重中之重。

张富清和他的员工带着对"拨改贷"政策的理解，拿着相关文件资料，穿行在县领导、财政局长和建设单位负责人的办公场所。

咚，咚，咚。

"谁呀？"

"我是建行的张富清，听说咱们建设项目急需资金，我们可以帮助低息贷款。"

"我们现在正忙，下次再来吧！"

到各处敲门，大概都是这种情况。

员工有点不耐烦了："张行长，不行算了吧？我们在很大程度上是替他们着想，他们却爱答不理。咱丢不起这个人！"

"哎，不能这样想，更不能这样做。"听到这话，张富清分析道："我国基本建设长期实行财政拨款制度，政府人员普遍缺乏贷款意识，也不了解低息贷款的好处，我们应该耐着性子做工作。"

员工微微点头。张富清又说："更主要的是，建设银行为建设而生，为建设而兴，有着重要的社会责任。"他历数一桩桩、一件件建设事项说："从北京人民大会堂、英雄纪念碑、天安门广场等国家标志性建筑，到长春第一汽车制造厂、鞍山钢铁公司、大庆油田等新中国工业脊梁，无一不倾注着建行人的心血。哪里有建设的热土，哪里就有建行人的足迹，这已经成为建行文化。我们眼下碰到的这点'小钉子'算得了什么呢？"

张富清带领员工一次又一次去敲有关部门的门。敲开后，他们为其通俗易懂地讲解低息贷款对盘活财政资金和推动建设项目的好处，提出合理化的工作建议。分管财政工作的县领导和有关部门越听越觉得有道理，就把张富清和建行员工当作财政参谋，走到哪里带到哪里，一起策划相关建设事项。他们很快争取到第一笔政策资金。

一年后，这笔资金获得明显收益。张富清登门报捷，据实算账，进一步增强了县领导和财政人员的信心。

"张富清同志，你为来凤县的基本建设作出了重要贡献，希望我们深入合作下去。"为了表达感激之情，县政府专门拨出一部分资金，每年奖励建行来凤县支行。

随着政策资金的迅速增长，建行来凤支行的低息贷款越做越大，来凤县的基本建设热火朝天，呈现出一派欣欣向荣的景象。

52
背包行长

20世纪80年代初，我国经济发展走上了"快车道"，但由于改革开放刚刚起步，国内生产总值（GDP）仍然较低，建行根据国家政策争取来的政策资金，显得尤为珍贵。

"政策资金是县里的命根子，也是我们的命根子，必须对它高度负责。"在来凤县基础建设搞得风生水起之时，张富清把工作重点放在"守住政策资金、管好低息贷款"上。

"工程进展到什么程度了？生产经营情况怎么样？资金是否用到了刀刃上？会不会形成不良贷款？还有什么地方需要资金扶持？"每天他都要发出这样的疑问，并将有关情况详细记在本子上。

张富清带领员工常年奔波在乡镇、厂矿和建设工地上。

那时，支行条件较差，连一辆自行车都没有。他无论到哪里去，不管路程有多远，都是头戴一顶草帽，脚踏一双解放鞋，手上拎着一个包，包里揣着两个馒头，迈开双腿，行走在不同的路段上。为了弄清情况，有时干脆就住在工地上。

田坝煤厂是最大的贷款客户，临近年关，他像当年行军打仗一样，背着背包来到这里，一住就是一个多星期。

"这是谁呀？大过年的来到这里，每天找人问这问那。"工人们疑惑地议论着。

"可能是新来的领导。"

"不像呀！他每天和咱们吃住在一起，啥也不讲究。"

"人家工作作风好呀！"

"我看不是咱们领导，他光问情况不管事。"

熔炼 张富清同志一生的党性修炼

张富清的到来，引来一阵热议。田坝煤厂的领导坐不住了："人家一个外来人员，作风这么朴实，咱们怎么能高高在上？"他们纷纷来到工人中间，与他们同吃同住同劳动，煤厂经营得井井有条，效益倍增。

张富清的做法得到贷款单位的普遍赞誉，但引来妻子的不满："你是快60岁的人了，每天跑来跑去，连家也不着，累倒了怎么办？"

一天，他从一个工地回来，妻子又在数落他。他知道这是一种心疼，就指着自己的衬衣，嘿嘿一笑："对不起了，这不，早上穿在身上，现在又脏了，还得麻烦你再给洗一下。"

妻子扑哧一笑说："真拿你没办法。"

员工被张富清的精神所感动，争相背起背包到工地去，把他换回办公室，说："您这么大年纪了，坐镇指挥就行了，跑腿的事我们来干。"

张富清很想休息休息，毕竟岁月不饶人，这些年他明显感到精力不如以前，经常腰酸腿乏，加上战争年代留下的旧伤，让他时常头痛难忍，有时躺在床上起不来。

这时，他想起20世纪60年代河南许昌桂村共产党员杨水才讲过的一句话：小车不倒只管推。他觉得，共产党员就应该生命不息、奋斗不止，不到躺下那一天，就不能有歇脚的想法。

他很快振作起来："我虽说年纪大了点，但身体还能行，要跑咱一起跑。咱建设银行具有跑工地的传统，管好资金就得辛苦点，就得经常往外跑。"

建行来凤支行成立初期，在群山绵延的来凤县，人们经常看到背着背包、满身尘土的建行人。时间一久，建行来凤支行被称为

"背包银行",张富清被称为"背包行长"。

53
优秀答卷

1983年是我国加快改革开放步伐的一年。4月1日,中共中央、国务院批转《关于加快海南岛开发建设问题讨论纪要》,决定加快对海南岛的开发建设,给予海南较多的自主权。次年初,邓小平视察深圳、珠海、厦门3个经济特区和上海,充分肯定试办经济特区和对外开放的决策。

这时的张富清就像一个孩子,眉飞色舞、拊掌大笑。他既为改革开放的步伐而欣喜,又为这些年取得的成绩而兴奋。

3年来,支行放出的贷款没有一笔呆账,在当地留下了良好的口碑。

"拨改贷"的做法带动了建行系统业务发展。支行增添了许多新业务,员工由5人发展到10人。

支行积累了大笔自有资金,建起了办公楼,盖上了公寓房。

上级行对他予以充分肯定,员工对他充满感激之情,贷款单位纷纷对他伸出大拇指。

一连几天,张富清失眠了。他回想起来到建行工作3年的情况,感到没有愧对组织的信任,但也感到,有些工作做得还不够好,有些工作还没有达到预期目标,有些工作还没有来得及做。

建行来凤支行党支部民主生活会正在进行。

"大家的发言都很好,诚恳地作了批评和自我批评。下面我讲讲自己存在的问题,欢迎大家批评。"

张富清讲道，自己虽然一心想把来凤支行的工作搞上去，但对党的金融工作方针政策学习不够、理解不深，有些应该及时展开的工作尚未展开；向县政府介绍建行业务不够到位，对贷款户的服务也不够细致，争取的政策资金还不够多，低息贷款的规模还不够大；对员工关心不够，强调深入实际多，要求加班加点多，但对员工家庭和个人实际问题解决得比较少。

大家听完，觉得张富清对自己要求太高了，本来工作成绩非常突出，却找出一大堆问题。他是真正的共产党员，是我们身边的榜样，应该好好向他学习。

这时，有的党员说："行长同志要好好休息。"其他同志也随声附和："应该好好休息。"

张富清听到这话，心中不悦："人无完人，金无足赤，哪有没有问题的党员。"

他引导大家从如何对工作有利、对员工有利、对群众有利等方面坦诚地提出意见和建议，并表态，一定虚心接受大家的意见，认真改正自己的问题，拿出百米运动员赛跑的状态，展开最后的冲刺。

参加完会议，党员深受教育和启发："行长同志做了那么多工作，取得了这么大成绩，仍然严格解剖自己，珍惜最后的工作时间，准备再上一层楼，真是春蚕到死丝方尽，蜡炬成灰泪始干啊！"

会后，大家发现张富清"迷"上了城镇居民储蓄业务。他经常找来相关书籍认真学习研究，召集员工进行讨论交流。他说："建行有的单位已经开办网点，吸收储蓄存款，办理现金业务，我们不能落后呀！"

上级领导知道张富清的情况后，说："如果全行都像张富清同志那样，就没有带不好的队伍，没有做不好的工作。"

54
离休留念

1984年又是一个甲子鼠年。这对张富清来说，是他生命周期的轮回年，也是他工作生涯的结束年。

当1984年的日历从癸亥年翻到甲子年的时候，张富清意识到自己已经到了花甲之年，生命已经走过一个甲子轮回，不禁思绪万千。他，想起了小时候的苦难岁月，想起了战争年代的浴血奋战，想起了新中国成立时的激动心情，想起了新中国成立后发生的巨大变化，想起了自己所经历的一切和所做的一切，想着想着产生了一个念头：没有共产党就没有新中国，没有共产党就没有改革开放的中国，我虽然为党做了一些工作，但离党的要求还相差很远。今年就要离开工作岗位了，离休前，一定要做一件有意义的事，向党献上一份礼物。

大家看到，张富清起早贪黑、加班加点，进机关、到工矿，工作比以前干得更加起劲了。

一天，张富清正在办公室看文件，看着看着，目光停在"上调工资级别"几个字上，突然口中冒出了两个字："有了。"

原来，建行恩施分行给了建行来凤支行一个上调工资级别的名额。这个名额他最符合条件，但他想让给另一名副行长，以此激励这名副行长带领全行取得更加优异成绩，也算自己向党所献的一份"礼物"。

他找来从事综合工作的员工："你看看这份文件，尽快按要求上报。上报人员是副行长。"然后，顿了一下，笑了笑："不过，不是我啊！"

员工马上领会到张富清的意思，但有点不理解。这位副行长刚来不久，论资历、工作、业绩都不及张富清，而且下步可能要接张富清的班，还有晋职晋级的机会，怎么不报自己要报他呢？

"张行长，您是老革命，这些年带我们干了那么多事，取得了那么大成绩，上报对象应该是您呀！"员工说出了自己的疑虑。

张富清摆摆手："我的工资级别已经够高了，不需要再调整了。新来的副行长工作干得不错，而且也符合条件，报他最合适。"

"可是，这是您这辈子最后一次调整工资，而且正好是您离休前的一个纪念。您为啥要放弃呢？"员工还是不理解。

张富清说："正因为是最后一次，正因为是离休留念，所以让给别人更合适。来凤支行是咱们共同打拼出来的，我很想再为它做点事情，留点念想。"

员工钦佩地点了点头："您真是一名好行长。"

之后，张富清专门就此事给建行恩施分行领导打电话，讲了自

图10　张富清在来凤县建行工作时的证件（摘自《新闻联播》）

己的想法，希望满足自己的心愿。

建行恩施分行领导没有松口。因为这个名额是针对张富清下达的，希望他接受组织的关怀。

张富清解释道："我这样做，既可以激励副行长，又可以教导副行长。做领导工作，既要管理群众，又要心疼群众，这样大家才会跟着领导干。同时，还可以巩固人生观、价值观教育成果。"

建行恩施分行领导拗不过他，最终同意了他的意见。

这名副行长得知此事，感动地说："老行长奉献了一辈子，马上离休了还在奉献，真不知让我说啥好。"

消息传开后，员工的工作积极性更高了。他们说："张行长让给副行长的是工资级别，教给我们的是如何对待名利地位、如何为他人着想。我们干不好工作，对不起张行长。"

55
犹豫有决

1984年7月的一天，建行来凤支行办公室副主任向守平走进张富清办公室。

"张行长，昨天我遇见您小儿子张健全了，闲聊了一会儿，现在他在乡下教书，非常优秀，我们办公室就差他这样的人，可否把他调来？"

"是他让你找我的？"张富清问。

"他没提，是我问他的，他没有反对。"向守平答到。

张富清没有表态。

向守平再次提醒："您马上离休了，家人接班很正常。现在不办，您离开后就不好办了。"

向守平走后，张富清陷入沉思：这几天，副行长和几名员工都和我说起此事，认为眼下支行扩大规模正在招人，建行工作条件、福利待遇都比乡下好，先办理调动手续，离休后再进来工作，也不存在亲属回避问题。这是健全和他们求了情，还是他们在关心我？

下班后，正巧张健全从旧司二中放暑假回家，张富清问他是否找行里人说过调动之事，张健全承认和向主任聊过这个话题，但没有向他提过任何要求。其他人一概没有接触过。张健全强调，父亲一贯严格要求自己和家人，他绝不会给父亲出难题。

张富清心里有了底，又问他："如果有机会调进来，你愿意不愿意？"

张健全想了想："妈身体不好，您快离休了，哥也在乡下教书，如果能调，照顾你们方便些，可以考虑。"

得知儿子的态度，张富清产生了调他到建行的想法。他想，自己一辈子没有帮孩子们安排过工作，逼着他们在艰苦的地方摔打锻炼，凭自身努力获取进步，拼搏得很不容易，总觉得有点歉意。建行现在有招人指标，自己可以说了算，离休后儿子进来也没有明显政策冲突。自己这些年干了不少事，把孩子调进来，上上下下也说不出什么。健全很优秀，到了建行也能是一把好手，对建行发展有利无害。但，他又想，自己在任上，直接把儿子调到手下，似乎不符合党的要求。

张富清没有对张健全直接表态："让我再考虑考虑。"

一连几天，张富清犹豫不决，思想在不停作斗争。

他打开党的十二大通过的党章学了起来。总纲规定，中国共产党是中国工人阶级的先锋队，是中国各族人民利益的忠实代表，是中国社会主义事业的领导核心。他理解，党章要求党员要在实际工作中起表率作用，在本职岗位上体现中国共产党人的先进性。他又一次想起毛泽东曾经的教导："一事当前，先替自己打算，然后再替别人打算。出了一点力就觉得了不起，喜欢自吹，生怕人家不知道。对同志对人民不是满腔热忱，而是冷冷清清，漠不关心，麻木不仁。这种人其实不是共产党员，至少不能算一个纯粹的共产党员。"

"不能调，这样做也是一种以权谋私的表现。"张富清心里突然亮了起来。

张富清把健全叫到身边："爸这几天反复考虑，你在旧司中学工作是组织上的安排，我把你调到建行是明显照顾关系，与党的原则不符，还是不调为好。"

"爸，我也考虑到这点了，正准备和您说呢。再说，我在旧司中学工作很顺利，带的班级成绩也不错，我会在那里干好的。您就放心好了。"张健全完全支持父亲的做法。

张富清没想到儿子这么通情达理，心里不由得欣喜。

一段时间，向守平和其他人员看到张富清没有动作，再一次催促他。他明确表明自己的态度。大家无不感动地说："老行长在工作上模范带头，在自律上也毫不马虎，是少有的好党员、好干部。"

56
郑重要求

1985年1月，张富清刚刚办理了离休手续，就敲开了建行来凤支行办公室副主任向守平的门。

"从现在开始，我就是离退休人员了，不再参与工作了，但党支部活动必须通知我。"张富清一见到向守平的面，就开门见山地说："我工作上离休了，但政治思想上不能离休。我还要参加组织活动，这是我的郑重要求，不要忘记我。"

听到这话，向主任竖起大拇指："张行长，您党性观念真强啊！记住了，放心吧，到时我通知您。"

果然，张富清和上班时一样，只要通知他参加组织活动，都按时到达。有时没有通知他，他得知后便找上门："是不是因为我老了、离休了，就对我另眼相看了？只要我活着，我就是共产党员，就要接受党组织的教育和监督。"

建行来凤支行党支部的组织生活会正在进行。

"我汇报一下思想。离休后，我主要关注三件事：国家在干什么？建行在忙什么？子女在想什么？但余热发挥得很不够。"张富清说罢，他列举了自己参加社会活动少、参加行里活动少、掌握子女动态少的问题，请大家向他"开炮"。

大家在批评他时，普遍比较客气，有的只讲了他的优点，没有讲他的缺点，他听后不满意地说："你们的批评就像一碗白开水，没有什么感觉。这种态度是不行的。你们不好好批评我，我可要狠狠批评你们。"

他这样说，也这样做。每个同志发言后，他像手持手术刀的医生，一点一点进行解剖，说得大家脸上火辣辣的。

共产党员、来凤支行客户经理张迟说："张富清是我的入党介绍人，平时对我非常和蔼、非常关心，但一到组织生活会上，就像变了一个人，抓住我的缺点，狠狠批评我。我在工作、学习、生活中一点都不敢马虎，生怕撞到他的'枪口'上。"

来凤支行的党员们普遍反映，张富清向组织汇报思想时，总爱讲这样两句话："好的方面不说，主要进行自我检讨。错的事情点出来，才有利于改正，才能进步。"

张富清始终把交党费作为一件大事。

2015年，建行来凤支行党支部对党费交纳进行清理、规范。91岁高龄的张富清得知消息后，让老伴孙玉兰前往支行询问有关情况。

图11　恩施州建行离退休老干部座谈会合影（张富清的家属提供）

孙玉兰找到负责党建的工作人员："请问，老张需要补交党费吗？"接着补充道："老张和我说，交党费不是钱的事，关键在于强化党性观念，少交也是对党不忠诚的表现。"

工作人员感慨："很少有人这样认识和对待党费交纳问题，老行长党性观念真强。"接着告诉孙玉兰："奶奶，老行长一向按时足额交纳，一分钱也不用补交。"

孙玉兰放心了，向工作人员摆摆手："有啥变化随时告诉我，要不老张又要让我跑。"

图12　张富清参加主题党日活动（建行来凤支行提供）

离休后，张富清多次被县、州和省里评为"老有所为"的模范党员。

57
专门书桌

1985年5月23日至6月6日，中央军委召开扩大会议，邓小平提出对国际形势的新判断和我国对外政策的两个重要转变。会议作出军队建设指导思想实行战略性转变的重大决策，确定军队减少员额100万。

曾是军人的张富清在报纸上看到这一消息，产生了一探究竟的想法，但受文化水平限制，一时搞不懂，就拿着一张报纸，坐在沙发上愣神。

看到张富清的样子，老伴孙玉兰走到他跟前："是不是又碰到

'拦路虎'了？"

张富清点了点头。这时，他的脑子里浮现出自己学文化的经历。

张富清小时候没有上过一天学。参军后，连队学军事、搞教育，他一个字也记不牢。在一次战斗中，有人给他送来一张纸条，他拿着看了看，一个字也不认得。这可急坏了张富清。从此，他每次行军，都把字贴在背包上，一边走一边看，一边在手上画一画。在速成中学上学期间，他如饥似渴地学习文化知识，晚上熄灯后，还拿着小手电筒蒙在被窝里学习。转业后，他买了一本字典，边认汉字边阅读文件和报刊资料。他的文化水平随着时间的推移不断提高，但仍然不能满足工作和生活需要。

"我要买个书桌去。以前没时间学习还挤时间学习，现在有了时间了，要静下心学点东西。"张富清和老伴说。

"买书桌我没意见，但现在不工作了，学习还有啥用。"老伴问张富清。

张富清答道："我不工作了，但还是个党员。党员不能不知道党在干什么，自己应该做什么。弄清这些，没有文化不行啊！"

老伴想起以前他和别人经常说的话：不认真学习，不知道党的理论和政策，就没法把工作干好，说话也说不到点子上，那怎么体现共产党员的先进性？心想，他工作也好，离休也罢，党是装在心里面的，脑子是闲不住的。

"我明白了。走，咱们买书桌去。"

书桌摆在卧室一角，上面放着张富清经常学习用的字典、报刊、资料和书籍。他专门买了一个笔记本，也放在上面。

每天，他大部分时间在这张书桌上看书、读报、查资料，收听国际、国内和军事新闻。他最喜欢的刊物是《半月谈》，最喜欢的

图13 张富清看报纸时的照片（《中国国防报》记者穆可双 摄）

电视节目是央视《新闻联播》和《海峡两岸》，每期必看，雷打不动。每当看到好的东西，他都会给晚辈们读一读，或推荐给他们看一看。有些重要内容摘抄下来，记录着学习笔记。

进到张富清家里，仔细观察就会发现，他那本《习近平总书记系列重要讲话读本》，黄色封皮已经被翻得泛白，书里有醒目的红色圆点和波浪线，四周空白处还时不时有字迹，记录着学习重点和收获。在110页，标注着这样一段话："要不断改造主观世界，加强党性修养，加强品格陶冶，老老实实做人，踏踏实实干事，清清白白为官，始终做到对党忠诚、个人干净、勇于担当。"

和张富清聊国内外大事，他如数家珍。"脱贫攻坚""生态保护""反腐倡廉"等当前正在进行的党和国家的大事他都很清楚。

问起离休后坚持学习的原因，他饱经风霜的脸上露出微笑："不学习，不知道党的理论和政策，怎么能说听党的话、跟党走？只有不断地学习，才能知道党的政策，跟上党的步伐。"

图14　张富清坚持读书、看报、写日记（中国新闻网记者董晓斌　摄）

图15　张富清在家里看书学习
　　　（新华社记者程敏　摄）

张富清不仅自己学习，还带着老伴学习。老伴说："他常讲，人不学习要落后，机器不用要生锈，你晓不晓得？他经常说我，你不爱学习。他鼓励我说，你看那字典，就是我们两个人的老师。"

小小卧室，经常晃动着张富清和老伴两个人学习的身影。

58
回乡祭拜

1986年7月，张富清和妻子孙玉兰、大儿子张建国、大媳妇严易芳、大孙子张沛来到来凤县客运站，一起乘车送岳父孙祥瑞回陕西洋县。

岳父1986年3月到达来凤县。自1958年底张富清带妻儿探亲后，孙祥瑞已经28年没有见到女儿女婿的面了。1960年亲家母张周氏去世，他们没有回来；1972年老伴高易华去世，他们也没有回来。他对女儿女婿有怨气更有思念，便乘汽车倒火车，再乘轮船再倒汽车，一路辗转面见亲人。3个多月时间里，孙祥瑞老人倾诉了自己的思念之情，了解了女儿女婿未能回家的原因，埋怨情绪变成了钦佩心境。

张富清对岳父十分愧疚，同时对哥嫂十分想念，本打算离休探亲的他，决定带妻儿陪伴老人回家。

4天之后的黄昏，一行6人到达双庙村。

张富清在老房子的院坝前见到了二哥张茂茂。张茂茂没想到阔别28年的弟弟突然出现在眼前，上前紧紧拥抱住他，两人的眼泪像断了线的珠子不停地流淌，打湿了各自肩膀。

当天晚上，张茂茂和张富清讲述了母亲去世前的一些情景。母亲病重期间，嘴里不停地念叨："元生，你能见娘一面吗，娘想你"，"元生回来没有，他啥时候回来呀"。听到二哥二嫂有些不满，旁人主动帮助解围："他是个孝顺孩子，没回来肯定有难处"，"他在为国家做事，你们不要怪他"。

听到这话，母亲顶风冒雪到村头打听他消息的情景、首次探家饱经风霜的双手抓住他不放的情景、二次探亲迈着小脚长距离送他离去的情景，一起涌上张富清的脑海。

他由母亲又想到岳母。两次探亲，家中并不宽裕的她，把最好的吃的拿给张富清，满含深情地希望他和孙玉兰回洋县工作。弥留之际，岳母十分想念女儿女婿，却又不让发电报惊动他们。

那一夜，张富清失眠了。他想，甘蔗没有两头甜。选择了党员，就是选择了向党、选择了为民、选择了奉献，对得起党、对得起人民，有时可能就对不起家人、对不起自己，这是必要的奉献。正是千千万万这样的奉献，造就了伟大的中国共产党，造就了中华民族的千秋大业，造就了人民群众的幸福安康。这样的奉献是高尚的，重于泰山，永留人间，光耀祖宗。如果母亲和岳母地下有知，会为自己的奉献而自豪。

第二天一早，张富清在二哥的陪同下，带着儿孙来到母亲的坟头，长跪不起："娘啊！元生不孝，您走时，未能送您最后一程，今天向您赔罪。""儿知道，娘是一个深明大义的人，一直支持儿的工作，可以告慰娘的是，儿没有辜负您的期望，您的孙子、重孙子也很争气。""如果有来生，儿还要为国家和百姓做事，还要教育后代为国家和百姓做事，为张家和周家多多争光。"

随后，张富清带妻子来到岳母坟前，将采集的山花、翠柏放在坟头，然后烧香磕头，心里默默念道："娘，我和玉兰回来看您来啦！这些年，是我不好，没有腾出时间看您，玉兰也因为我不能陪在您的身边。但是，我们为老百姓做了一些事情，为培养后代费了一些精力，如果您地下有知，相信会和爸爸一样原谅我们。"孙玉兰将多年来对母亲的思念全部化成泪水,张富清把她搀扶起来,轻轻地对她说:"玉兰,我也对不起你呀!是我拖累了你。"说着也哭成了泪人。

迟到了26年和14年的坟头跪拜,了却了多年来的一件心事,却勾起了对未来的思考。张富清想,我离休不能为党和人民做什么事了,但要把儿孙培养教育好,让他们多为党和人民作贡献。

59
纪念碑前

在老建行小区不远处,有一座烈士陵园。这是张富清到来凤县后的第4个年头建成的。陵园里,青石砌成的革命烈士纪念碑巍然挺立。碑座四周分别刻着毛主席语录以及贺龙元帅的题词。碑文记叙了来凤县人民在中国共产党领导下前仆后继的斗争历史。陵园里,埋葬着长征时牺牲在这里的红军将士。

离休后,张富清时常带着孙子、外孙来这里。孩子们在绿地上嬉戏,张富清则站在纪念碑前久久凝望。

"外公,你在看什么?怎么哭啦!"一天,张富清带外孙来到这里,看着碑文,掉下了眼泪。

他蹲下来,摸摸外孙的小脑瓜:"外公在回想过去在这里打仗的情景,红军爷爷们太不容易了!"

来之前,张富清看到一段史料。1935年11月19日,红二、红六军团共1.7万余人,从湖南的桑植刘家坪出发长征。红六军团十八师4000多人奉命留守,在与来凤一桥之隔的龙山牵制敌人。踏上长征之路后,前进受阻,由桑植、永顺折回龙山,至召头寨马阻岭遭敌军伏击，只有1000余人突出重围。之后，他们强渡酉水河，从卯洞入来凤县境内打游击，不久再次离境长征。在红军离开的第3天，有150多名革命群众被国民党杀害。不久，又有70多名革命群众也在来凤县被杀害。

张富清的情绪还没有缓过来，外孙又问："外公，为什么要打仗呀？"

"因为老百姓受剥削、受压迫活不下去了，共产党才组织自己的队伍同国内反动政府和外国侵略者打仗。不打仗，就没有今天的好日子，懂吗？"张富清启发式地和他说。

外孙点点头："我懂了。可是，外公，您也打过仗，为什么总不讲自己的故事呢？"

一句话戳到张富清的心窝里。按理说，他应该经常给孩子们讲讲战争年代自己经历的那些人和事，激发他们的爱党爱国热情，但他一提及这些就想起牺牲的战友，心里就特别地痛。

他略带歉意地说："外公没什么好讲的，你想听，以后给你讲。你可以多了解了解来凤的英雄们。"

这时，他的思绪把眼前情景与成千上万的先烈联系起来：如果他们还在人世，或许也和自己一样儿孙满堂，享受着天伦之乐。他们的名字是不是被镌刻在祖国大地的某一块纪念碑上，有的战友没有留下名字，是不是给他们修了无名烈士墓？想着想着，他面对纪念碑发出自己的心声：此生我无法替你们做什么，只能在发挥余热的同时，好好教育下一代，让他们永远听党话、跟党走。

张富清领着外孙在纪念碑周围的苍松、鲜花、鱼池、凉亭当中行走，边走边说：来凤县有278人参加长征，长征结束后，仅生还21人。全国有900名龙山籍红军战士，新中国成立后仅3人返回龙山。我们今天的幸福生活，是英雄们用鲜血和生命换来的。

不一会儿，他们来到一座桥前，张富清告诉外孙，这座桥是接龙桥的模型，接龙桥就在翔凤镇拦河上。1934年4月，贺龙率领红军从湖南甘壁寨进入来凤境内，领导来凤人民打击土豪劣绅。同年10月，为了策应中央主力红军突围长征，贺龙率领红军一部在向湘西挺进的途中，再次进入来凤。在驻防期间，40多人参加了红军，拦河两岸人民纷纷走上接龙桥。14年后的1948年，接龙桥又一次接来当年的红军——人民解放军，接着迎来了新中国。接龙桥是迎接贺龙的桥，也是人民拥护革命的象征。

外孙越听越有兴趣，举起小拳头说，"长大我要当英雄"。

图16　陪伴了张富清几十年的搪瓷缸子（湖北省来凤县纪委监委李正飞　摄）

60
简陋居室

张富清离休后，一直住在20世纪80年代建造的"老建行小区"。小区里的第一批住户，已经陆陆续续搬走，和这座小区作伴的只剩下张富清一户"老人儿"。

从外面看去，这座极具年代感的5层居民楼，只有张富清住的房间还用着楼房建成时的木质窗户。

走进张富清家中，好像走进了历史年代剧的片场，那些曾经时髦的装潢和家具让人有一种穿越感。腰墙上，淡黄色的油漆已经斑驳脱落；水磨石的地面，也已经被磕出不少小坑；那时候流行的沙发、衣柜，现在都已被时光染色；厨房的陈设也极为简单，厚实的铁锅架在简易的煤气灶上，窗户一开就是天然的"抽油烟机"。

儿女们想帮他改善一下居住条件，可动员了几次，他说啥也不肯，每次总是重复着同一个意思："生活上差不多就行了。我感到这样很好，你们给我改善了，我反而不舒服。"

开始，儿女们以为他是心疼钱，或者是嫌麻烦，就和他说："改善用不着您花一分钱，也用不着您操一点心，您到我们家住几天，等改造好了，您回来住就行。"

张富清嘿嘿地笑了："花谁的钱不重要，我的离休金花不完，完全可以用来改善条件。谁操心也不打紧，我干了一辈子事，还怕操这点心吗？关键是：第一，我是共产党员，不能忘了艰苦奋斗的本色；第二，我感到这个样子也挺好，也很幸福。"

听着这些话，儿女们不再说什么了。是啊！自打他们记事之日起，张富清始终保持艰苦奋斗的光荣传统，艰苦奋斗已经成为他的价值观。艰苦奋斗了，他感到幸福；奢侈浪费了，他感到难受。

想到这里，儿女们不再劝说他了，任由他自由生活，任由他活出真我。

张富清生活非常规律，每天上街、买菜、做饭、吃饭、学习、看电视，有空和子孙们谈谈心、和邻居们聊聊天。饮食清淡简单，咸菜、黄豆合渣、炒青菜、苞谷饭、面条构成了一日三餐的主要内容。衣着也很朴素，时常穿着老旧的背褂、衬衫。买给他的新衣服，全被放进了他的老皮箱里。

阳台，是他最喜欢待的地方之一。那里有他精心栽培的蟹爪兰，饱满的花苞挂在枝上，仿佛一觉醒来就会怒放。窗台上那几个"特制"的花盆，是他的得意之作，粘制的物料竟是他用剩下的小玻璃药瓶。每个小药瓶中，张富清都塞上一张彩色小纸片，这让整个花盆都有了鲜艳的色彩。尤为独特的是，9个花盆一字排开，所栽绿植都系"仙人指"品种。仙人指原产地附生于树干上，多分枝，枝丛下垂，不仅可以开出颜色绚丽的花朵，还可以作为室内盆栽长期观赏、愉悦心情。

更主要的是，仙人指属仙人掌科。仙人掌生长在荒无人烟的沙漠里，寓意"不畏艰难，坚忍不拔"。张富清每天侍弄着、欣赏着这些绿植，不时发出开心的笑声。

久而久之，儿女们理解了父亲的生活，也欣赏着父亲的生活。他追求的是精神上的富有、物质上的清简。父亲，富清。既富，又清。这才是人生所要追求的东西，这才是共产党员的高尚情操。

久而久之，儿女们纷纷把父亲的生活方式"搬"到了各自的小家庭。

61
妻子生病

1995年4月，年满60岁的孙玉兰住进了来凤县人民医院。

孙玉兰突发心脏病，一天之内医院下了多次病危通知。主治医师建议儿女："尽早转院做心脏支架手术，才是起死回生的唯一希望。"

张建荣对哥哥、弟弟说："我有一个同学在武汉同济医院，让他联系一下，看那里能不能接收。"

电话打过去，对方告诉："手术可做，但手术费较贵，需要12万元。"

三兄妹喜忧参半。喜的是手术医院落实了，忧的是手术费一时拿不出来。是啊！12万元，这在20世纪90年代，简直是一个天文数字！

自从孙玉兰离职后，一家人主要靠父亲的工资生活。有7年时间，父亲只拿基本生活费，为了弥补家用，母亲打点儿零工，但收入微薄。有限的生活资金，除了日常开销、归还借款，建珍看病花销巨大，建国、建荣、健全三兄妹上学用去不少，父母手头几乎没有存款。

张富清脸上布满愁云，急得转来转去。

张建国把建荣、健全叫到一起："砸锅卖铁也要救治母亲，咱三家一家四万，赶快筹钱。"

三兄妹动员各自家人立即行动。

张富清带着张建珍来到病房："玉兰，你需要到武汉动个手术，明天咱就动身。"

"怎么还要到武汉动手术？那要多少钱啊！咱家哪有钱啊！"孙玉兰有气无力地说。

"钱要不了多少，你现在要坚强，配合医生把病治好。咱家离不开你呀！"

晚上10点，三兄妹聚到一起。愁云再次布在他们脸上。所借之款加起来才4万多元，才是12万元的三分之一。亲戚朋友该找的都找了，筹措起来更加困难。而母亲手术迫在眉睫。

"疾病不等人！明天你们两个陪母亲先走，我留下来继续筹钱。"张建国作出紧急安排。

孙玉兰住进武汉同济医院。医生给她放了6个支架，将她从死神手中拉了回来。

张建荣日夜陪在母亲身边，看到母亲身体逐步恢复起来，心里十分欣慰，与母亲拉起了家常。

"妈，您好多了，只要好好保养，活到大岁数没有一点问题。"

"建荣，这次手术，你们没少花钱吧？"

"妈，不多，你莫想这些，有个好心情，身体恢复得快。"

"当年如果不是你爸叫我离职，我也是公费医疗的人，不至于让你们花那么多钱。"

"妈，您别这么说，我爸一辈子不容易，您跟着我爸吃了那么多苦，我们做啥都是应该的。再说，现在我们都有工作了，生活很快都会好起来的。"

说到这里，张建荣开玩笑似地问母亲："妈，你跟我爸40年了，一心一意支持他的工作，牺牲了家庭和个人不少利益，你就没有反对过他？"

"哎！我也发过脾气，但他为了身边的群众，比我还苦，有几次连命都差点没了,我就不忍心反对他了。再后来,我就被他同化了。"

"妈,我不明白,当年你追我爸,到底看上我爸什么了。"

"你爸这人善良、干净、对人好,有能力却不炫耀,人世间很难找啊!"

"哦,确实是这样。"建荣赞同地点了点头。

孙玉兰在武汉同济医院住了20多天。回到家里,张富清对她百般呵护。这一辈子,他除了母亲,最对不住的人就是孙玉兰,他牺牲奉献了多少,孙玉兰跟着他牺牲奉献了只多不少,如果说自己有一点工作成绩,孙玉兰有一半的功劳。如果说孩子们能够健康成长,孙玉兰有三分之二的功劳。

此时,已经71岁的张富清,开始把较多精力用在买菜、做饭、洗衣服、做家务上。他希望自己多活几年,好好伺候老伴,好好教育儿女,给这个家庭增添温馨愉悦,弥补自己的人生遗憾。

62
挂锁药箱

张富清家里,有一个挂锁的药箱,这是张富清离休后专门设置的个人药箱。

人们看到这个药箱,普遍感到奇怪,在自个家里,为什么要把药锁起来呢?

原来,张富清患有高血压,经常从医院开一些降压药。大儿子也患有高血压,所服用的药与老人基本一致。

一次,大儿子张建国看望父亲,忘记带药,就服用了父亲的药。

熔炼 张富清同志一生的党性修炼

张富清发现后,把儿子叫到跟前:"你用我的药了?"

"对不起,爸爸,我走得急,忘带药了,就……"

没等儿子说完,张富清一脸正色地说:"我的药是国家全额报销的,你的药是自费、半自费的,以后注意带上药,不能再用我的了。"

张建国满口答应。

说完不久,大儿子又忘记带药了,感到不好意思。原打算回家后再用药,后又一想,先借用一下父亲的药,下次来了再给还上,不就履行承诺了吗?谁知,他找到父亲的药箱,上面却挂了锁。顿时,心里不解地想:"小题大做,不近人情。"

母亲走过来安慰他,他反问母亲:"您说全天下父亲,哪个能做出这种事。"然后,接着说,"在大是大非面前,父亲坚持原则,我完全理解,也坚决支持。当年让我到扎合溪林场工作,我不是愉快地服从了吗!但为了几个小药片也这么认真,哪还有父亲的味道。共产党员也是人,也得有人性吧?!"

张富清听到埋怨声走了过来。他没有发火,而是怀着歉意地对大儿子说:"爸爸对不住你。你是家里老大,从小到大为家庭、为父亲吃了不少苦,受了不少累。这次药箱挂锁,从父子情分上说,我确实做得有点过,你不理解也是正常的,爸不怪你。"说到这里,他看了看儿子,反问道:"你知道爸挂锁的深意吗?"

大儿子摇了摇头。

"我挂锁,不是锁你吃药,而是锁医药费用上的漏洞,锁你和家人不经意间的私心。"张富清语重心长地说。

然后,张富清一笔一笔算账:"如果全家都认为吃药是小事,小事不用公私分明,那么,今天你吃我这种药,明天你吃我那种药,你来吃我的药，你妈、你姐姐、你弟弟、你妹妹都来吃我的药，那我不就是用国家的医疗费用给全家看病吗？更主要的是怕全家滋长私心，不仅在吃药问题上这样做，在其他问题上也会这么做。这就把咱们的家风弄坏了。"

听着张富清的话，大儿子面露愧色："爸爸，您别说了，您想得深，想得远，想得对，我彻底明白了。"

之后，张富清就药箱挂锁问题，开了一个家庭会，和所有家庭成员讲了自己的想法，请全家理解和支持。最后，他强调："我离休了，自己干不了什么了，但想培养一个好家风，让子辈、孙辈都能健康成长，多多为党、为人民作贡献。"

儿女们说，我们早就看透了父亲的心。自打我们记事起，父亲就教育我们公私分明，不能占公家的便宜。离休后，这种思想不仅没有变，而且进一步发展了。他们对父亲的做法非常赞同，一致认为，父亲所做的一切，都是为了让儿女们健康成长，表示绝不辜负父亲的期望。

现在，张富清一家四代都积极上进，有6人成为共产党员。每当说起此事，老人脸上就堆满笑容，儿女们也感到无比自豪。

63
不眠之夜

1997年7月1日，中国共产党成立76周年纪念日，也是香港回归祖国纪念日。

这一天，中国政府开始对香港恢复行使主权，有着156年历史的英国管治宣告终结。

6月30日晚上11时30分，香港会议展览中心，庄严的政权交接仪式拉开帷幕，时任国家主席的江泽民走上主席台，顿时，4000多人的会场响起雷鸣般的掌声。

鄂西来凤县"老建行小区"一个房间传出了两个人不停的鼓掌声，这是张富清和老伴孙玉兰拍出来的声音。

"快看，江主席致辞了。"

"我看着呢，别说话。"

屋内的小电视中，时任国家主席的江泽民站在话筒前："女士们，先生们，同胞们：今天，中英两国政府举行了香港交接仪式，庄严宣告中国政府对香港恢复行使主权。中华人民共和国香港特别行政区正式成立！"

习惯了按时作息的张富清这晚变得异常，从晚上7点开始，一直坐在电视机前。他早就从媒体那里得知香港回归和政权交接仪式的消息，他想在第一时间目睹那个激动人心的场景。

即将踏入午夜，电视机出现了一个他盼望已久的画面：英国和香港的旗帜徐徐降下，伴随着中华人民共和国国歌旋律，中国国旗和香港特别行政区区旗缓缓升起，4000多位国内外嘉宾凝神眺望。

张富清举起右手向国旗致敬，眼中噙满泪花。此刻，他想起小时候备受"三座大山"压迫的屈辱历史，想起参加解放军痛歼国民党反动派的经历，想起和自己并肩作战牺牲战友的音容笑貌，想起在进军酒泉路上得知新中国成立而欢呼雀跃的情景，想起报名进入朝鲜参战在北京登上天安门城楼的情景，心里就像打翻了五味瓶，喃喃自语："内地受苦受难的历史结束了，香港任人宰割的历史结束了，清政府签署的不平等条约废除了。"

老伴孙玉兰走过来："国旗升起来了，这下可以休息了吧？"

"我太激动了，让我再看一会儿。"张富清盯着电视机屏幕和老伴说，"再等我一会儿。"

张富清看完交接仪式全过程，又观看了驻港部队在添马舰营区接管香港防务的报道，这才关掉电视。

躺在床上，他翻来覆去还是睡不着。

"老伴，我从报纸上看到，1987年，咱们国家和葡萄牙政府签订了联合声明，宣布将于1999年对澳门恢复行使主权。那可又是一大盛事呀！咱们国家越来越强大了。我真高兴呀！"张富清问老伴，"你呢？"

"我和你还不一样吗？国家有好事你高兴，你高兴我就高兴。"老伴回答。

"什么时候两岸统一了，我们就更高兴了。"张富清坐了起来，"这是中华民族的一件大事，也是我从当兵时就有的一个愿望。"

"那还早呢！快睡吧！"老伴安慰他说。

"咱们和台湾已经有了九二共识，但李登辉这家伙闹'台独'，我们被迫进行军事演习。我看就要给他点厉害瞧瞧。"张富清越说越激动。

"你快别瞎操心了，这是国家的事，你说这些有啥用呢？"老伴有点不耐烦了。

张富清仍然兴致勃勃："国家兴亡，匹夫有责嘛，更何况我是中国共产党的一分子。老伴，咱们等着两岸统一了那一天！"

"好，等着那一天。"老伴说着，俩人都发出会心的笑声。

64
高位截肢

2012年4月，88岁高龄的张富清左膝脓肿，多地治疗不见好转，医生建议，进行高位截肢。

"战争年代腿都没掉，没想到和平时期腿掉了！"从手术台上下来，张富清暗自流泪："我以后是不是就成为一个废人了？什么都干不了，还要拖累子女们！"

但是，他很快振作起来。他想到平时经常说的一句话，共产党员是特殊材料制成的人。既然是特殊材料，那么内心必须比铁还硬，比钢还强。他告诫自己：拿出当年那种压倒一切敌人的气概，战胜一切困难，想方设法站起来。

麻药过后，张富清感觉疼痛在断肢周围出现，像电击、切割、撕裂般地难受，而且持续发生，一阵紧似一阵。他不停打着冷战、冒着虚汗。

家人和医生走到他面前。他没有显露半点痛苦和悲伤的样子，只是积极配合治疗。

老伴打电话问他感觉怎么样，他用颤抖的声音说："放心吧，感觉很好。"老伴一时抽泣起来。与张富清携手走过半个多世纪，对他了如指掌，任何语气和声音的背后都知道意味着什么。她控制不住自己，突然"哇"的一声哭了起来："你快别装了，我知道你有多疼。"

老年患者截肢，至少需要卧床3个月以上，其间可能会并发褥疮和呼吸道、泌尿系统感染，有的还会出现残肢出血、皮肤坏死等症状，挺不过去而发生意外者屡见不鲜。

张富清属于老年人中的高龄人群,医生告诉家人,精心护理,同时做好各种思想准备。

张富清没有完全遵照医嘱。手术术后刚一周,就试探着下地,用独腿走路。先是沿着病床移动,后扶着墙壁练习。

"你这是干啥呀?"老伴心疼而又担心地问。

"我虽然不能为国家作贡献了,但要少给组织添麻烦,少给儿女添负担。"张富清说:"我必须重新站起来,至少做到生活自理,不能坐在轮椅上让人照顾。"

图17 张富清在老伴的搀扶下出门(《湖北日报》全媒记者魏铼 通讯员朱勇 摄)

张富清认准的事,谁也甭想拉回来。他从早饭后开始,绕着病房一趟一趟练习独腿走路,每走一趟都汗如雨下,把衣服浸得透湿。一开始,张富清掌握不好平衡,经常摔跟头,头上不知磕出多少包,

熔 炼 张富清同志一生的党性修炼

身上也是青一块紫一块。

一段时间后,张富清在旁人的搀扶下,走出了病房,走到了楼道。一群留学生目睹这一情景,得知这是一个年近90岁的老人,感慨万分,纷纷与他合影留念。

回到家里,儿女们给他推来一个轮椅,他一口拒绝,硬是让换成助行器。从此,开始了旷日持久的单人手持助行器锻炼。摔倒了,再起来,起来了,

图18 张富清坚持下楼锻炼
(《湖北日报》全媒记者魏铼 通讯员朱勇 摄)

再摔倒,摔的次数多了,胳膊蹭出了血,墙上留下了一道道血迹。

渐渐地,他能走到阳台,能上厕所,能在楼下院子里转圈。一年之后,他竟可以独自上楼下楼,独自上街买菜,还可以把残肢架放在助行器上,独自打扫卫生、切菜炒菜。

儿孙们回到家中,时常会看到这样一幅温馨的画面——张富清系着围裙在灶边炒菜,孙玉兰站在旁边陪着他说话。

看到这一幕,儿子张健全觉得父亲真了不起:"这老头不向死神低头,不向困难低头,也不向病痛低头。"

四　中国特色社会主义新时代：恬淡如水，不改本色

65
独腿登楼

2017年是党的十九大胜利召开的一年。新年刚过，媒体纷纷开设"喜迎十九大"的专栏，大街小巷到处都是"奋进新时代"的标语。各条战线意气风发、斗志昂扬，以实际行动向党的十九大献礼。

张富清处在兴奋之中。从党的十八大到党的十九大的5年间，全国发生了翻天覆地的变化，自己向截肢作斗争也取得显著成效，兑现了不给党、不给国家、不给儿女添麻烦的承诺。

金色8月，建行来凤支行党支部举办"不忘初心，砥砺奋进"主题党日活动，通知全体党员参加。

张富清听说后高兴得合不拢嘴："这个会我一定要参加。"

活动开始了，党员陆陆续续走进三楼会议室。人群中，93岁的张富清在84岁老伴的搀扶下，手扶楼梯护栏，单腿跳着台阶，一步一步向上攀登，汗水浸透了衣背。

见状，大家赶快上前帮助搀扶。张富清停下脚步，一手抓护栏，一手摇了摇："你们帮不上忙，让我自己来。"

到达三楼会议室，张富清气喘吁吁说道："李书记，我到了。"

刚来行里工作的党支部书记、行长李甘霖，看到眼前这一幕愣

住了:"这是谁?怎么……"当他弄清这是老行长时,既为老人坚强的党性而钦佩,也为自己工作的不细致而内疚。赶忙上前,一边帮着擦拭汗水、一边说:"老行长,实在对不起,我不知道您做过截肢手术,请您谅解。"继而又说,"早知这个情况,就不通知您了。"

张富清满脸笑容:"怪我没有及时向书记报到。我永远是党的人,只要走得动,就不会请假!"

李甘霖心中一阵感动:"这位老党员,组织观念太强了。"

主题活动就"过去五年"谈体会,张富清谈了国家5年的重大变化后,谈到自己"站起来"的感受:"作为一个共产党员,在任何时候都要保持革命英雄主义精神,一要乐观向上,二要不畏困难,三要坚持不懈。世上没有办不成的事,只有办不成事的人。困难像弹簧,看你强不强,你强他就弱,你弱它就强。"

会场响起热烈的掌声,大家为他的精彩观点而鼓掌,为他的站立奇迹而鼓掌,更为他的坚强意志而鼓掌。

"反思革命英雄主义精神不足"一时成了大家讨论的重点。有的说,过去总觉得革命英雄主义精神在长征时期才需要,在工作遇到重大困难和挑战时才需要,没想到在个人遇到疾病伤痛时也需要;有的说,练就一身的钢筋铁骨,就没有过不去的火焰山;有的说,喜迎党的十九大,再创新业绩,特别需要这种精神,一定要发扬这种精神。

听着这些话,张富清一阵欣喜:"我离休了,年纪大了,做不了大事了,但要保持这种精神,咱们都要保持这种精神。"

活动最后一项议程是重温入党誓词。领誓人站到党旗前面,举起右手,紧握拳头。张富清一只手撑住助行器,一只手跟着将拳头举起来,一条腿稳稳地支撑着全身,目光紧紧盯住党旗。

"我宣誓",宣誓人话音刚落,人群中随着发出同样的声音,张富清的声音显得那么铿锵有力、那么富有激情……

66
人工晶体

2018年11月,张富清视力模糊程度加重,出现复斜视、近视、眩光等异常现象,医生建议尽快做白内障手术,否则会有失明危险。

建行来凤支行行长李甘霖前来看望张富清:"做白内障手术,选择人工晶体很重要。您是离休干部,医药费全额报销,一定要选个好一点的。"李甘霖怕张富清不当回事,特别叮嘱:"一定要记住啊,回来有啥困难记得找我。"

张富清十分感动,紧紧握住李甘霖的手:"记住了,谢谢李行长!谢谢党组织!"

几天后,张富清住进了恩施市中心医院。

医生看了他的检查结果后,对他说:"白内障手术是将眼内浑浊的白内障取出,同时植入人造的晶状体。人工晶体种类不同,价格不等,有一两千元的,也有一两万的。建议您用7000元以上的。"然后,递给他一份白内障晶体价格表,供他选择。

家人帮他分析人工晶体性价比,他提出一个要求:"你们问问农村白内障病人手术是怎么选择的,我和他们选择一样的就行。"

原来,自从李甘霖看望他后,他的思想一直起伏不平。他特别想把这次手术做得成功一些,但又不想花国家太多的钱。他想到了党的十九大报告中提出的人民日益增长的美好生活需要和不平衡不充分的发展之间的主要矛盾,想起了在三胡区、卯洞公社任职时广大农民的生活情境，计划在保证效果的前提下，把价格降低一点。

家人询问了一圈告诉张富清："农民选用价格不等，大部分都是3000元左右的。"

"那我就用3000元左右的吧。"张富清不由分说地作了决定。

家人对此不理解："这是何必呢？"

张富清心平气和地说："公家的钱也是钱，现在国家需要钱的地方很多，我是党员，得主动为国家着想。再说，我这么大年龄了，在世的时间不多了，用那么好的晶体也是一种浪费。"

"您老是这么克扣自己，到底图啥呢？"家人还是不理解。

张富清有点不高兴："我早就和你们说过，我乐意做的事就高兴，不乐意做的事情就痛苦。我图什么？我图高兴。你们不想让我高兴吗？"

家人不再说什么了。他们联想张富清艰苦奋斗的点点滴滴，再一次明白，一个人真正有了信仰，按照信仰去做就是一种幸福，这种幸福感旁人体会不到。他们起身告诉了医生。

医生愕然，走向张富清："您不是可以全额报销吗？为什么不选用好一点的呢？"

张富清指了指旁边的农民病友："他们用的都是这个价位的，他们能用我也能用。"

医生一脸崇敬地望着他："老一辈人的觉悟就是高啊！"

张富清出院后，李甘霖行长再次看望他，得知情况后，问张富清："您为啥不选好一点的呢？"他说："我已经90多岁了，不能为国家作什么贡献了，能节约一点是一点吧！"

李行长一时不知说什么好，只觉得眼前这位老党员的境界达到了一般人难以达到的高度。缓了缓，李行长握住他的手："您是我学习的榜样,也是全行党员学习的榜样。希望您多保重!"

67
假肢内槽

张富清截肢后,安装了一个假肢。由于年纪大,肌肉萎缩加重,骨骼有所缩短,紧密贴合皮肤的接口逐渐松动,开始伤及皮肤。

张富清叫来老伴,一起动手修理。

"爸爸,别修了,给您换一个内槽吧。"张建国、张健全进门见状,觉得两个老人既缺乏修理工具,也没有修理经验,土法上马,费力不小、效果不好,弄不好还会出问题,就上前劝阻、商量。

张富清说:"你哥俩的孝心我知道,但这东西整吧整吧还能用,为什么非要换新的呢?"说着,他问两个儿子:"毛主席说,酸菜里面出政治,你们知道吗?"

"听说过。难道内槽里面还有政治吗?"两个人有些疑惑地问到。

张富清又问:"你们知道毛主席因为什么事、在什么场合说的这个话吗?"

两个儿子你看看我、我看看你,一时没有回答上来。

张富清上下打量一下两个儿子:"这也不怪你们。你们没有经历过那个年代。"说着,讲起了一段经历。

1956年,张富清从城关粮油所调任粮食局副局长。11月,局里传达贯彻党的八届二中全会精神,有一段话给大家留下深刻印象。毛泽东说,资本家吃饭五个碗,解放军吃饭是盐水加一点酸菜,这恰恰是好事。这个酸菜里面出政治,出模范。解放军得人心就是这个酸菜。

大家都觉得这段话讲得太好了,作为粮食局的人,守着粮仓喝稀饭就是一种政治,因此,全局人人发扬艰苦奋斗的政治本色,受到上级表扬。

听着这段经历,两个儿子回想父亲一生艰苦奋斗的点点滴滴,理解了不愿换假肢内槽的真正原因。他早已把艰苦奋斗植入内心深处,变为一种政治追求、一种行为习惯。即使截了肢,仍然在保持共产党人艰苦奋斗的政治本色,并用实际行动教育后人不要忘记。

俩人敬佩地对张富清说:"爸,您说怎么办就怎么办,我们完全听从您的意见。"

之后,俩人专门学习有关知识,买来相关物料,经常帮助父亲维护修理假肢内槽。对家里其他物品,能帮助维护则维护,能帮助修理就修理,很少更换新的。

目睹儿子的做法,张富清的笑声越来越多。一天,全家人聚在一起看电视,出现周恩来总理的镜头时,张富清讲了一件事。三年困难时期,周恩来总理和全国人民同甘共苦。一次,炊事员对他说:"总理,您这么大年纪了,工作起来没日没夜的,又吃不多,就不要吃粗粮了!"他说:"不,一定要吃,吃着它,就不会忘记过去,就不会忘记人民呐!"

讲完,张富清笑笑说:"我是向老一辈无产阶级革命家学习,你们能理解我、支持我,我很高兴。"

时间一晃三年过去了,儿女们发现他截肢部位皮肤红肿渗血,原有假肢内槽实在不能用了,这才在他的同意下更换了新的。

更换后,祖孙四代人围坐在一起吃饭,孙女说:"爷爷在疼痛中仍然保持着自己的本色,深深教育影响着我们,是我们学习的榜样。

我们要永远保持和发扬艰苦奋斗精神，为党和人民多作贡献。"

大家举起酒杯齐声附和："说得好，为全家人的艰苦奋斗干杯！"

听到这话，老人露出欣慰的笑容。

68
意外发现

2018年，中国大地涌动着一股巨大的拥军潮。

根据党的十九大报告精神，2018年3月，十三届全国人大一次会议表决通过了《国务院机构改革方案》的决定，批准成立中华人民共和国退役军人事务部。4月，退役军人事务部在北京正式挂牌。8月，退役军人事务部向全国发出开展退役军人和其他优抚对象信息采集工作的公告。

位于来凤县武汉大道的来凤县退役军人事务管理局，同全国各地一样，正在如火如荼地进行退役军人信息采集工作。

县巡察组组长、张富清的小儿子张健全得知消息后，找到父亲："国家采集退役军人信息，要求详细报告个人信息，如实提供相关证明材料，您把东西拿出来，我帮您去登记。"

张富清平时不愿家人问及他参军参战的过往，如今国家要求如实上报，不能再隐藏那些立功受奖情况了。他沉思许久，指了指屋里的旧皮箱，缓缓地说："去把里面的东西拿出来吧。"

张健全从皮箱底层一件一件翻出来那些泛黄的证书和生锈的奖章，心里不禁一震：这是自己的父亲吗？怎么这么多呀？他可是从来没有说过呀！他不清楚这些东西的来历和价值，但觉得来之不易，就用一块红布小心翼翼地把它们包起来。

2018年12月3日,张健全拿着这个红布包来到退役军人事务管理局,将里面的证书、奖章递给工作人员聂海波。聂海波一一翻看着这些证书奖章。当看到一枚由西北军政委员会颁发、上面镌刻着"人民功臣"字样的奖章时,一下愣住了:"这种奖章不是一般人能得到的。这种荣誉是在大型战役上才能获得的功绩。"

图19 尘封张富清荣誉的老箱子(引自中国日报网)

聂海波进一步盘点这些证书、奖章,竟有3枚奖章,除"人民功臣"奖章外,还有"解放西北纪念章""全国人民慰问人民解放军代表团纪念章"。立功证书记载着张富清在陕西永丰城等战役战斗中的情况,记录着张富清在解放战争中荣立军功的次数和等级,记录着两次获"战斗英雄"称号的时间和经过,同时还有一张西北野战军"特等功"报功书。

"没想到在我们来凤,还有这样一位战功赫赫的英雄!"聂海波立即将这一发现报告给了退役军人事务管理局领导。局里报告给了县里，县领导在一定范围内进行了宣传。

顿时，整个来凤小城震惊了——

"我们只知道张富清当过兵，从来不知道他还立过这么多大功。"

"我和张富清一起共事那么多年，他没有提起过这些事啊？！"

"翻阅了来凤县志，没有找到相关记载，这样一个英雄，怎么成了无名之人？"

有人通过张富清儿女寻找答案，得到的回答是："父亲和我们也没有提起过这事，我们也是第一次知道啊。"

谜，不可思议的一个谜。

很快，好奇的、看望的、慰问的人纷至沓来，涌进了老建行小区。

69
善意谎言

2019年2月16日，张富清像往常一样，吃过早饭，打开手机看新闻。突然，一个醒目的标题跃入眼中：《战斗英雄深藏功名的传奇事迹刷屏网络——全国网友点赞"这才是真正的英雄模范"》。

这是《楚天都市报》的一则消息。《楚天都市报》是他经常浏览的报刊之一。他赶紧往下看，只见开头赫然写道："95岁的战斗英雄，深藏功名六十四载（详见本报昨日A08版报道）。张富清老人的传奇事迹见报后，在网络和现实生活中引起强烈反响。"

"啊？这不是说我吗？这是怎么回事呢？"没等把消息看完，他马上搜寻该报头天的信息，果然有写关于他的报道。在这篇2000多字的稿件中，披露了他的战功，介绍了当时的战斗情景和他退役后的情况。

"胡闹，胡闹，简直是胡闹！"张富清似乎意识到了什么，马上找来全家人询问："这是怎么回事？"

小儿子张健全知道父亲要追究记者采访的事，就来了个"缓兵之计"，先和他回忆党和国家关心退役军人的情景，然后再讲国家成立退役军人事务管理机构、对退役军人进行信息登记等事件。

张富清听着听着，脸上堆满笑容，不时发出了常见的"哈哈哈"的笑声。

张健全觉得时机成熟，就进入正题："那天，我不是和您说，把您在部队期间的资料拿出来，帮您去登记。开始您不同意。我说，这是党的决策，必须服从。然后，您让我把皮箱里的资料拿出来，我就拿着跑到县退役军人事务管理局。"

听着儿子的讲述，张富清先是点头，慢慢又迟疑下来，喃喃自语："是不是县里把事情捅出去了？"然后，长长地叹了一口气，后悔不该把资料拿出来登记。

确实，张健全登记完信息，老人隐藏功名的消息不胫而走。一连几天，来凤县大街小巷都在议论这件事。有的感到惊讶，有的感到好奇，有的感到不理解，儿女们也感到不可思议。

张健全初中同学张孺海在湖北日报传媒集团工作，得知此事，利用春节探亲时间了解了事情真相，核实了有关资料，一上班就向《楚天都市报》和《湖北日报》作了报告。

正月初九，三名记者赶赴来凤县采访，在恩施州委宣传部和来凤县委宣传部的安排下，找到张健全。张健全知道父亲不愿意向别人讲述过去的经历，就撒了一个善意的谎言："爸，今天，省里来人看望您，您要本着对党负责的态度，如实汇报自己的情况。"

一听"省里来人""对党负责"，老人发出一阵爽朗的笑声。

记者到后，老人在老伴的"翻译"下，逐步打开了话匣子，敞开了自己尘封已久的心扉。

得知事情的真相，一向慈祥的老人将儿子指责了一番，然后撂出一句话："以后必须和我说实话，没有我的同意，不许记者采访我。"

然而，老人的事迹一经传播，迅速走红，持续发酵，想挡也挡不住。面对这种情况，县委宣传部的领导来到老人家中，亲自做他的思想工作："您的事迹和精神是我们全党的财富，应该分享出来让更多的人受益，这也是在新时代立战功。"

老人一听，这是组织行为，话又说得在理，这才松了口："既然对党和人民有好处，那我就支持吧！"从此，他向媒体敞开了心扉。

之后，他在日记中写道："我已经是95岁了，我想我不会再给党和人民添麻烦了，如果我再不公开这段历史就是对组织的不忠。"

70
迅速走红

从2019年2月下旬开始，张富清的事迹宣传像奔腾不息的长江一浪高过一浪向前推进，张富清的英雄形象像拔地而起的丰碑一层叠着一层逐步增长。

"大家快看，我国出了一个隐功60多年的无名英雄"。2019年2月15日，《湖北日报》《楚天都市报》刊登了张富清的事迹后，《人民日报》官方微信头条以"95岁老人隐藏身份60多年，信息采集时才意外发现他是……"为题刊发张富清的报道，随后上百家主流媒体纷纷转发。其间，数百万网友转发点赞。

"张富清是一个大英雄，报道越来越多，层次越来越高，我国少有这样的宣传规模。"随着对张富清宣传的日益深入，人们历数一个个重要的宣传节点——

3月2日晚，央视新闻频道"24小时"栏目《今夜面孔》以"张富清：深藏功与名"为题，分"信息采集发现战斗英雄""置生死于度外，攻碉堡立奇功""截肢后再次站起，不改军人本色""深藏功与名，亮出精气神"等章节，深度聚焦张富清的事迹，时间长达12分53秒。

3月3日午间，央视《新闻直播间》播出张富清特别新闻，完整再现了张富清九死一生、深藏功名、不计得失的事迹，评价他"深藏功与名，亮出精气神"。

3月11日晚，CCTV7军事频道《春天的故事》播出《95岁老兵张富清：深藏功名64载》，时长9分16秒。

3月20日晚，央视新闻抖音以"烽火乱世你是英雄、繁华盛世你是精神"为题，播出张富清先进事迹，引发数万网友点赞。

"金杯银杯不如老百姓的口碑。人民群众自发给张富清颁发了难以计数的荣誉，这是对他极大的认可。"一时间，社会广泛传播网友和媒体对张富清的评价——

"老英雄像一股清流缓缓流入我们的心间。"

"原来英雄不仅是功勋卓著，更是我将无我。"

"把功勋当秘密深藏，彰显了淡泊名利的至高境界。"

"把奉献精神写在了听党话、跟党走的壮丽篇章上。"

"党员干部的好榜样，人民群众的贴心人。"

"九死一生无言，鞠躬尽瘁无憾。"

……………

"张富清受到各地各部门高度重视，他的形象将长留人间。"人们在关注张富清事迹、精神、评价的同时，还关注到他的人生价值，一些相关动向成为人们茶余饭后的话题——

国家博物馆致电张富清老人家属，希望能收藏他的军功章和证书。老人在接受央视采访时表示，将在身后捐出这些具有历史价值的文物。

湖北省退役军人事务厅派人上门慰问张富清，高度评价他的战功及历史贡献。

湖北省档案馆派人前往来凤，请张富清老人讲述他的战斗经历，并进行录音录像，作为口述历史资料收集留存。

5月24日，习近平总书记对张富清先进事迹的重要指示发表后，更是一石激起千层浪。"张富清受到了习近平总书记高度称赞""张富清成了当代中国最亮的明星之一""张富清的人生才是有意义的人生"，对张富清的崇拜之情在人们心中快速点燃，燃起一团烈火。

张富清，一个离休35年、早已淡出人们视线的老党员，却在95岁之际于无声处响惊雷，响彻中华大地，走进全党全军全国各族人民心中。

71
庄严军礼

正当对张富清的宣传逐步升温之时，张富清家中来了两名部队官兵。

这天是2019年3月2日，星期六。

"报告前辈，我们是原三五九旅七一八团、现新疆军区红军团干部陈辑舟和战士吕长明，受团领导委托，前来向您学习。"

陈辑舟说着，俩人同时双脚立正，举起右手，敬了一个标准的军礼。

这俩人都是湖北人，正在探亲休假。团政委王英涛在"三五九旅后代"微信群里，看到一则张富清的信息，深受感动和教育，马上给他们打电话，让他们代表全团第一时间慰问这位前辈，并向他学习请教。

张富清竖起双耳倾听陈辑舟所讲话语，由于耳背，还是没有听清。但看到是部队来人，难掩心中激动，脸上泛着红晕。

张富清的小儿子张健全见状，趴在他耳朵上说："老部队三五九旅七一八团来人啦。"

"三五九旅七一八团？！"听到这个字眼，张富清激动异常，眼望着两位年轻战友，嘴里重复着曾经的部队番号，两行热泪夺眶而出，半天没有说出话来。突然，一股力量从身体里迸发，颤抖的双手撑住沙发，缓缓地站了起来，单腿支撑身体，坚定地举起右手，慢慢抬至鬓角，向他们回了一个庄严的军礼！

在场所有人都被这一幕深深震撼着。这位95岁的单腿老兵，竟然能敬出这样的军礼，这是多么难能可贵呀！这一抬手是对眼前两名年轻官兵的感谢，是对老部队年轻首长的感谢，更是对老部队培养教育他的感谢！

自全国学习宣传他的事迹以来，特别是自习近平总书记对他的事迹作出重要指示以来，他对自己的成长历程进行了认真回顾，感到：自己能得到党和人民的肯定和赞扬，在很大程度上是生命里融入了坚定的党性。而这，得益于部队的锤炼、来凤的锻炼和自身的修炼，其中部队锤炼是基础的基础、关键的关键。

多少个日日夜夜，他沉浸在部队血与火的生活场景里，百感交集。是部队党员前仆后继、英勇杀敌的壮举把自己引到党的门口，是部队连长、指导员的帮助教育把自己拉进党的大门，是部队艰苦卓绝的环境成就了自己共产党员的品格，没有部队就没有后来的自己。他多么渴望回到老部队看一看，多么渴望与老部队的战友聊一聊。现在，老部队的新一辈站在面前，怎能不叫他心潮澎湃、热血沸腾。

他挂着助行器向两位年轻战友走来，紧紧握住他们的手，眼泪大滴大滴掉了下来："看到你们，就像看到了当年的老战友！"

三人坐在一起，你一言，我一语，话题不离环境熏陶、熔炉锻造对个人成长进步的巨大作用。时间，不知不觉过去了一个小时，最后三人共同表示，将继续保持部队光荣传统，让生命在攻坚克难中闪光。

目睹这一情景，小儿子张健全一夜未眠，眼含热泪写下了一首小诗《老兵的军礼》：

部队来人了，

老兵心中掀起波澜，

面对军装上的军徽，

老兵用一条独腿坚强站立，

缓缓举起右手，

庄严地行上军礼。

老兵神色凝重，

眼里饱含泪水：

军队，我的家！

战友，我的亲人！

请接受一个老兵对军徽的敬礼，

这是一个离开军队64年的老兵对你的崇高致敬……

72
老式军装

送走老部队的战友没几天，张富清家里又走进几名军人。他们是来凤县人武部政委刘洋和所属官兵。

"老英雄，来凤县人武部给您送一件特别礼物。"刘洋手捧一套50式军装递到张富清面前。张富清是脱下这身军装来到来凤扎根的，刘洋政委从媒体那里看到他的先进事迹后，有感于他退役不褪色，专门为他定制了这套军装。

看到这套黄色军装，张富清眼前一亮，露出喜悦的神色："这不是我到新疆后更换的军装吗？这个礼物我收下。"

50式军装是在张富清随王震大军进军新疆后穿在身上的，承载着他太多的记忆和梦想。张富清参加解放军后，在王震指挥下行军打仗，目睹了他的风采，听到过他的嘱托，了解了他许多故事，对他产生了崇拜。王震入疆带领部队开展轰轰烈烈的大生产和剿匪活动，受到毛泽东高度赞扬，张富清更把他作为心中的楷模，决心在天山深处埋下忠骨。部队确定他转业，王震深明大义的人生过往指引他选择了转业去向，他决定将立功证书奖章深藏起来。他暗暗告诫自己，像王震首长那样，把信仰共产主义作为自己的灵魂和生命。在来凤，他时时关注王震和新疆建设兵团的信息，经常比照着王震

图20　张富清抚摸来凤县人武部送来的定制老军装（《湖北日报》全媒记者魏铼　通讯员朱勇　摄）

图21　张富清身穿老式军装敬军礼（中国新闻网记者董晓斌　摄）

熔炼 张富清同志一生的党性修炼

的思想境界做事。1983年8月，王震在高烧中写下的"骨灰撒在天山上，永远为中华民族站岗，永远向往壮丽的共产主义"遗嘱，进一步鼓舞了他的斗志，他立志站好人生最后一班岗。

张富清打开黄色军装，上下打量，来回翻看，口中念叨："王震首长教我如何做一名合格党员。"

回到卧室，他按照当年叠军装的方式，将军装整理好，掏出钥匙，取出锁在柜子里的军功章，小心翼翼地放在上面。这时，他眼前又浮现出穿着黄色军装登上天安门城楼的情景。他想，不知道能不能再有机会登上北京天安门，如果可以，我要穿上这套军装向国旗敬个礼！他凝望着这套军装，喃喃自语："这身军装的布料，比那时好了许多，向国旗敬礼更加庄重。"

时间过去一阵，他又把军装打开，在家人的帮助下穿在身上，把立功奖章挂在胸前，一手扶着助行器，一手举在头顶，向刘洋政委敬礼！向来凤县人武部敬礼！向在场人员敬礼！

大家望着张富清的举动，品味他的人生，突然感悟到，张富清是我们的榜样，张富清自己也有榜样，榜样的力量是无穷的，榜样是看得见的哲理。

这时，有人问："张爷爷，您还记得当年唱过的军歌吗？"

张富清慈祥地笑着说："记得，但是记不全了……"

紧接着，一个颤抖却有力的声音在屋内响起："革命军人个个要牢记，三大纪律八项注意。第一，一切行动听指挥，步调一致才能得胜利。第二，不拿群众一针线，群众对我拥护又喜欢……"

歌声在黄军装的陪伴下显得更具魅力，它将大家带回烽火硝烟的过去，带到激流奋进的今天，带向光辉灿烂的未来。

73
约法三章

张富清意外"走红",各路记者蜂拥而至。2019年5月,中宣部组织主流媒体70多名记者来到来凤县,集体采访报道张富清的先进事迹。

一波又一波的宣传热浪,把张富清弄懵了。他从来没有想过要在全国出名,更没有经历过这样的宣传阵势。他不知道如何是好。

躺在床上,张富清在思考一种现象。有的党员在炮火纷飞的战场上、在千难万险的任务前、在艰巨复杂的工作中都表现得很好,功成名就后却出了问题,有的甚至走到党的对立面。他意识到,如何对待名利地位,是对党员的又一种考验。自己在声势巨大的舆论面前,必须保持清醒头脑,经受住新的考验。

吃过早饭,张富清让老伴告诉家人,晚上一起吃顿饭。之后,两人上街采购蔬菜、物品,回来洗菜、淘米,等待孩子们。

人到齐了,大家边吃饭边聊天。张富清一脸严肃:"今天把大家叫来,我要说件事。"

张富清强调,上面宣传他,对全家而言,是好事,也是坏事,处理不好容易出问题。他给大家"约法三章":"媒体来了,可以采访我,可以采访你妈,其他人谁都不许接受采访,不许把自己的事情到处说,更不能借机捞取好处、接受照顾。"

说到这里,他指着在湖北民族大学音乐舞蹈学院当教师的孙女张然说:"你在朋友圈里给爷爷点赞,爷爷批评你,你知道为什么吗?"

孙女摇头。全家愕然。

张富清分析认为，家人点赞，等于告诉人们，我是张富清的什么人，这就等于揩张富清的油、沾张富清的光。

孙女一脸委屈："爷爷，您以前从来没有给我们讲过您在部队立功受奖的事，媒体说您是老英雄，我感到您很了不起，心情特别激动，所以在朋友圈跟着点赞。"

张富清笑了："不知道不怨你，现在知道了，可不能在人前夸爷爷了。"

孙女频频点头。

张富清喝了一口汤，看着大家："你们都知道，我只是一个普通的人，平凡得很，没有什么惊天动地的事。战争年代立过一些功，那是早已过去的事，不能代表现在，更不能代表将来。"

说着，他哽咽了："就是过去那些事，和那些牺牲的战友相比，我也太幸运了。我现在有国家照顾、有你们陪伴，时代这么好，整天享受天伦之乐，有什么资格拿过去那点东西来炫耀呢？"

图22　张富清全家福（张富清的家属提供，摄于2017年1月28日）

大家吃不下去了，一起看着张富清。他叫人拿来那只老掉牙的搪瓷缸，泪流不止："你们认为我一直用它、保存它，只是勤俭节约吗？可不是，看到它，我就想起了牺牲的战友，他们为了人民的解放，把命都搭进去了，什么也没看到，什么也没享受到，他们才是真正的英雄啊！"

张富清进一步告诫大家："国家越是大力宣传我，我们越要夹着尾巴做人。千万不能因为宣传了我，我就了不起了，你们也了不起了。翘尾巴是要毁名誉、栽跟头的。"

听着这些话，全家人心里一下豁亮了，一致表示，严格遵守"约法三章"，努力弘扬优良家风。

74
视频会面

2019年5月31日，张富清与相距4000多千米的战友刘聪普在媒体帮助下进行了一次视频会面。

视频那头，新疆维吾尔自治区阿克苏市新农世纪城，90多岁的老人刘聪普，和家人围坐在一起，手里拿着手机："老张，你认识我不认识呀？我们是一个团的，我也是三五九旅七一八团的，我是三营七连的刘聪普啊。"

视频这头，张富清和老伴依偎在一起，盯着手机屏幕："我是三五九旅七一八团二营六连的。"

"三五九旅、七一八团"，多么熟悉、多么亲切、多么留恋的字眼！这个在两位九旬老人心中永不磨灭的番号，把他们紧紧联系在一起。

三五九旅这个闻名全国的雄师劲旅，"生在井冈山，长在南泥湾，转战千万里，屯垦在天山"，以听党的话而闻名于世，红色基因代代相传。新中国成立后，《毛主席的战士最听党的话》这首歌，也是由他们唱红的。全旅有123人被毛泽东授予将帅军衔。全国有7名独臂将军，他们就占了5名。

七一八团现为新疆军区的国防团，是目前为数不多的红军团，战争年代被二纵队授予"三猛团"，即猛打、猛冲、猛追。至今官兵左臂挂有"三猛模范"字样。

俩人聊起永丰战役，刘聪普记忆犹新。那时，刘聪普是七连文书，负责将战况实时传回总部。他讲道，我军在没有重武器的情况下，战士们顺着近30米的云梯向城楼攀爬，两天两夜也没攻下永丰。后来改变战术，从城外向城内挖地道，一直挖到城楼底下。突然他听到了一声巨响，紧接着就是一阵响亮的冲锋号音，战士们纷纷跳出战壕，勇猛地向前冲锋，把敌人打得四散奔逃，取得了战斗的胜利。

刘聪普猜想，那一声巨响，可能就是张富清所为，心中升起无比敬佩之情："老战友，你真不简单啊！"

视频中，两个人互相询问各自情况。刘聪普说："我转业以后一直在新疆'屯垦戍边'。"

1950年5月1日，刘聪普加入中国共产党。1955年随部队集体就地转业到新疆沙井子地区，成为一名一手拿镐、一手拿枪的军垦战士。山西老家的妻子穆春梅带着6岁大的儿子也来到这里。刘聪普和勘测队找过水源、挖过地窝子、盖过土坯房，参加了阿克苏市胜利渠的修建，成为兵团一师物资处处长。离休30多年来，每天坚持读书看报，积极参与老年体协、老年书协的公益活动。如今，一家四世同堂，代代生活在新疆，延续着"献了青春献终身，献了终身献子孙"的诺言。

张富清、刘聪普两位并肩作战的战友，虽然都脱下军装，虽然身处祖国不同地域，但都在不同的岗位上为新中国的建设默默做着奉献，他们互相欣赏、互相钦佩，感恩部队对他们的培养教育。

电视剧《亮剑》中，李云龙有一段名言："一支具有优良传统的部队，往往具有培养英雄的土壤。英雄或是优秀军人的出现，往往是由集体形式出现，而不是由个体形式出现。理由很简单，他们受到同样传统的影响。"张富清和刘聪普身体里都流淌着三五九旅的血、七一八团的血，红色基因代代相传，成为一种强大的精神力量。它告诉我们，共产党员的党性既要靠自我修炼，也离不开良好的土壤孕育和环境熏陶，二者融为一体，才能生生不息、赓续传承。

俩人互盯手机，越说兴致越高。最后，互敬军礼，勉励对方好好保重身体，约定有机会一定见面。

75
如约重逢

2019年6月12日下午，刘聪普在家人和原七一八团战友的陪同下，从新疆乘坐飞机赶往湖北来凤履约。

上次视频会面后，张富清和刘聪普意犹未尽，能手拉手、面对面见一次，成了各自心中的愿望。刘聪普考虑到张富清比自己大5岁，决定主动看望老战友。出发的前一天，他把薄皮核桃、红枣、天山雪菊等一份份精心挑选的礼物拿出来打包，还在箱子上贴上写给张富清的留言纸条。

得知刘聪普从阿克苏市赶来，正在医院疗养的张富清，早早地让家人帮他穿好衣服，坐在椅子上等待。

张富清有着浓厚的战友情结。永丰战役胜利后，他哭着喊着寻找两名与他同时出发的突击队员。赴朝鲜作战前在北京休整，他想起牺牲的连长、指导员和一个个倒下未能起来的战友，不禁泪流满面。前往来凤烈士陵园，他悼念牺牲的战友和家人。保存搪瓷缸子，他睹物思人、缅怀先烈、鞭策自己。

这种战友情结让他越来越想见到曾经并肩战斗、仍还健在的战友，但随着时间的流逝，这样的战友寥寥无几。上次与刘聪普视频聊天后，他依依不舍，迫切等待重逢。

刘聪普在老部队战友的陪同下走进病房，张富清就像见到日思夜想的亲人，双手用力支撑起身体，一手扶着助行器、一手高高举起，恭敬地与每一位战友互敬军礼。

刘聪普走到他跟前，他一把搂住刘聪普，俩人紧紧拥抱，互拍肩膀，眼中噙满泪花："我们终于见面了。"

老部队战友上前慰问他，他看着英姿勃发的新一辈，脸上堆满笑容，喜不胜收。

两代军人坐了下来，围绕建功新时代，抚今追昔，互相勉励。张富清拉着刘聪普的手说："我们都是七一八团的传人，要教育后代发扬'三猛'精神，完成牺牲战友的未竟事业。"

一名军官贴在张富清耳边说："我们团史馆有一个'英雄模范连'，正是您所在的二营六连，其前身可以追溯到秋收起义。"张富清高兴得眼睛眯成一条线："六连是毛主席播下的火种。"

之前，张富清给老部队写信，说自己从未给老部队丢脸。官兵表示要重温部队历史，学习好习近平强军思想，在强军路上迈出坚

图23 张富清与刘聪普亲切握手（《湖北日报》全媒记者魏铼 摄）

实的步伐。张富清听后，伸出大拇指："好啊！好啊！"

　　座谈结束，张富清心情仍然不能平静。第二天下午，他让家人与刘聪普联系，希望再见面叙叙战友情。刘聪普如约赶到，晚餐桌上，俩人相谈甚欢，从共同经历的永丰战役、进军西北谈到和平解放新疆，再谈到转业后的各自工作历程和体会，似乎又回到了激情燃烧的岁月。

　　夜深了，山城凉风习习，俩人仍然不愿分开。家人考虑到两位老人年事已高，劝他们早点休息，张富清紧紧握住刘聪普的手不放。刘聪普说："老张，你要保重好身体，我还会来看你的。"张富清凝视着刘聪普，微笑着点了点头："老战友，咱们要传好七一八团的接力棒。"

76
录制现场

2019年6月,中宣部决定授予张富清"时代楷模"称号。

6月13日上午,上百名干部群众走进来凤县文化中心剧场,参与央视《时代楷模发布厅》节目录制。

人们兴致勃勃,边走边聊。时代楷模,顾名思义,是符合时代要求的榜样、典范。张富清的事迹贯穿新中国成立前后70年,它的时代特征在哪里?

录制现场,宣读了《中共中央宣传部关于授予张富清同志"时代楷模"称号的决定》,播放了反映张富清先进事迹的电视片,在座人员热泪盈眶。

张富清的大儿子张建国来到现场。主持人问:"在战争年代打先锋、当突击队员,难道他就真的不怕死吗?在和平年代哪里艰苦他就往哪里去,难道他就真的不怕苦吗?在家里,他和子女们'约法三章',难道他真的不爱家人吗?作为他的儿子,你是否读懂了你的父亲?"张建国略加沉思:"父亲心里始终装着人民,唯独没有自己。这些自己起初不理解,现在终于明白了。这都源于父亲对党的忠诚和感恩。"

台下一阵议论。是啊!张建国高中毕业遇有国企招聘的机会,张富清不但不帮忙反而让他到乡下农场去劳动。张建国吃了父亲几片降压药,张富清怕公私不分把药箱锁起来。这看似有违人性的做法却有着博大的人民情怀。它是"全心全意为人民服务"的高度体现,是对党赤胆忠心的高度体现。这样的品质让人肃然起敬,作为儿子的张建国,最终读懂父亲、钦佩父亲。

录制向前推进，议论还在继续。在实现中华民族伟大复兴的新征程中，山更高、坡更陡、浪更急，特别需要张富清同志心中这样的人民情怀。

这时，来凤县原卯洞党政办主任杨胜友提着一双草鞋走上舞台，再度讲起了张富清批评公社供销社销售草鞋以次充好的故事。杨胜友感慨地说："张富清心里，任何时候都装着群众。"

图24 "时代楷模"张富清公益广告（新华社 发）

"任何时候都装着群众，说起来容易，做起来难，张富清真正做到了。"台下，有人竖起大拇指，"小事现初心，非常难能可贵"。

时任来凤县巡察办主任的邱克权是最早发掘张富清英雄事迹的人之一，他动情地说："张富清老英雄的一生写照如他的名字一样，富足于精神、清廉于物质。每一次的聆听都是一次生动的党课、一次精神的洗礼。"

邱克权话音刚落，场上响起一阵掌声。

由于颈椎不适，张富清没能来到发布仪式现场。大家从录像中看到，时任中宣部副部长的梁言顺在病房为张富清颁发奖章和证书时说："您为我们树立了标杆和榜样，我们要向您学习，感谢您为党和国家做的一切！"张富清激动不已："我这一辈子不管走到哪里，都牢牢地记在心上，是党培养我成为一名革命军人、共产党员。我们所做的一切，都是为了国家、为了人民。"

我们所做的一切，都是为了国家、为了人民。这是多么值得党员干部铭记的话语呀！

录制结束，一群少先队员从发布大厅来到礼堂门口张富清巨幅海报前，举起右手行礼。

77
亲切接见

2019年7月26日，全国退役军人工作会议在京召开。张富清参加了会议。

"党和国家领导人将会见全体代表。"消息传开，会议代表一片沸腾。

张富清更是按捺不住心中的激动。在此之前，中共中央决定，授予张富清同志"全国优秀共产党员"称号，号召广大党员、干部、部队官兵和退役军人向张富清同志学习。中共中央组织部有关负责同志到家中看望并慰问张富清同志，向他现场颁授"全国优秀共产党员"证书、奖章，并转达习近平总书记和党中央对他的关心。中共中央组织部、中共中央宣传部、退役军人事务部、中央军委政治工作部联合印发《关于开展向张富清同志学习的通知》，开展向张富清同志学习活动，这极为罕见。现在，党和国家领导人要接见张富清和会议代表，张富清有很多话要向习近平总书记说。

在接见大厅，张富清和其他四位老军人被安排在第一排就座。

"来了，来了，总书记走过来了！"习近平、李克强、王沪宁等党和国家领导人进入大厅，全场响起有节奏的掌声。

习近平总书记走到张富清跟前时，俯下身，双手握住他的手，同他亲切交谈并致以诚挚问候。

张富清一阵从未有过的感动，紧紧握着总书记的手："感谢总书记！感谢党中央！我是党培养的，我要紧跟党走，做一名党的好战士。"

习近平总书记深情地说："你都做到了。你是全党全国人民的楷模！保重身体，健康长寿。"

这是载入史册的瞬间，这是耐人寻味的话语，全场掌声雷动，不禁引发人们深深的思考。

张富清意外"走红"，首先是因为他功劳确实很大、品质确实高尚，但如果不是党高度重视退役军人，如果不是成立退役军人事务部，如果不是采集退役军人信息，他的功名可能永远不为人知。所以，张富清由衷地感谢习近平总书记、感谢党中央。

习近平总书记为什么会对张富清的事迹作出重要指示？张富清为什么被授予"全国优秀共产党员"？为什么党政军联合发通知开展向张富清同志学习活动？关键就是张富清一生"紧跟党走，做一名党的好战士"。

而习近平总书记对张富清说"你都做到了。你是全党全国人民的楷模！"既是对他"说到做到"品质的肯定，也是对他先进模范高度的认定，为深入学习张富清进一步指明了方向。

夜幕低垂，华灯初上。张富清回到住地，心情仍然不能平静。他7月24日抵京时的情景又在眼前浮现。这是他第二次来北京、第一次乘动车，透过车窗看到现在的北京如此繁华，他高兴地说："人民的生活越来越好了，当年的流血牺牲都值啦！"列车员认出了他，主动过来问候："爷爷，您是我们学习的榜样！"张富清若有所思、低声念叨："这都是托党的福啊！"

回想到这里，他又想起习近平总书记的祝福。当时，由于听力不好，加上心情激动，没有完全听清。他问儿子张健全："总书记说我什么了？"张健全告诉他："总书记让你保重身体，祝你健康长寿！"张富清开心地笑了："这也是我这辈子以来，最幸福、最高兴的一件事啦！"说话间，眼中微微泛起了泪光。

78
国家功勋

2019年9月29日，在中华人民共和国的历史上是值得纪念的一天。这天，我国首次进行国家勋章和国家荣誉称号颁授仪式。

9时许，国家勋章和国家荣誉称号获得者集体乘坐礼宾车从住地出发，由国宾护卫队护卫前往人民大会堂。人民大会堂东门外，高擎红旗的礼兵分列道路两侧，肩枪礼兵在台阶上庄严伫立，青少年热情欢呼致意。

国家勋章和国家荣誉称号获得者沿着红毯拾级而上，进入人民大会堂东门。党和国家功勋荣誉表彰工作委员会领导同志在这里集体迎接他们的到来。

人民大会堂金色大厅，气氛热烈庄重。巨幅红色背景板上，共和国勋章、友谊勋章、国家荣誉称号奖章图案熠熠生辉。背景板前，18面鲜艳夺目的五星红旗分列两侧，18名英姿挺拔的解放军仪仗队礼兵在授勋台两侧持枪伫立。

中共中央总书记、国家主席、中央军委主席习近平与国家勋章和国家荣誉称号获得者同时入场。

在国家勋章和国家荣誉称号获得者中,张富清位列其中,是8名国家勋章获得者之一。自上次习近平总书记接见他,有关他的重大活动和荣誉排队涌来。中央宣传部、退役军人事务部、中央军委政治工作部、中共湖北省委在人民大会堂联合举行"时代楷模"张富清同志先进事迹报告会。在第七届全国道德模范颁奖仪式上,张富清获得了全国敬业奉献模范称号。在"最美奋斗者"表彰大会上,张富清被授予"最美奋斗者"称号。现在,他享受着国家至高礼仪,并将接受国家至高荣誉。

仪式开始时,奏唱中华人民共和国国歌,宣读关于授予国家勋章和国家荣誉称号的主席令。在雄壮激昂的《向祖国致敬》乐曲声中,习近平总书记站在舞台中央,为国家勋章和国家荣誉称号获得者一一颁授勋章、奖章。

大厅发出画外音:"张富清,西北野战军特等功臣、战斗英雄,为建立新中国浴血奋战,战功卓著。转业后,深藏功名60余年,坚守初心,不改本色,扎根贫困山区,为民造福。"

伴随着这一浑厚激昂的声音,张富清的小儿子张健全推着坐在轮椅上的张富清走上领奖台。习近平总书记弯腰低头同他握手,把国家勋章戴在他的胸前。张富清转身向全场举手敬礼,习近平总书记同他合影留念。离开时习近平总书记再次同他握手,全场响起热烈的掌声。

"今天受表彰的国家勋章和国家荣誉称号获得者,是千千万万为党和人民事业作出贡献的杰出人士的代表。"颁授仪式结束,习近平

图25　张富清接受"共和国勋章"颁奖（摘自新华网）

总书记发表重要讲话，指出："他们身上生动体现了中华民族精神和社会主义核心价值观，他们的事迹和贡献将永远写在共和国史册上！"

颁授仪式通过电波传遍祖国大地。张富清作为年龄最大、年内获奖最多的国家勋章获得者引发强烈反响。

"也许他的功绩不是最突出的，但他的党性和道德是最鲜明的。"

"60多年深藏功名，一辈子不改初心，这是多么难能可贵呀！"

"作为共产党员，你为党和人民付出越多，党和人民给予你的越多。"

"我国具有崇尚无名英雄的传统，隐藏越深，爆发越烈。"

"张富清的获奖可能具有偶然性，但偶然性寓于必然性之中，没有脱离必然性的偶然性。"

…………

79
载誉归来

2019年10月3日下午3时许,"共和国勋章"获得者张富清载誉回到恩施州。

一下火车,站台站满欢迎人群。

"您是恩施人民的骄傲!""了不起!""向老英雄学习!"迎接人群不断发出羡慕和赞叹。

张富清坐着轮椅行进在欢呼人群中,一会儿笑容满面、一会儿泪流满面,走走停停,停停走走,不断回答着人群中的问话。

"我这次去北京,获授了'共和国勋章',还观看了共和国成立70周年大型成就展,登上天安门城楼看了国庆阅兵,很荣幸!很激动!很难忘!"

"不管是在战场上,还是在建设中,我只是完成了党交给我的任务,这是我应尽的职责,说不上什么功劳。"

"我作出的贡献太少,党和人民给予我的太多,我永远有愧于党和人民。"

"和我并肩作战的许多战友都牺牲了,没有跟他们分享荣誉的机会,这个'共和国勋章'应该属于千千万万牺牲了的烈士,他们才是英雄!"

记者跟了上来,请张富清说几句话。他说:"我的身体状况很好,将继续坚持学习,不忘初心、牢记使命,不负党中央和人民群众的信任与期待。"

多么崇高的境界,多么淳朴的话语,听着张富清的话,人们更加崇敬张富清,人群中不断传出议论声。

"老英雄确实是朴实纯粹、淡泊名利,受到这么高规格的荣誉待遇,仍然谦虚谨慎、和蔼可亲,真不简单。"

"老英雄战功卓著、工作突出,但始终觉得党和人民给予的多,自己为党和人民贡献的少,这种品质太可贵了。"

"老英雄始终不忘牺牲的战友,总是把成绩归功于牺牲的战友,这是一种崇高的精神境界!"

"向党表态宣誓容易,为党建功立业难,既建功立业又淡泊名利难上加难。老英雄这样的人少之又少,人生达到了新的高度。"

"环境影响是外因,自我修炼是内因,外因通过内因而起作用。老英雄始终保持坚强的党性,是环境影响、自我修炼双重作用的结果,主要在于始终按照党的要求自觉改造自己。"

欢迎在继续、议论在继续,欢迎人群一直把他送到返回来凤的汽车上。

汽车行驶在武陵山深处,张富清望着眼前山高壑深、树茂林密的红色土地,陷入深深的沉思。

来凤县是湘鄂川黔革命根据地重要组成部分,是三五九旅当年长征的出发地之一。1935年,王震曾率领三五九旅的前身——红六军团战斗在湖北宣恩、来凤和湖南龙山一带,留下许多战斗遗址。来凤县曾有上千人参加红军,多数在红六军团。新中国成立后健在的老红军,曾有10人为红六军团老战士。来凤县志记载了多名三五九旅来凤籍红军老战士的事迹,有1名就在七一八团任职。在四师十一团的团史中,记载了获得过"贺龙投弹手""朱德神枪手""刺杀手"称号的一名老战士,去世后安葬在来凤烈士陵园。张富清与三五九旅、与来凤有着不解之缘。张富清转业后,受到来凤红色基因的滋养和来凤人民的帮助教育,进一步坚定了他造福山区人民的决心，也培养了他更加坚强的党性。

路上，他与陪同人员谈起在来凤工作的生动故事，透露出对这片土地的无限眷恋："我在来凤磨炼了大半生，只要有可能还要继续磨炼，把自己完全献给这块土地。"

80
常态宣传

2021年9月26日，48集电视剧《功勋》在东方卫视、北京卫视、浙江卫视、江苏卫视、优酷、爱奇艺、腾讯视频等媒体开始播出。

播到第13集，出现了一行标题：默默无闻张富清。该单元共分6集270分钟，生动介绍了张富清朴实无华的一生。

自张富清获得国家勋章以来，经常性表彰宣传活动持续不断。中宣部统一制作了公益广告《时代楷模 张富清》视频和图片，在央视黄金时段滚动播出，在重要场所张贴。张富清被评为"感动中国2019年度人物"，在全国人民面前亮相。中国歌剧舞剧院和中国建设银行共同出品了音乐会版歌剧《张富清》，作为庆祝中国共产党成立100周年优秀艺术作品展演和公演。中国建设银行创作了《党的好战士》情景报告剧，在军地巡回报告。来凤县打造了以张富清先进事迹陈列馆、三胡乡狮子桥电站、大河镇独石塘村、百福司镇高洞村为主线的"一馆三点"学习教育基地，向全社会开放。出版单位发行了《本色英雄》《坚守初心好榜样：张富清》《党的好战士张富清》《中国，一个老兵的故事》《初心》《父亲原本是英雄》等一系列图书。在党史学习教育中，各级党组织把张富清作为活教材，认真学习、落实行动。张富清的事迹传遍大江南北，几乎家喻

熔炼 张富清同志一生的党性修炼

户晓。

随着表彰宣传活动日益深入，人们对张富清的认识越来越深刻，普遍认为他是一个不可多得的好党员、好干部。然而，也有一些人感到，张富清好是好，但是学不了，他的思想境界太高了。还有一些人从心底发出疑问："张富清为国为民奉献了一生，到底图什么呢？值得吗？"

《功勋》播出后，在全国引发强烈反响，钦佩者增多，疑问者也增多，人们自发地进行着反思和讨论，问号也在不断拉直。

"张富清终身发扬奉献精神，失去了很多东西。战争年代，虽然九死一生，但头上被枪打了一道壕，现在变天就头疼。牙齿在炸碉堡时，当场就掉了三颗，其余全松了，后来全掉了。右臂和胸部被燃烧弹灼伤，至今仍是一片焦黑。"

"张富清转业后，在异地他乡奋斗了一辈子，母亲病重和去世都未能回去，妻子率先退了职，全家生活相当一段时间比较艰苦，大女儿因缺钱看病成了智障，终身未嫁。"

"张富清得到的远比失去的多。习近平总书记专门对他的先进事迹作出重要指示，中共中央授予他'全国优秀共产党员'称号，国家授予他'共和国勋章'，中宣部授予他'时代楷模'称号。他成了'感动中国年度人物'，受到了习近平总书记等党和国家领导人接见，与党和国家领导人登上天安门城楼观看国庆阅兵，还有什么比这更珍贵的。"

"在原单位中国建设银行，总行党委授予他'优秀党员'和'功勋员工'称号，发出一系列学习通知，开展了广泛、深入、持久的学习活动，他的事迹和精神成了建设银行的文化基因和品牌符号。"

"中央媒体连续报道他的事迹，国家集中人员创作了大量文学作品，国家博物馆准备收藏他的奖章、证书，湖北档案馆将他的战斗经历录音后作为口述历史，永丰纪念馆增加了他的事迹，网民对他的事迹和精神点赞爆屏，他的事迹和精神将流芳百世。"

"张富清培育了积极向上的家风，所有后辈都积极上进，健康成长，全家有六名党员，正是继承老人的优良传统和作风。"

"张富清以奉献为乐，保持了良好心态，摘取了长寿老人的桂冠，成为当地有名的寿星。一个人活到这个份儿上，还有什么好说的呢？"

…………

81
岁月有痕

2022年8月16日，国防动员系统精品好课评选活动正在紧张有序地进行。

"人这一辈子，不在于当多大的官，而在于干多大的事。只有守住最初的纯粹，才能像老英雄张富清一样走好自己的人生路。"湖北省来凤县人武部政委刘洋以"重走张富清的'路'"为题，分享着自己的一段心路历程和感悟。评选现场响起了热烈的掌声。

刘洋从作战部队交流到省军区系统，从省会城市来到偏远县城，一度心理落差很大。与老英雄张富清接触后，被他志愿到艰苦地区扎根的人生选择和"那里苦、条件差，共产党员不去，哪个去？"的思想境界所震撼，由彷徨变为坚定，由焦虑变为坦然，立志在来凤县人武部的位置上干出一番事业。

像刘洋这样被张富清感染的官兵，在部队层出不穷。湖北省军区领导介绍，有一批干部从作战部队交流到省军区系统，对"职务天花板"和"后路、后代、后院"问题颇有顾虑。省军区党委以张富清为生动教材，先后开展了"奋斗观""四个不能辜负"等专题教育，引导大家叩问当兵入党的初心，取得显著效果。2020年以来，有100余名交流干部在执行抗击新冠肺炎疫情、抗洪抢险等任务中，打赢了一场又一场硬仗。恩施军分区动员处处长陈刚果，从战略支援部队交流到省军区任职，感受到"选择参军入党，就是选择了奉献和奋斗"，研发了湖北省首个"智慧动员"系统，被军委国防动员部表彰为"最美国动人"。

湖北省在学习张富清活动中，涌现出一大批"张富清式"的退役军人。江城武汉有893支"长江卫士"志愿服务队，1.2万余名退役军人常年开展巡堤护堤、应急救援等工作。2021年底，快递小哥张裕在收派件途中发现小区突发火情，徒手攀楼救下一家三口，成为"网红"，被授予"中国青年五四奖章""荆楚楷模·最美退役军人"等荣誉，成为"致敬张富清、建功新时代"的杰出代表。

2019年以来，"学习老英雄张富清，争做新时代奋斗者"活动在全国悄然兴起，方兴未艾。打开互联网，一条条带有"张富清"印记的信息扑面而来——

2019年9月13日，北京市石景山区古城街道党员干部学习时代楷模张富清同志先进事迹。

2020年9月4日，农发行巴东县支行党支部与农发行来凤县支行党支部联合开展"支部主题党日"活动。

2021年3月以来，来凤县打造"一馆三点"红色教育基地，先后迎来1000多个团队10万余人参观，成为红色教育"打卡"地。

2021年9月30日下午，中国共产党洋县第16次党代会刚刚闭幕之际，新一届县委班子赴洋县马畅镇张富清旧居参观学习，并重温入党誓词。

2022年4月25日，中国延安干部学院开展2022年第一期道德讲堂活动，集体观看由中国建设银行创作的《党的好战士——张富清情景报告会》，争做新时代的张富清。

截至2022年5月，湖北来凤县建立张富清志愿服务先锋队432支，注册志愿者34244人，共开展各类志愿服务活动4773次，服务10多万人次、服务时长15万余小时。

英雄无言，岁月有痕。在实现全面建成社会主义现代化强国第二个百年奋斗目标的新征程中，国人深切感受到，张富清这个默默无闻的英雄，唤醒了无数人的奋斗意识。一个有希望的民族不能没有英雄，一个有前途的国家不能没有先锋。榜样是旗帜，代表着方向；榜样是资源，凝聚着力量。我们从学习张富清的潮流中似乎感受到，在中华大地上，无言英雄正在化作"朴实纯粹、淡泊名利"的庞大群体。

82
平静如初

随着学习张富清活动日益深入，张富清家中的采访、慰问、学习人员络绎不绝。然而，他还是原来的他，好像什么都没有发生。

他仍然住在老建行宿舍，家中一切都是原样。

他仍然陪老伴和大女儿上街买菜，下厨做饭。

他仍然按自己的节奏看书、读报、看新闻、记笔记。

他仍然严格要求子女，培育良好家风。

他仍然粗茶淡饭，艰苦朴素。

他仍然说话和蔼，为人谦和。

……

图26　张富清与老伴孙玉兰（张富清的家属提供）

出于对他的关心关爱，组织多次派人帮他解决实际问题，他总是予以谢绝。

他说，他感谢党和国家，感谢各级组织，感谢人民群众，但希望继续过平淡的日子。他觉得这样开心，更有意义。

面对眼前的张富清，人们在思考、在研究、在探讨。

人生有三行脚印：履历脚印、功绩脚印、品德脚印。张富清近百年的人生生涯中，走出了怎样的人生脚印呢？

张富清的履历脚印非常清晰，在家24年、当兵7年、从政29年，剩下就是离休岁月。但是他的功绩脚印一般人难以相比，战争年代获得了一系列立功证书奖章、新时代获得了一系列党和国家至高荣誉。他的品德脚印更是一般人难以企及，习近平总书记认为"他用自己的朴实纯粹、淡泊名利书写了精彩人生",成为全党、全军、全国各族人民学习的榜样。

张富清的人生脚印告诉了党员干部、告诉了广大群众什么呢?

图27　张富清和老伴孙玉兰一起在超市购物（引自中国军网）

张富清的人生脚印告诉人们：共产党因担负强国建设、民族复兴的历史使命而伟大，因千千万万张富清式的共产党员的牺牲奉献而伟大。

张富清的人生脚印告诉人们：听党话，坚定不移跟党走，就会成为一个高尚的人、一个纯粹的人、一个有道德的人、一个脱离了低级趣味的人、一个有益于人民的人。

张富清的人生脚印告诉人们：党性是共产党员的精神支柱，只要有了它，不管遇到什么艰苦困难，不管处于什么人生阶段，都能下定决心、不怕牺牲、逢山开路、遇河架桥，百折不挠、历久弥坚，充分显示"共产党员是特殊材料制成的人"的赞扬。

张富清的人生脚印告诉人们：共产党员的党性修养，需要内外环境的淬炼、生活的锻炼、从严约束的修炼。关键是从眼下做起、从点滴做起，在什么岗位就干好什么事，在实际行动上见成效。

张富清的人生脚印告诉人们：入党是为了更好地为中国人民谋幸福，为了更好地为中华民族谋复兴，为了更好地提升人生境界，而不是为了升官发财。一句入党誓言，需要终身作答。

张富清的人生脚印告诉人们：党性是党员的生命线，道德是所有人的生命线。党性是道德的最高体现，道德是党性的坚实基础。为人必须讲道德，大德者必得其位、必得其禄、必得其名、必得其寿。共产党员必须讲党性，驰而不息加强党性锤炼、增强党性修养，永葆党的先进性和纯洁性。

张富清老人是一盏灯、是一杆旗、是一部书，他留给我们的东西太多了。穿行在他的人生隧道里，需要我们下功夫去品味、去感悟。

83
不落星辰

2022年12月20日23时15分，张富清在湖北武汉走完了98岁的人生旅程，也结束了74年党龄的党员生涯。他的生命到此停止了，但他那闪烁着党性光辉的音容笑貌、崇高品德、感人事迹却像一颗星星冉冉升起，与众多故去的共和国英雄一起组成灿若银河的精神星系，将永远照耀着全党全军全国各族人民。

一年前，张富清就与病魔展开了顽强的斗争。他的病服上，一直佩戴着一枚党徽。他那和蔼的笑容，仍然展现在大家面前，精神好的时候，喜欢听大家讲革命故事、唱革命歌曲，时不时还跟大家聊天。军人出身的护理员蒲磊向他敬礼，他将略带弯曲的右手缓缓举过头顶。住院期间，听说治疗费用是由国家承担，立马提出"可以回家休养"。在生命的最后时刻，他进一步实践着"生是党的人，死是党的魂"的誓言。

党和政府十分关心张富清，在他生病住院期间和逝世后，中央有关领导同志，湖北省委、省政府主要领导同志，中国建设银行总行有关领导同志，前往家中、医院看望或以各种方式对张富清逝世表示沉痛哀悼。

张富清逝世后，中共中央组织部、中共中央宣传部、中央文明办、党和国家功勋荣誉表彰委员会办公室、退役军人事务部、中央军委政治工作部、中央军委国防动员部、中国建设银行党委、新疆建设兵团军事部、陕西省委省政府，以及湖北省委、省人大常委会、省政府、省政协、省军区及部分省直、军地单位，给张富清送了花圈或发了唁电。

令人悲痛和叹惋的消息从张富清家人中传出，湖北有关媒体、官方微信和视频号、微博、抖音等平台第一时间做了报道，网友点击量迅速过千万，超万人点亮蜡烛送别老英雄。新华社、《人民日报》、央视等中央媒体的微信、微博、抖音、视频号迅速发布信息，一个小时内在全网刷屏。在《人民日报》抖音号上，超过230万网友点击致哀，10万多名网友留言悼念。"'共和国勋章'又去一位，您永远是民族英雄，愿这盛世皆如您所愿！""带荣誉来，携军魂走。""送别老英雄，一路走好！"……新浪微博上，有关话题登上热搜，阅读量超过1.2亿，有139家媒体账号发布。全国各地纷纷推送这一消息，到12月21日晚，浏览量超过3亿人次。

张富清遗体运抵恩施州来凤县高速路口，警车和骑警一路开道护送灵车前往殡仪馆，过往车辆主动避让、停车等候，来凤县党政主要领导、张富清亲友及当地100余名干部群众身着素衣，在寒风中伫立迎灵。

在遗体告别仪式上，"朴实纯粹，一辈子坚守为民初心；深藏功名，六十载不改英雄本色。沉痛悼念张富清老英雄千古"的对联和横批格外醒目。张富清的遗体安卧在鲜花翠柏丛中，前来吊唁的人群排起长队，其中有社会各界人士代表、张富清家乡代表、生前所在部队代表和当地群众。中国建设银行党委副书记、行长张金良，湖北省委常委、省委组织部部长张文兵来到现场，与众人一起向张富清遗体三鞠躬。

遗体由来凤县敬移至恩施市火化，沿途数以千计的各界群众自发来到道路两旁，胸配白花，手持鲜花，送别老英雄最后一程。道路两侧拉起了一条条横幅，寄托着当地群众对英雄的敬意。写着"张富清老英雄一路走好！""明灯映初心，建功为人民，我们永远怀念您！""深藏功与名，一生跟党走，沉痛悼念张富清老英雄"等字样。

这是多么至高的规格，这是多么广泛的悼念，这是多么隆重的葬礼。历史规律就是这样，你为国家和人民付出了，国家和人民决不会忘记你，付出的越多，得到的拥戴越多。

按照张富清本人遗愿，他的遗体火化后安葬在来凤县三胡乡狮子桥水利水电设施一侧，与这座付出了他诸多心血的富民工程永远相伴。长眠在此，张富清并不孤单。他会对入土的父母说：儿找你们来了，自打我参加革命后，虽然生没有和你们在一起，死没有和你们葬一块，但孝心始终没有改变。他会对牺牲的战友说：我们终于见面了，我没有辜负你们的期望，一直在完成着你们未竟的事业。

他会对三胡乡和来凤县人民说：我活着的时候，好多事没有来得及做，死后要亲眼看着你们把日子越过越红火。

老英雄的精神与日月同辉，与天地共存。人们将继承他的遗志，在党中央领导下，全面推进中国式现代化，努力实现中华民族伟大复兴。

党性之问

第二篇

　　知之愈明，行之愈笃。党的十八大以来，以习近平同志为核心的党中央把加强党员干部的党性修养提升到前所未有的高度，多次作出重要指示。习近平总书记在中共中央党校建校90周年庆祝大会暨2023年春季学期开学典礼上的重要讲话中把党校形象地比喻为锤炼党性的"大熔炉"。在本篇，我们对"熔炼"这个生产领域的工艺名词进行释义，生动解析了"熔炼"与党性修炼之间的对应关系。通过回顾张富清同志的奋斗历程，我们深入分析了他的过硬党性，不禁感慨张富清同志是将他近百年的人生当作党性锻炼的"大熔炉"。他的人生就是对于"什么是党性"和"如何锤炼党性"这两个重大问题的完美诠释和精准答案。

一　熔炼之蕴：党性修炼的内涵

熔炼之于党性修炼

一个完整的钢铁器具熔炼的过程，即从原材料到打造成型主要经过开模、选材、熔化、净化、"特"化、锻打等环节，这个过程与一名优秀共产党员形成坚强党性的修炼过程异曲同工。

一、开模

寓意：初心至远

熔炼模具的开模过程，指按照器具理想的器型制作模具，用于浇铸的前期准备。正如树立共产主义信仰、形成优秀共产党员党性标准的过程，具有举旗定向、固根铸魂的作用。

二、选材

寓意：德行至善

熔炼的选材，指选择适合浇铸成型和满足器具未来使用功能需要的原材料，原材料的质量对炼钢的各项技术经济指标有重要影响。正如党组织发展党员严把"入口关"，突出政治标准和人性要求，保证党员队伍的先进性和纯洁性。

三、熔化

寓意：破立至真

原材料的熔化过程，指通过高温将原有形状不符合器型要求、硬度较高、形变难度较大的原材料变成液态，便于器具浇铸成型。正如一名共产党员对共产主义信仰的不断深化拓展、对理想信念的破旧立新，是对马克思主义基本原理、党的理论路线方针政策，真学、真懂最终达到真信、真用的过程。

四、净化

寓意：精微至纯

熔炼的净化过程，指通过高温炙烤、吹入氧气等方式，对原材料中的杂质进行全面而彻底的清除，尽量提高铁水的纯度，以保证器具成型后的质量。正如党性修炼要不断克服人性的弱点、彰显党性的光辉，通过理论学习、榜样引领、警示教育和为人民服务的具体实践等，不断提高党性的"成色"。

五、"特"化

寓意：专长至上

"特"化是指在熔炼过程中，根据未来器具的各种使用需要对强度、刚度、韧性、脆性和可加工性等机械性能的特定要求，在铁水中加入碳、锰、硅、铝、铬、钛等元素，用于提高或者凸显器具在某个方面的特殊性能。正如党章中要求党的各级领导干部要"有强烈的革命事业心和政治责任感，有实践经验，有胜任领导工作的组织能力、文化水平和专业知识"，党员特别是党的领导干部要从多个方面不断加强自身的学习和历练。

六、锻打

寓意：品性至臻

熔炼的锻打过程，指器具浇铸成型后，要经过浸水冷却、烧红、锤打、冷却、烧红的过程，这个过程要重复上百次，直到器具通体均匀致密。正如共产党员在党性修炼中的实践锻炼，始终坚持人民至上，坚持在实践中经风雨、长才干；在解决人民群众急难愁盼问题上修炼党性；在承担急难险重任务中锤炼品格，不惧风雨、不怕失败，始终做到"平常时候看得出来、关键时刻站得出来、危难关头豁得出来"。

二 百年之答：张富清同志的党性分析

张富清同志的党性分析

党性是党员干部立身、立业、立言、立德的基石。决定一个人如何的是品行，决定一名党员如何的是党性。习近平总书记强调："中国共产党人的坚强党性，是我们党保持先进性和纯洁性、提高领导水平和执政能力的重要保证。"[①] 张富清同志不忘初心、牢记使命，深藏功名60余载，舍小家为大家，主动选择扎根边远艰苦地区，从未计较个人得失，以无私奉献、苦干实干默默奉献一生、造福万众人民，用他的朴实纯粹、淡泊名利书写了精彩人生，成为全体共产党员学习的楷模和典范。"一片冰心在玉壶"——张富清同志的人生故事于平凡处见伟大、于细节处感人心，映照出"功成不必在我、功成必定有我"的崇高境界，彰显了"我将无我、不负人民"的赤子情怀，为中国共产党人的坚强党性作了最好的注解。他近百年平凡而伟大的人生历程是对"什么是党性、什么是党性修养、怎样进行党性修养"的重大问题作出的生动答复。我们深入分析张富清同志的坚强党性，既是要达到"知其然"，见贤思齐，明确张富

[①] 习近平：《在纪念万里同志诞辰100周年座谈会上的讲话》，人民出版社2016年版，第8页。

清同志党性的本质内涵，为党性的熔炼提供方向指引；也是要达到"知其所以然"，究其本源，厘清张富清同志党性的塑造路径，探索党性熔炼的内在规律。如此，方能在社会主义现代化建设的新征程上，千锤百炼，淬火成钢，炼就"金刚不坏之身"。

一、三个品质：张富清同志的先进事迹充分体现了共产党员的先锋模范作用

习近平总书记在"七一勋章"颁授仪式上指出："只要坚定理想信念、坚定奋斗意志、坚定恒心韧劲，平常时候看得出来、关键时刻站得出来、危难关头豁得出来，每名党员都能够在民族复兴的伟业中为党和人民建功立业！"[1] 共产党员首先要具有坚定的共产主义信仰，还要充分认识和把握社会发展规律，扎扎实实作出实绩、推动发展。"平常时候看得出来、关键时刻站得出来、危难关头豁得出来"是以上述条件为前提和评判标准下提出的要求。这一重要论述既是习近平总书记对共产党员应有样子的生动画像，反映了共产党员的政治本色，体现了共产党员的崇高品质；也是党和人民评判衡量共产党员的直观标准，是对每名党员发挥先锋模范作用一以贯之的要求，应该成为全体共产党员的共同遵循。回顾张富清同志的一生，无论是勤勉工作、退休在家的平常时候，还是逢山开道、遇河架桥的关键时刻，抑或血火考验、生死抉择的危难关头，他始终铭记自己的共产党员身份，做到平常时候看得出来、关键时刻站得出来、危难关头豁得出来，将共产党员的先锋模范作用发挥得淋漓尽致。

---

[1] 习近平：《在"七一勋章"颁授仪式上的讲话》，人民出版社2021年版，第4页。

（一）平常时候看得出来——表率

先进性是党的本质属性，是党的生命所系、力量所在。《中国共产党章程》中明确指出了党的先进性："中国共产党是中国工人阶级的先锋队，同时是中国人民和中华民族的先锋队，是中国特色社会主义事业的领导核心，代表中国先进生产力的发展要求，代表中国先进文化的前进方向，代表中国最广大人民的根本利益。"党员是党的肌体的细胞，是党的活力的源泉，是中国工人阶级的有共产主义觉悟的先锋战士。党的先进性最终要靠千千万万共产党员的先进性来体现。在和平年代，"关键时刻"和"危难关头"相对少了，"平常时候"就显得尤为重要，这就要求共产党员时时走在群众前列，处处打头阵、争先锋、作表率，充分发挥先锋模范作用。《中国共产党章程》中明确规定："坚持党和人民的利益高于一切，个人利益服从党和人民的利益，吃苦在前，享受在后，克己奉公，多做贡献。"这形象描述了"平常时候看得出来"应该怎么做，是共产党员需要常态坚持、终身坚守的信条。与此同时，共产党员不仅要"能带头"，还要"能带好头""能带对路"。这就要求共产党员要实事求是，把握好社会发展规律，一切按规律办事，不能瞎干、蛮干，既要有争当先锋模范的意识，也要有当得起先锋模范的能力和水平，切实推动高质量发展。

为政者，贵在长远。"平常时候看得出来"不是一种刻意的规矩或行为，更不是给头上戴高帽、往脸上贴金的虚无口号和政治作秀，而是源自植根内心的党员意识，源自对共产主义的坚定信仰和对全心全意为人民服务宗旨的自觉践行。如果党员根子上的信仰不坚定、骨子里的动机不纯洁，那么"看得出来"也只会是三分钟热度的事，一经时间和实践的检验就会被"打回原形"。党员的第一身份是共产党员，第一职责是为党工作。共产党员不仅是个人的身份标识，还要对党的理论、路线、方针、政策发自内心的拥护与践行。广大党员要想做到"平常时候看得出来"，就要坚定自己的理想信念，坚持共产主义信仰不动摇，珍惜共产党员的第一身份，将其化为人格、融入血脉，切实体现出共产党员的先进性，用实际行动擦亮第一身份。

张富清同志就是一位"平常时候看得出来"的党员。无论什么时候，张富清都把共产党员作为自己的第一身份，把自己的一言一行与党的事业联系起来，用一生的行动来践行入党的誓言，这在他平常的说话、做事、治家上都能"看得出来"。张富清同志在党言党，始终用党的话语体系同身边同志和群众说话。调任建设银行来凤支行副行长后，他利用业余时间和每个员工唠家常，将党中央和上级党组织指示及时传达给每一位同事，统一了思想，凝聚了人心；在党支部召开组织生活会的时候，他要求同事们必须按照党章要求，对他提出切实的批评意见；离休之后，面对众多采访，他说的最多的一句话是"我是党培养的，我要听党话、跟党走"。张富清同志在党为党，在日常工作中走在前、作表率。他带着对"拨改贷"政策的理解，一次次敲开财政部门和建设单位负责人办公室的门，一遍遍地介绍低息贷款对盘活财政资金和推动建设项目的作用，终于受到地方政府的认可和重视，为来凤县基本建设作出重要贡献，为身边同事作了表率；他常年奔波在乡镇、厂矿和建设工地上，与工人们共同劳作，风雨无阻，为周围群众作了表率。张富清同志家风正派，在日常生活中以严治家、以俭持家。他享受着公费医疗待遇，但却从不让家里人吃自己的药、占组织的便宜，规矩非常严明；他三令五申儿女们找工作靠自己，从未为自家的事找关系打招呼；他崇尚艰苦朴素，一辈子居于陋室，一日三餐粗茶淡饭，却甘之如饴，为家人作了表率。这就是"平常时候看得出来"的共产党员张富清，在他人生的每个时刻和社会生活的每个片段，都闪耀着党性的光辉。

（二）关键时刻站得出来——担当

习近平总书记强调，干部敢于担当作为，这既是政治品格，也是从政本分。我们党自诞生之日起，就把为中国人民谋幸福、为中华民族谋复兴作为自己的初心和使命，人民的幸福、民族的复兴都是奋斗出来的。"关键时刻站得出来"，体现的就是奋斗过程中的担当精神。担当，是我们党的优秀基因和光荣传统，是党在各个历史时期解决主要矛盾、推进伟大事业的实干写照。面对新中国成立后西方的重重封锁，共产党员站了出来，带领群众自力更生、艰苦奋斗，让新中国呈现出欣欣向荣的生机景象；面对帝国主义的武力威胁和核讹诈，共产党员站了出来，听从党和国家的召唤，扎根大漠、以身许国，突破了核弹、导弹和人造卫星等尖端技术，铸就了"两弹一星"的精神丰碑；面对严重贫困问题制约我国经济社会发展的严峻形势，共产党员站了出来，啃硬骨头、碰硬钉子，带领群众想点子、找路子，千方百计拓宽致富路、摘掉贫困帽，书写了彪炳史册的人间奇迹。当前，我们踏上了全面建设社会主义现代化国家新征程，立足中华民族伟大复兴战略全局和世界百年未有之大变局，国际形势波谲云诡、复杂严峻，我国人民日益增长的美好生活需要和不平衡不充分的发展之间的主要矛盾仍然突出，我们深刻认识到，前路有无数艰难险阻要攻克，有无数激流险滩要跨越，有无数急难险重任务要共产党员去完成。面对复杂棘手的社会问题、充满风险的困难挑战、难度超常的攻关任务、难以预料的突发情况，共产党员敢不敢站得出来、冲得上去，是对我们党性的拷问和本领的考验，是我们要用一生的努力奋斗去回答的一张时代答卷。

张富清同志就是一位"关键时刻站得出来"的党员。解放战争时期，他贯彻党中央"把五星红旗插上帕米尔高原"的号召，向党支部写下决心书，踏上赴疆之路。路上饥渴难忍，张富清站了出来，把自己的水和粮食节省下来让大家用，搀扶着病号前进，不让一人掉队，队伍胜利到达新疆。面对转业时的人生选择，张富清站了出来，他主动要求前往"天无三日晴、地无三里平、人无三分银"的湖北来凤县工作，一干就是30多年。任来凤县三胡区副区长期间，目睹了群众的贫穷艰苦，张富清同志站了出来，决心改变三胡群众的生活面貌。他与社员们同吃同住同干活，每月至少驻村20天，农忙季节甚至一两个月不回家，在他的带领下三胡区粮食产量大幅增加。为解决三胡区的生产生活问题，张富清同志站了出来，带领社员们天天奋斗在建设第一线，东奔西走邀请人才、筹措资金，建成了狮子桥水电站，让附近的两个生产队从此有了电灯照明。在卯洞公社工作时，面对当地交通不便的困难，张富清又一次站了出来，和大家一起勘测、规划、设计、施工，在悬崖峭壁上成功修建了致富路……在服务国家建设、服务人民群众的每一个关键时刻，张富清同志都能站得出来，彰显了他作为党员的党性觉悟和政治本色。

（三）危难关头豁得出来——牺牲

为有牺牲多壮志，敢教日月换新天。危难关头豁得出来，讲的就是共产党人的牺牲精神。这也是《中国共产党章程》中规定党员应履行的神圣义务："中国共产党党员必须全心全意为人民服务，不惜牺牲个人的一切，为实现共产主义奋斗终身。"谁都想活着，谁都想四肢健全、阖家幸福地活着，谁都想活到长命百岁、颐养天年，但危难来临时，当国家利益、民族未来、群众安全受到严重威胁时，共产党员必须下定牺牲的决心，毫无保留地豁出自己的全部乃至生命，奋不顾身，挽救于万一，即使肉体陨灭，精神也会永存。这是使命、是责任、是义务，是共产党员的党性所在。

毛泽东曾提出，要下定"三个牺牲"的决心，即第一个决心是要牺牲升官，第二个决心是要牺牲发财，第三更要下一个牺牲自己生命的最后的决心。百年来，一代代共产党员在危难关头豁得出来，用鲜血和生命书写了党的光辉历史。在抗美援朝的战场上，共产党员冲锋在前、前仆后继，用伟岸的身躯抵挡枪林弹雨，用必死的信念杀出一条条血路，上甘岭的血流成河、长津湖的"冰雕"群像，是共产党员"豁得出来"的真实写照；在白色恐怖的地下战线上，共产党员身处黑暗、心向光明，他们宁可咬舌自尽也绝不出卖同志，他们宁可牺牲生命也要用身体向组织传递情报，为了革命奉献了一切；还有勇救落入冰窟窿的儿童牺牲的"帕米尔雄鹰"拉齐尼·巴依卡，为我国国防事业拼尽最后一口气的国之脊梁林俊德，为救出被暴恐分子绑架的牧民冲进暴恐分子巢穴壮烈牺牲的人民警察买买提江·托乎尼亚孜，张开双臂宁死不让外军进入我国领土一步的卫国戍边英雄陈红军，还有疫情、火灾、缉毒战场上的逆行者们……在生与死的危难关头，共产党员没有过多考虑，没有犹豫不决，他们将个人安危和儿女情长抛在脑后，随时准备为党和人民牺牲一切。

张富清同志就是一位"危难关头豁得出来"的党员。解放军攻打壶梯山时，敌人的暗堡造成我方大量伤亡，张富清主动请缨炸掉敌人的暗堡，在右臂和胸部受伤的情况下，他将生死置之度外，朝着暗堡不停向前冲，最终炸掉碉堡为部队开路。在永丰战役中，张富清主动请求炸掉敌人的碉堡，一颗子弹擦着他的头皮飞过，犁开了一道口子，他强忍剧痛，不顾一切匍匐前进，炸掉了敌人的两个碉堡，之后又凭着强大的战斗意志，冲向敌阵继续拼杀。抗美援朝战争爆发后，虽然母亲病重让张富清的内心很是担忧，但自古忠孝难两全，为了保家卫国，他还是毅然决定报名参战，沿途的风霜雨雪、饥寒交迫、风餐露宿，都没有让他退缩半步。在危难关头，张富清总是先想到党和国家，想到人民，党让打哪儿就打哪儿，党让去哪儿就去哪儿，每场战役都抱着视死如归的信念，把个人生死置之度外。

二、三个原因：是什么造就了张富清同志的党性

习近平总书记强调："党性不可能随着党龄的增加而自然增强，也不可能随着职务的升迁而自然增强，必须在严格的党内生活锻炼中不断增强。"[1] 党性的修炼绝非一朝一夕的事，应该是一个与时俱进、循环往复、螺旋上升、止于至善的过程。分析一名优秀共产党员党性的形成原因，要坚持系统观、历史观，做到整体与部分、外部与内部、普遍与特殊相结合。张富清同志如此高尚的党性境界，是时代塑造、组织培养和个人修炼的共同结果。

（一）时代的塑造

牢记和践行为中国人民谋幸福、为中华民族谋复兴的初心使命，是贯穿我们党百年奋斗史的一条主线。党的初心和使命要求我们必须解决好社会主要矛盾。社会主要矛盾带有鲜明的时代性特征，不同发展时代、不同历史时期的社会主要矛盾具有各自不同的特征与变化，解决不同时代、不同历史时期的社会主要矛盾，是我们党在不同阶段的中心任务，也是我们党推动时代发展的必由之路。中国

---

[1] 《习近平关于全面从严治党论述摘编》，中央文献出版社2016年版，第25页。

共产党自诞生之日起，就始终围绕社会主要矛盾的发展变化不断调整纲领、路线、方针和政策，不断深入认识和致力于解决社会主要矛盾。而党解决不同时期社会主要矛盾、完成不同时期中心任务的百年历史就是推进马克思主义中国化时代化、将马克思主义同中国实际国情相结合、运用马克思主义指导中国具体实践的伟大进程。张富清同志一生听党话、跟党走，既是这一伟大进程的亲眼见证者，也是积极投身于这一伟大进程的亲身参与者。他将个人的生动实践融入我们党准确认识和把握社会主要矛盾、科学确定和集中力量完成中心任务的过程之中，与时代同频共振、与党同向同行、与国家命运与共，在时代大潮的塑造中不断修炼党性。

张富清生于1924年的中国，军阀混战，民不聊生，百姓饱受贫穷与战乱之苦。他自小目睹了中国共产党开展打土豪、分田地的斗争，让穷苦百姓过上了吃饱饭的日子，自幼就立志要参加革命让穷人过上好日子。加入解放军部队后，他认识到中国共产党的目标就是要推翻帝国主义、封建主义、官僚资本主义在中国的统治，让中华民族和中国人民站起来，这深深感染了他，激励他在解放大西北的战场上总是不顾个人生死地拼命向前，锻造了他坚强的战斗意志和拼搏精神。新中国成立后，百废待兴，党领导全国人民搞好社会生产，改变我国落后面貌。张富清在新疆屯垦戍边时，环境十分恶劣，但他却一直任劳任怨，选择最艰苦、最边远的地方开荒造田，每天开荒10多个小时。在来凤山区工作的20多年里，他落实党和国家关于发展社会生产力的要求，夙夜在公，在每个岗位上都和群众一起工作，将为人民服务落到实处。改革开放后，他又抢抓机遇，积极推动"拨改贷"业务，有力支援当地财政和基础设施建设。新时代呼唤榜样引领，他的事迹被发现、宣传后，习近平总书记作出重要指示，全国迅速掀起学习热潮，张富清的名字在中华大地"走红"，成为全党全军全国各族人民学习的楷模。可以说，张富清的一生是时代变迁的缩影，他的党性离不开时代的塑造。

（二）组织的培养

落其实者思其树，饮其流者怀其源。党员干部增强党性修养、提高思想觉悟离不开党组织的培养。共产党员的价值观念、行事特点和精神风范，体现的是中国共产党的理想信念、宗旨目标和伟大精神。且看西方的大部分政党，代表的只是部分阶级的特殊利益，其党魁及其团队为了获得选举胜利，打着民主的旗号，口头上示好各个阶层和社会集团，提出许多不切实际的施政纲领，而一旦当选上台执政，便从自己所代表的阶级利益出发制定政策，谋求一己私利，将国家利益、人民利益抛在脑后。而中国共产党代表的是中国最广大人民的根本利益，不仅领航中国这艘巨轮行稳致远，还心怀世界追求大同，构建人类命运共同体，为全人类谋求和平与发展，这也成为全体共产党员共同的理念、担当和情怀。共产党员接受党组织的培养，这对于党性修炼十分必要，张富清同志的人生经历就是最好的印证。

我们的党是无私奉献、敢于牺牲的。党是为全中国、中华民族、全体中国人民而奋斗的，不是为自己私欲的一亩三分地谋利的。我们党始终坚持人民至上，没有自己的利益和私心，这让我们党能够一呼百应，画出凝聚各方力量的最大同心圆，团结带领全国各族人民为实现复兴伟业砥砺奋进。张富清同志在解放战争中，看到自己的亲密战友奋勇杀敌、没有一个人当逃兵，看到自己的直接上级不怕牺牲带头冲锋，自己的部队一晚上竟换了8个连长，这与他在国民党军队看到的景象完全不同，这对他产生了极大的震撼，让他明白中国共产党领导的解放军部队是人民的部队、为人民而战,中国共产党是为人民的党,共产党人没有自己的个人利益。他在每个工作岗位上,首先考虑的都是党和国家让我做什么、人民需要我做什么,从未考虑过党和国家应该给我什么、人民应该怎么评价我,干农活、建水电站、修路、造林……都是出于一片公心,条件再苦再难,张富清都没有想过他自己。离开卯洞公社时群众的自发相送,更让他明白了"谁把人民扛在肩上,人民就把谁装进心里"的道理。

我们的党是公平公正、光明磊落的。党不贪功掩过,不吝惜荣誉,按照贡献论高低,而不是按照官阶评短长,赏罚分明。党尊崇英雄、致敬英烈、关爱楷模,做到"奖当其人、奖当其绩、奖当其时",倡导全社会向英雄模范致敬、向先进楷模学习的良好氛围。张富清英勇杀敌、战斗有功,党授予他一次特等功、三次一等功、一次二等功和"战斗英雄"称号;在来凤工作时,他扎扎实实地干出了业绩,获得了群众好评,党就提拔他到新的岗位工作,给他全方位历练的机会;事迹公开后,党和国家根据他的突出贡献,授予他国家层面的最高荣誉,在全国范围内号召大家学习他的先进事迹。

我们的党是有血有肉、有情有义的。"滴水之恩当涌泉相报",在辉煌事业的长河里,我们每个人都如同沧海之一粟,但每一个为国家富强、民族振兴、人民幸福事业作出贡献的人,我们党都不会忘记,祖国的一山一水、一草一木都不会忘记,绝不会让英雄的血白流。张富清虽深藏功名,但尘封的光辉过往一经发现后,党和国家为他颁授一系列的荣誉,给予一系列的精神奖励和物质帮助,大力弘扬他的榜样事迹,习近平总书记对他的先进事迹作出重要指示并亲切接见,全党全军全国各族人民掀起学习张富清先进事迹的热浪,让功绩彪炳千秋,让英名万古流芳。

（三）个人的修炼

时代的塑造和组织的培养，为张富清同志一辈子的自我修炼作了坚实的铺垫。张富清同志的先进事迹体现了知、情、意、行四个维度构成的"认知—情感—意志—行为"的自我修炼路径。

认知是一种意识活动，是个体对于客观世界的认识经过信息加工后形成的结果，包含着对事物概念、性质和一定范围内事物规律的总结。认知是情感和意志的基础，是行为的先导。在党性修炼中，只有对党的性质、宗旨、主张等各方面有了正确的认知，才能产生正向的情感、坚定的意志和切实的行为。

情感是对外界刺激进行价值判断后的一种心理反应，任何有意识的行为都伴随着一定的情感。情感基于认知产生，是形成意志、做出行为的"催化剂"。在党性修炼中，对党是否具备自豪感、仰慕感、归属感等真挚的正向情感，影响着能否进一步形成坚定的意志，影响着能否发自内心地按照党的宗旨和纲领做出听党话、跟党走的正确行为，也反过来影响着能否进一步深化对党的认知。

意志是人自觉地确定目的，并根据目的调节支配自身的行动，克服困难，去实现预定目标的心理倾向。坚定的意志是正确认知和正向情感的升华，是坚持行为的保障。共产党员的坚定意志来自坚定不移的共产主义信仰。党性修炼不是一蹴而就的，需要长期坚持、久久为功。有了坚定的信仰和意志，才能在党性修炼的过程中，克服一切艰难险阻，抵挡一切诱惑考验，保持共产党员党性不褪色、不走样、不变质。

行为是人有意识表现出的外在活动。认知、情感、意志等心理层面的活动最终都需要通过实践层面具体的行为才能得到外化。党员的行为风格体现了党员的作风。在党性修炼中，党员的认知是否正确、情感是否真挚、意志是否坚强，都要通过具体的为人民服务的实践来检验，都能通过党员的作风来判断。同时，党员在一次次实践的锻炼中又进一步加深了对党的认知和情感，坚定了党员的信仰和意志，从而形成忠诚干净担当的作风。

张富清刚加入解放军队伍时对党的认知是较为模糊的，知道要打仗，但不知道为何打仗、为谁打仗。当他看到解放军军规严明，不拿群众一针一线，在解放区推行土地改革，将土地分给穷苦百姓，他直观地感受到中国共产党的军队和他看过的任何武装力量都不一样，中国共产党是为人民服务的，他也因此对中国共产党产生了最初的信赖感。战火燃起，首长们身先士卒往前冲，战友们不断倒在冲锋路上，"跟我上"和"给我上"在他心里的对比愈发清晰，让他内心激荡；成功炸毁碉堡，获得军功荣誉，让他心潮澎湃。他对党的认知愈发深刻，爱党的情感愈发强烈，永葆对党忠诚、为党的事业努力奋斗的意志愈发坚定，从而在战场上愈发勇敢，党让打到哪里就打到哪里。转业后，正是出于为人民服务宗旨的认识、对党的无比感恩与崇敬，以及战争年代形成的不怕累、不怕苦、不怕死的坚定意志，他主动选择去边远艰苦地区工作，一待就是一辈子。在工作中，无论是上到崎岖山路还是下到田间地头，无论是烈日炙烤还是风吹雨打，无论生活条件多么差，他始终牢记"是党培养我成为一名革命军人、共产党员，我要永远听党的话"。在母亲生命垂危之际，因工作实在紧张，忠孝难两全，他选择咽下苦楚，一头扎进工作；经济困难时期，他选择响应中央号召，主动要求妻子放弃公职下岗；离休后，他本可以赋闲在家，但他选择叮嘱单位同事一定要通知他按时参加组织生活，一定要提醒他按时足额上交党费……离休后，单位想给他换一套条件好一点的房子，他拒绝了，一辈子居住在简陋的老屋；儿子想吃他享受公费医疗的降压药，他拒绝了，将药锁在药箱里；高位截肢后，家人想让他坐轮椅，他拒绝了，硬是用助行器单腿站了起来；做白内障手术，他本可以选一个贵一点的好晶体，他拒绝了，为了给组织上省钱，选择了最便宜的晶体；"走红"后，他本可以借着自己的名头改善家人的生活条件，他拒绝了，和家人"约法三章"，严禁家人借机捞取好处、谋求照顾……张富清同志的党性修炼就是"知情意行"的过程，张富清所遇到的每一种情况，都是对党性的考验，他所作出的每一次选择、每一次拒绝，都是让党性愈发经得起考验的修炼，并在经受考验、不断修炼的过程中让党性更加坚定执着，让党旗高高飘扬、让党徽闪闪发光。

三、三个启示：各级党组织如何对党员开展党性教育

习近平总书记强调："党性教育是共产党人修身养性的必修课，是共产党人的'心学'。要加强党性教育，提高党员、干部坚持优良作风、抵制不良作风的自觉性和坚定性。"张富清同志党性的修炼，是一个学思践悟、细照笃行的过程，既有他本人的勤学苦练，也有受到身边优秀共产党员的感染而有所思、有所悟，还有吸取反面案例的教训、引以为戒，更有在实践实干中经受风雨、切磋琢磨，从而铸就过硬的党性。这启示各级党组织要科学把握党性修炼的规律，着力于理论学习、向他人学习、实践锤炼等三个方面，组织党员干部上好党性教育这门必修课，进一步强化党员干部理想信念、党性观念、宗旨意识，进一步提高党员干部思想觉悟、政德修养、品行作风，进一步牢固党员干部信仰之基、从政之基、廉政之基。

（一）组织党员干部在理论学习中汲取精神养分

习近平总书记指出，中国共产党历来重视学习、善于学习。党从诞生之日起，就以学习立党、兴党、强党。新中国成立后，中央军委曾安排张富清同志参加为期两年的文化学习。他学习十分刻苦努力，不仅恶补文化课知识，还抓紧学习党的历史和相关理论知识，在对党章的深入学习中，深化了他对党的宗旨、党的性质、党员义务、党的初心使命、党性修养必要性和重要性的认识，奠定了他加强党性锻炼、增强党性觉悟的基础，更加坚定了他立志成为一名党性坚强的共产主义先锋战士。正如张富清所说："不学习，不知道党的理论和政策，怎么能说听党的话、跟党走？只有不断地学习，才能知道党的政策，跟上党的步伐。"在坚持学习上，他从未放松要求，不敢有一丝懈怠。离休后，他每天看书、读报、查资料，收听国际、国内和军事新闻，雷打不动。书桌上的《习近平总书记系列重要讲话读本》，黄色封皮已经翻得泛白，每页书上都有醒目的红色圆点和波浪线。

这启示我们，各级党组织要组织党员干部坚持自主学习、终身学习，在学习中汲取精神养分。要将学习贯彻习近平新时代中国特色社会主义思想摆在党员干部自学中最突出位置，组织党员干部原原本本读原著、学原文、悟原理，深刻把握贯穿其中的马克思主义立场观点方法，充分发挥各级党校作用，教育引导党员干部把自己摆进去、把思想摆进去、把工作摆进去，不断增强政治判断力、政治领悟力、政治执行力。要结合自身工作，不断加强对马克思主义基本理论、党的路线方针政策和国家法律法规、党史、中华民族优秀传统文化等各方面的学习，增强学习的全面性、系统性，汲取增强党性修养的智慧和营养。

（二）组织党员干部在向他人学习中吸取经验教训

习近平总书记对"七一勋章"获得者的事迹曾这样评价："他们的事迹可学可做，他们的精神可追可及。"[①] 这告诉我们，榜样楷模的精神是崇高的，但他们的先进事迹不是高高在上、遥不可及的，我们把优秀共产党员作为自己学习的榜样，能发现自己不足、激励自己进步、提升精神境界。张富清同志加入革命队伍后，是部队的连长、指导员和战友们逢敌亮剑的战斗意志深深感染了他，让他在感召下勇敢报名突击队；是部队党员前仆后继、英勇杀敌的壮举把他引到党的门口；是部队连长、指导员的帮助教育塑造了他的价值观念。70多年过去了，张富清依然记得自己的入党介绍人、革命生涯的领路人指导员肖有恩，他们都是一辈子坚定信心跟党走的优秀共产党员。

这启示我们，各级党组织要高度重视榜样示范引领作用，凝聚向上向善的精神力量。要选树身边的优秀典型，大力宣扬他们的先进事迹，开展正面教育，组织党员干部深入学习他们对党忠诚的政治本色、坚定不移的理想信念、甘于奉献的担当精神、淡泊名利的人生态度，在对标榜样中寻找差距、弥补不足、锤炼党性。除了向榜样学习，我们每一位党员干部也要向人民群众学习，坚持党的群众路线，经常深入实际、深入基层、深入群众，真诚倾听群众呼声，真实反映群众愿望，真情关心群众疾苦，向群众问计，从群众的实践中汲取营养、增长智慧。同时，各级党组织也要开展反面典型教育，引导党员干部以他人的失败教训检视自己、警示自己，始终树立正确的权力观、地位观、利益观，坚守党性原则，做到知敬畏、

[①] 习近平：《在"七一勋章"颁授仪式上的讲话》，人民出版社2021年版，第4页。

存戒惧、守底线。

（三）组织党员干部在实践锤炼中达到知行合一

习近平总书记指出："刀要在石上磨、人要在事上练，不经风雨、不见世面是难以成大器的。"[①] 任弼时认为，只有经过实践考验的党性才是最坚强、最可靠的。实践是增强党性认识、加强党性修养的重要途径，在实践中我们会遇到复杂的情况、棘手的问题和大大小小的诱惑，这考验着我们的决策魄力、本领能力和政治定力。张富清同志的党性，在顶着连天炮火一次又一次炸掉敌人碉堡中得到淬炼，在种粮锄地、兴修水利、凿山挖矿、施工修路、植树造林等尽一切可能攻坚克难、尽一切努力解决人民群众急难愁盼问题的生动实践中得到升华。正是因为张富清经历了人世间最大的、最残酷的考验——生死抉择，在危难关头总是能豁得出来，锻造了他钢铁一般的意志和过硬的党性。所以到了新中国成立后的关键时刻、平常时候，纵使环境再苦、困难再大，也能在和平年代做到平常时候看得出来、关键时刻站得出来、危难关头豁得出来，继续磨炼自己的党性。

这启示我们，各级党组织要注重为党员干部搭建实践锻炼的平台，在实践中锻炼考察干部。要引导党员干部自觉加强社会实践，到党和人民最需要的地方去锻炼，到环境艰苦的基层去锻炼，到问题突出、矛盾亟待解决的一线去锻炼，注重在实践中学真知、悟真谛，发扬实干苦干精神，做到学用贯通、知行合一，不断提高运用党的科学理论解决实际问题的本领能力。

一名党员一盏灯，一名党员一面旗。张富清同志的崇高精神和

[①] 《习近平谈治国理政》第4卷，外文出版社2022年版，第525页。

高尚人格，照亮了我们奋进的路，激励我们砥砺前行。船到中流浪更急，人到半山路更陡。当前，我们正在意气风发向着全面建成社会主义现代化强国的第二个百年奋斗目标迈进，但同时也面临着更加严峻的困难挑战。征途漫漫，唯有奋斗。我们要以张富清同志为榜样，不断熔炼党性、锻造品格、提升境界，把个人理想和奋斗融入党和国家事业之中，为实现中华民族伟大复兴作出更大贡献！

熔炼之悟

第三篇

初心易得,始终难守。张富清同志是新时代中国共产党人不忘初心、牢记使命、永远奋斗的光辉典范,他的先进事迹,为各级党组织开展党性教育、为广大党员干部提升党性修养提供了优秀范本。他几十年如一日的忠诚、担当和质朴,发人深省、引人深思,令人无比钦佩。老英雄党性修养的本质内涵是什么?我们应该怎样向老英雄学习,加强自身党性修养、做好本职工作?这些问题,我们邀请中央组织部、中共中央党校(国家行政学院)与中央和国家机关党校的专家学者,中国建设银行的主要领导,地方基层党政的主要负责人以及张富清同志的亲朋好友从不同方面进行了回答,深入挖掘张富清同志的先进事迹中蕴含的党性光辉和精神实质,启迪广大读者深思精研、深学细悟。

一 理性思考：
张富清同志启示我们锤炼党性修养

深刻体会张富清同志党性修养的本质内涵

中共中央党校（国家行政学院）党的建设教研部主任　张志明

党性修养是共产党员的立身之本，也是终身课题。"共和国勋章"获得者张富清同志是始终践行共产主义崇高理想的优秀党员，是新时代中国共产党人不忘初心、牢记使命、永远奋斗的光辉典范。张富清同志用其一生言行绘制了党性修养的理论与工作生活的实践高度融合的范本，令人高山仰止。我们深刻领会张富清同志党性修养的本质内涵，就是要抓住党性修养的根本、把握党性修养的方向，修好共产党人的"心学"，更加坚定自觉地牢记初心使命，在新的赶考之路上考出好成绩，为实现第二个百年奋斗目标、实现中华民族伟大复兴的中国梦贡献力量。

一、人性是党性的基础，党性是人性的升华

每一名共产党员都是一个鲜活的、有血有肉的人，党性和人性统一于作为个体的人。人性在现实意义上是人的本质。马克思主义哲学认为，"人的本质是一切社会关系的总和"；西方哲学思想史认为，"人的本质"往往涉及人的自然性、精神性、社会性三个方面。中华优秀传统文化向来强调不断修身养性，通过圣贤的智慧来启发

人内心的光明。比如,《礼记》中的"格物、致知、诚意、正心、修身、齐家、治国、平天下",对人性修为具有深沉的理论启示与明晰的实践指引。当今,对人性的争论一直是学术界的话题,也常映射在现实生活中发人深思。进入新时代,我们更要弘扬崇德向善的人性之美,彰显人性光辉。

马克思主义经典作家们在长期的学习、实践和革命中,形成了自己独特的、具有鲜明时代特征的党性和党性修养思想。刘少奇指出,党性是一个政党所固有的本性,也是阶级性的最高、最集中的表现,是党的性质、目标、宗旨、作风、纪律等各方面要素的综合反映。毛泽东在党的七大上指出:"一致的行动,一致的意见,集体主义,就是党性。"[1]刘少奇在《论共产党员的修养》中进一步写道:"个人利益服从党的利益,地方党组织的利益服从全党的利益,局部的利益服从整体的利益,暂时的利益服从长远的利益,这是共产党员必须遵循的马克思列宁主义的原则。"[2]任弼时在《关于增强党性问题的报告大纲》中指出:"共产党员的党性,就是无产阶级最高度的阶级觉悟和阶级意识……党性是以党员的思想意识、政治观点、言论行动来作标志,来测量的。"[3]共产党员的党性,就是无产者阶级性和无产阶级利益最高而集中的表现。

党性和人性辩证统一,不能将二者分离、对立。一方面,人性是党性的基础和土壤,离开人性谈党性,党性就是空中楼阁、无本之木;另一方面,党性是人性的升华,党性以人性为基础但又寓于人民性和阶级性之中。列宁曾说,没有人的情感就从来没有也不可

---

[1] 《毛泽东文集》第3卷,人民出版社1996年版,第417页。
[2] 《刘少奇选集》上卷,人民出版社1981年版,第129页。
[3] 《任弼时选集》,人民出版社1987年版,第231页。

能有人们对真理的追求。一个真正意义上的共产党员正是通过讲党性，克服瓦解了人性中的某些弱点，从而使自身保持先进性和纯洁性。张富清同志的先进事迹中体现出美好人性与坚强党性的高度融合，我们要深刻体会张富清同志党性修养本质内涵中蕴含的理论意义、实践意义和现实意义。

《中国共产党章程》写道，党的干部是党的事业的骨干，是人民的公仆。习近平总书记强调，树立和践行正确政绩观，起决定性作用的是党性。党员干部的党性，最终体现在全心全意为人民服务上。坚持党性原则是共产党人的根本政治品格。张富清同志用他的实际行动给我们上了一堂生动的党性教育课。从老英雄的先进事迹中，我们看到了"忠诚担当、不忘初心的党员本色，不畏艰难、矢志奋斗的拼搏意志，胸怀大局、不计得失的奉献精神，深藏功名、居功不傲的谦和风骨，淡泊功名、乐观向上的人生态度"，分别体现了共产党员党性中的政治性、实践性、人民性、先进性、纯洁性，这是张富清同志对党性修养的毕生追求和熔炼锻造，对党性作出的丰富深刻的诠释，这几个方面、几个层次的党性注解在他的身上交相辉映、相互衬托、浑然一体。

二、深刻体会张富清同志先进事迹中蕴含的党性修养的本质内涵

（一）要深刻体会张富清同志忠诚担当、不忘初心的党员本色中蕴含的政治性

政治修养是党性修养的首要内容。忠诚担当、不忘初心是政治修养的根本要求。每一名共产党员都应以对党忠诚、对人民忠诚的实际行动践行为中国人民谋幸福、为中华民族谋复兴的初心使命。

习近平总书记指出："忠诚，就是英雄模范们都对党和人民事业矢志不渝、百折不挠，坚守一心为民的理想信念，坚守为中国人民谋幸福、为中华民族谋复兴的初心使命，用一生的努力谱写了感天动地的英雄壮歌。"[1] 习近平总书记的话掷地有声，对党忠诚，是共产党人首要的政治品质。我们党一路走来，经历了无数艰险和磨难，但任何困难都没有压垮我们，任何敌人都没能打倒我们，靠的就是千千万万党员的忠诚。

张富清同志忠诚担当、不忘初心，体现了他党性修养中的政治性。在部队他保家卫国，到地方他为民造福，始终为党分忧、为国尽责、为民奉献。在革命战争年代，张富清坚决做到"党指到哪儿就打到哪儿"，为实现民族独立、人民解放冲锋陷阵；在和平年代，他坚决响应"党让去哪儿就去哪儿"，为巩固捍卫新中国、建设好社会主义攻坚克难。革命战争年代的突击队队长，依然是建设新中国的突击队员，他的初心始终未改。正如他在全国退役军人工作会议上激动地说道："感谢总书记，感谢党中央。我是党培养的，我要紧跟党走，做一名党的好战士。"生死鉴忠诚，白首证初心。张富清同志做到了一辈子不忘初心、坚守信仰，始终保持对党和人民的忠诚。

当前世界正经历百年未有之大变局，我国也处于实现中华民族伟大复兴的关键时期，形势环境变化之快、改革发展稳定任务之重、矛盾风险挑战之多、对共产党员的考验之大前所未有。习近平总书记曾一针见血地指出现实生活中一些党员干部出现信仰迷茫、精神迷失等丧失理想信念与初心的现象。张富清同志的先进事迹让我们深深体会到，全体党员要对党忠诚、不负人民，不断筑牢信仰之基、

---

[1] 《十九大以来重要文献选编》（中），中央文献出版社2021年版，第221页。

补足精神之钙、把稳思想之舵，在任何时候任何情况下都不改其心、不移其志、不毁其节，以强烈的伟大的历史主动精神迈进新征程、奋进新时代。

（二）要深刻体会张富清同志不畏艰难、矢志奋斗的拼搏意志中蕴含的实践性

艰苦奋斗是中华民族的传统美德，在源远流长的历史长河中深深熔铸于我们的民族气质与民族品格之中，它是中国共产党人的传家宝，为我们党筚路蓝缕、奠基立业提供了强大的精神支撑和不竭的精神动力。习近平总书记强调："我们党在革命、建设、改革各个历史时期都遇到了种种艰难险阻，我们的事业成功都是经过艰辛探索、艰苦奋斗取得的。"[①] 习近平总书记还提醒和告诫全党，现在，我们生活条件好了，但艰苦奋斗的精神一点都不能少，必须坚持以俭修身、以俭兴业，坚持厉行节约、勤俭办一切事情。

张富清同志不畏艰难、矢志奋斗，体现了他党性修养中的实践性。艰苦奋斗的优良作风在张富清同志的一生实践中贯穿始终。越是艰险时、困难处，越能体现出张富清同志的艰苦奋斗。在对敌战斗中，张富清舍生忘死，子弹从头皮穿过鲜血直流，他不下火线；行军奔袭中，作战部队缺衣少粮、光脚赶路，他不后退一步；脱下军装后，扎根苦境、挖水渠造电站、修公路建林场，风吹雨打、披星戴月，他全然不惧；建行工作时，没有办公场地和交通工具，翻山越岭、旧病添新伤，他没有一句怨言。"千磨万击还坚劲，任尔东西南北风。"张富清用自己勇于担苦、担难、担重、担险的实际行动，唱响了艰苦奋斗的拼搏之歌。

---

① 《习近平谈治国理政》，外文出版社2014年版，第402页。

如今，相较于过去缺衣少食、物资匮乏的大环境，面对我国国内社会主要矛盾的转化和人民日益增长的美好生活需要，艰苦奋斗也被赋予了新的时代内涵，其更多体现在探索创新之艰、埋头实干之苦、过程漫长之累。张富清同志的先进事迹让我们深刻体会到，全体党员要自觉在艰苦奋斗的实践中锤炼党性。进入新时代，党员干部要充分弘扬孺子牛、拓荒牛、老黄牛的艰苦奋斗精神，不用扬鞭自奋蹄，继续为中华民族伟大复兴辛勤耕耘、勇往直前。

（三）要深刻体会张富清同志胸怀大局、不计得失的奉献精神中蕴含的人民性

胸怀大局，就是心系国家、志存高远，"让人民生活幸福"是国之大者，坚持党和人民的利益至上，方可练就不计个人得失的坚强党性。"打大算盘、算大账"，为大公、守大义、求大我，便会甘于奉献。习近平总书记强调，党性和人民性从来都是一致的、统一的。要坚持以人民之心为心、以天下之利为利。

张富清同志胸怀大局、不计得失，体现了他党性修养中的人民性。从志愿扎根新疆，到决心赴朝作战，再到最后选择到偏远贫困的湖北恩施投身建设，张富清始终心系国家和人民。他与社员同吃同住同劳动，探洞找水、引进铁匠逐步改善基层的工作生活条件，推广特产、打开销路用心用情造福群众百姓。修建公路，他和施工队伍一起抡大锤、挑碎石、开山放炮；电灯入户，他带头购电机、铺电缆、立柱架梁。民者，万世之本也。张富清始终把老百姓的需要看作自己的责任，生动诠释了全心全意为人民服务。

在现实生活中，仍有少数党员干部只顾自己的"一亩三分地"，缺乏奉献精神，不考虑全局利益，只讲个人、不讲整体。殊不知，我们做好任何一项工作，都应该处理好个体与总体、个人与组织之间的关系，没有任何一个人、一件事能够脱离总体和组织而独立存在，都需要在大局中进行统筹思考、定位、摆布。计利当计天下利。张富清同志的先进事迹让我们深刻体会到，进行伟大斗争、建设伟大工程、推进伟大事业、实现伟大梦想，需要每一名党员尤其是党员领导干部站在大局想问题、看问题，在维护整体利益上做事情、干工作，既为一域争光，更为全局添彩。

（四）要深刻体会张富清同志深藏功名、居功不傲的谦和风骨中蕴含的先进性

人生在世，难以回避"功名"二字。有人把功劳荣誉作为炫耀的资本，殊不知功名成为前行路上的负担和累赘；有的人功成名就却深藏不露，实事求是地审视个人能力水平，始终头脑清醒、进退坦然。共产党员是来自各个社会阶层的先进分子，更是劳动人民中的普通一员。正是因为始终把自己寓于群众中、真正把自己当作群众中的一员，党员才能保持党性的先进性。革命胜利后针对党内可能滋长的因胜利而居功自傲的隐患，毛泽东语重心长："以功臣自居的情绪，停顿起来不求进步的情绪，贪图享乐不愿再过艰苦生活的情绪，可能生长……我们必须预防这种情况。"[①] 邓小平曾深情表白"我是中国人民的儿子"，彰显出他始终将自己寓于人民群众之中的情怀。习近平总书记在湖南十八洞村调研考察时，对村民说"我是人民的勤务员"，这成为对中国人民"我将无我"承诺的生动注解。

张富清同志深藏功名、居功不傲，体现了他党性修养中的先进性。英雄卸甲、复员转业，张富清把证书和勋章锁进皮箱，封存了戎马岁月和赫赫军功；深藏功名、默默奉献，张富清不以功劳为资

---

① 《毛泽东选集》第4卷，人民出版社1991年版，第1438页。

本、不拿资历要待遇，一直将自己深埋于普罗大众中；统计信息、事迹传开，张富清始终认为自己只是一个平凡普通的人，他一次次拒绝媒体采访，更不许儿女对外宣扬。不以功劳成绩论高低，而以奉献多少修心性，事了拂衣去，深藏功与名。英雄无言，张富清同志的光辉经历却掷地有声，值得每一名共产党员细细品味。

随着我国综合国力的日益增强，党员干部的待遇条件也随之改善，但仍有极少数党员干部的骄傲自满之心、功臣自居之心、停顿不前之心、贪图享乐之心在一定程度上滋长，把政绩、功劳和能力挂在嘴边，总觉得自己贡献大、待遇低，与组织讨价还价、搞"软对抗"。张富清同志的先进事迹让我们深刻体会到，为人民服务不是邀功请赏的条件，而是党员干部毕生修炼的标尺，党需要的地方就是共产党员挥洒青春豪迈的战场，每一名共产党员都要能够守得住寂寞、耐得住平凡、坐得住板凳，潜心低调地去做对党和人民有益的事。

（五）要深刻体会张富清同志淡泊名利、乐观向上的人生态度中蕴含的纯洁性

我们党代表国家、民族和最广大人民群众的整体利益、根本利益和长远利益。张富清淡泊的是个人名利、短期名利和眼前得失，乐观的是党的事业、国家的未来和人民的幸福。党性的纯洁包括经济上清廉、政治上清正、作风上清白、思想上清纯等。习近平总书记强调，干部要心境澄明，心力苫壮，让人迎面就能感受到年轻干部应有的清澈和纯粹。习近平总书记提醒和告诫党员干部，马克思主义政党的纯洁性不是随着时间推移而自然保持下去的，共产党员的党性不是随着党龄增长和职务提升而自然提高的。

张富清同志淡泊名利、乐观向上，体现了他党性修养中的纯洁性。在国家开展精简干部工作时，他首先动员符合政策可以不被精简工作的妻子主动辞掉供销社的"铁饭碗";在工作离休前,面对唯一一个上调工资级别的名额,最符合条件的张富清却将机会让给另一名副行长;被高位截肢后,张富清振作精神、不坐轮椅,通过不断练习重新站了起来,依靠助行器独腿打扫卫生、炒菜做饭;党支部举办党日活动时,张富清积极参加、独腿登楼,保持着革命乐观主义精神;考虑到老人生活不便,单位想改善下他的住房条件、想安排人帮忙照料,张富清坚持自力更生,宁愿选择简单朴实的生活方式。行之苟有恒,久久自芬芳。张富清同志用纯洁的党性书写了一生淡泊名利、乐观向上的崇高境界。

当前,部分党员干部党性的纯洁性还需进一步提升,形式主义、官僚主义等"四风"问题仍在一定程度上存在,打造山清水秀、海晏河清的政治生态依然任务繁重。打铁必须自身硬。"个人名利淡如水,党的事业重如山",张富清同志是一面亮堂堂的镜子,每一名共产党员都要认真学习,对照反思反省党性修为,这既是对党和人民负责,也是对自己负责。我们要始终接受人民群众监督,在实践中严格要求自己,切实树立共产党人为民、务实、清廉的形象,堂堂正正做人、老老实实干事、清清白白为官,始终保持党员干部队伍的纯洁性。

党性修养需要滴水穿石的磨砺和久久为功的攀登,需要血与火的淬炼和割瘤祛痈的锻造。74年党龄,张富清始终胸怀对人民的赤子之心,始终葆有对党的无限忠诚;98年人生,他没有忘记过去,没有忘记走过的路,更没有忘记为什么出发。在中国共产党的坚强领导下,张富清同志的党性修养,得益于组织培养、自我修炼和实践锻造,本着服务国家富强、民族振兴、人民幸福的使命自觉和坚定的共产主义崇高信仰,将激励新时代每一名共产党员为了实现中华民族伟大复兴的中国梦而砥砺前行、踔厉奋发、不懈奋斗。

向张富清同志学习　自觉加强党性修养

中央和国家机关党校原党委书记、常务副校长　罗建辉

党的十八大以来，习近平总书记高度重视党员干部的党性修养，指出党性是党员、干部立身、立业、立言、立德的基石，并强调："干部的党性修养、道德水平，不会随着党龄工龄的增长而自然提高，也不会随着职务的升迁而自然提高，必须强化自我修炼、自我约束、自我改造。"① 党性修养是党员干部将党性内化于心、外化于行的锤炼过程，是党员干部改造主观世界的永恒主题。崇高的党性不会一蹴而就，需要坚定不移、笃行不怠地修炼，需要绵绵用力、久久为功地提升。张富清同志的先进事迹充分彰显了共产党人坚守初心、不改本色的政治品格，有力弘扬了淡泊名利、无私奉献的崇高精神，是我们每一名共产党员学习的榜样。从张富清同志身上，我们看到了一名优秀共产党员如何把提升党性修养作为毕生的执着追求。我们可以从政治修养、理论修养、纪律修养、道德修养、作风修养、能力修养等六个方面向张富清同志学习，自觉加强党性修养。

一、向张富清同志学习，自觉加强政治修养

政治修养是党性修养的首要内容，是党员干部的根本性修养。习近平总书记指出，中央和国家机关是践行"两个维护"的第一方阵，要首先自觉同党的基本理论、基本路线、基本方略对标对表，同党中央决策部署对标对表，提高政治站位、把准政治方向。党员、

---

① 《习近平谈治国理政》第3卷，外文出版社2020年版，第521页。

干部不论做什么工作、级别多高，都是党的干部、组织的人，要牢记第一职责是为党工作。

张富清同志对党忠诚，时刻清楚"我是有组织的人"，十分珍惜自己的"第一身份"，自觉恪守"第一职责"，始终站稳政治立场，坚守党性原则，在复杂多变的形势中坚定奋进方向，在急难险重的考验下坚守初心使命，在攻坚克难的征途上发扬艰苦奋斗作风。他心里始终装着党和国家的大目标，始终装着老百姓的冷和暖，正如他在参加全国退役军人工作会议时和习近平总书记说的"我是党培养的，我要紧跟党走，做一名党的好战士"。离休后，张富清把大部分时间用来看书读报、写学习笔记，收看国内国际新闻。他总是说："不认真学习，不知道党的理论和政策，怎么能说听党的话、跟党走？""我虽然离休了，但永远是党的人。只有不断地学习，才能知道党的政策，跟上党的步伐。"党员干部如果只记得自己的职员身份，忘记了自己的党员身份，就容易在政治上迷失方向。党员干部要向张富清同志学习，树立强烈的"身份意识"，"牢记自己的第一身份是共产党员，第一职责是为党工作，做到忠诚于组织，任何时候都与党同心同德"。要深刻领悟"两个确立"的决定性意义，把"两个维护"作为最高政治原则和根本政治规矩，开展工作均要同党的基本理论、基本路线、基本方略对标对表，同党中央决策部署对标对表，全力推动习近平总书记重要指示批示精神和党中央决策部署在本部门本领域落地见效。

二、向张富清同志学习，自觉加强理论修养

理论修养是党性修养的内在要求。习近平总书记指出："政治上的坚定、党性上的坚定都离不开理论上的坚定。干部要成长起来，

必须加强马克思主义理论武装。"①踏上全面建设社会主义现代化国家新征程，如果缺乏理论思维，是难以战胜各种风险和困难的，也是难以不断前进的。这就要求我们不断加强理论学习，增强理论修养，学懂弄通做实新时代党的创新理论。

张富清同志年近百岁仍然坚持学习，用他的话说，"工作上离休了，思想政治上不离休"。他的书桌上有一本《习近平总书记系列重要讲话读本》，黄色封皮已经翻得泛白。书里醒目的红色圆点和波浪线，是老人阅读时做下的标记。空白处的笔记，显现着他理论学习的重点和收获，书的第110页标注着："要不断改造主观世界，加强党性修养，加强品格陶冶，老老实实做人，踏踏实实干事，清清白白为官，始终做到对党忠诚、个人干净、勇于担当。"当和张富清聊起国内外大事时，他对"脱贫攻坚""生态保护""反腐倡廉"如数家珍，对当前党和国家的大事件件都很清晰。从张富清同志的先进事迹中我们深刻体会到，作为一名党员干部，必须不断加强理论修养，特别是加强对习近平新时代中国特色社会主义思想的学习，要自觉主动学、及时跟进学、联系实际学、笃信笃行学，深刻理解其核心要义、精神实质、丰富内涵、实践要求，把学习成果转化为做好本职工作的正确思路、管用举措和实际成效。

三、向张富清同志学习，自觉加强纪律修养

纪律修养是党性修养的底线要求。纪律严明是我们党的优良传统和政治优势，也是我们党的力量所在。习近平总书记指出："干部

---

① 《习近平谈治国理政》第3卷，外文出版社2020年版，第518页。

守住守牢拒腐防变防线，要层层设防、处处设防。"①党员干部只有增强纪律意识，加强纪律修养，才能在形形色色的诱惑面前筑牢思想防线，永葆共产党人本色。

张富清同志家里有一个挂锁的个人药箱。这个药箱之所以挂锁，是因为他的药费是国家全额报销的，他不想同样需要吃药的家人不经意间"占了国家的便宜"。"我的药锁起来，不仅锁住了漏洞，而且锁住了你们的私心。"在恩施工作时，分管粮油的张富清在遇到一位提出特殊买米需求的机关同志时，他表示坚决不能，并说道："干部和群众应该一视同仁，如果我给谁搞了特殊，就违反了党的政策。"作为一名党员干部，要向张富清同志学习，敬法纪、守规矩，慎独、慎初、慎微，珍惜来之不易的工作岗位，坚决抵制各种诱惑和"围猎"，始终清廉为政；要认真学习党章和《关于新形势下党内政治生活的若干准则》《中国共产党廉洁自律准则》《中国共产党纪律处分条例》，对照检视自身不足，防止小问题变成大问题；要见贤思齐，见不贤而自省，注重从违纪典型案例中吸取教训、警钟长鸣，始终做到知敬畏、存戒惧、守底线。

四、向张富清同志学习，自觉加强道德修养

道德修养是党性修养的重要标尺。习近平总书记指出："干部要想行得端、走得正，就必须涵养道德操守，明礼诚信，怀德自重，保持严肃的生活作风、培养健康的生活情趣。"②涵养道德修养，要崇尚"大道"之"道"，涵养"大德"之"德"，镌刻在骨髓里，体现

---

① 《筑牢理想信念根基树立践行正确政绩观　在新时代新征程上留下无悔的奋斗足迹》，《人民日报》2022年3月2日。
② 《习近平谈治国理政》第3卷，外文出版社2020年版，第521页。

到一言一行中。

张富清同志在生与死之间，选择冲锋在前，在战火洗礼中成长为董存瑞式的战斗英雄；在小家与国家之间，他选择服从大局，到偏远异乡投身社会主义建设。他数十年如一日，在国家最需要的时候挺身而出，在人民最需要的地方主动作为，在本职岗位上，不讲条件、不求回报、不怕代价，演绎了一幕幕感人至深的奉献之歌。1975年，张富清同志动员符合国企招工条件的儿子到卯洞公社万亩林场去当知青。儿子在扎合溪林场住茅棚、砍火熔、开荒种地，造林植树，创出一片新天地。张富清经常教育儿女："一个人要靠自己，有本事就自己干，没本事自己想办法。如果考不上学，你就去搞生产，不要指望我帮你们找工作！"他的孩子们没有一个沾父亲职务上的便利，没有一个在父亲任职过的单位工作。作为一名党员干部，要向张富清同志学习，自觉加强道德修养，一是永葆对党的忠诚之心，筑牢信仰之基、把稳思想之舵、补足精神之钙，自觉做共产主义远大理想和中国特色社会主义共同理想的坚定信仰者和忠实实践者；二是牢记党的初心使命，深化对党的性质宗旨的认识，永葆对人民的赤子之心，把人民对美好生活的向往作为奋斗目标；三是守住做人、做事、用权、交友的底线，强化家风建设，管好自己的生活圈、交往圈，把好权力关、金钱关。

五、向张富清同志学习，自觉加强作风修养

作风修养是党性修养的根本追求。党员干部的作风状况直接关系党的形象，关系党和政府在人民群众中的形象。习近平总书记强调："要深入开展党的优良传统和作风教育，完善作风建设长效机

制，把好传统带进新征程，将好作风弘扬在新时代。"[①] 优秀共产党员身上集中体现了我们党的优良传统和作风，是我们锻造党性提升修养的鲜活教材。

艰苦卓绝的革命年代，面对生死考验，张富清在永丰之战中主动请缨担任突击队员，当前锋打头阵、翻城墙炸碉堡，与敌人殊死搏斗，负伤不下火线，展现了坚强的意志、顽强的作风。社会主义革命和建设时期，张富清在来凤县城关镇粮油所当主任时坚持原则、铁面无私，在三胡区任副区长时走进最偏远的村、住进最穷的社员家，在开凿高洞区盘山公路时和大家一起抡大锤、打炮眼、开山放炮。他始终做到了一切为了群众，一切依靠群众，从群众中来，到群众中去，为群众办实事、解难事。退休后，他88岁截肢，仍乐观向上、坚持锻炼，靠着假肢和支架重新站了起来，拄着支架爬楼参加党支部活动；由于年事已高肌肉萎缩，假肢内槽不贴合，皮肤磨出了血、伤及了骨头也不更换新的，而是自己找来材料修补内槽，一直坚持使用……张富清同志用实际行动修炼党性，磨砺了顽强意志、锤炼了过硬作风。作为一名党员干部，要向张富清同志学习加强作风修养：一是要进一步深入基层、走到一线，不断增强同人民群众的血肉之情，从基层实践中找到解决问题的金钥匙。二是一切从实际出发，在实践中检验真理和发展真理。三是坚决反对形式主义、官僚主义、享乐主义、奢靡之风，树立正确政绩观，能作为、愿作为、善作为。

[①] 《充分发挥全面从严治党引领保障作用　确保"十四五"时期目标任务落到实处》，《人民日报》2021年1月23日。

六、向张富清同志学习，自觉加强能力修养

党性修养不仅包括理论、政治、道德、纪律和作风等方面，还包括完成不同历史时期党交给的各项工作任务所需要的文化知识和业务能力素质。习近平总书记指出："我们处在前所未有的变革时代，干着前无古人的伟大事业，如果知识不够、眼界不宽、能力不强，就会耽误事。"[1]面对世界百年未有之大变局，要在危机中育先机、于变局中开新局，党员干部就要珍惜光阴、不负韶华，如饥似渴学习，一刻不停提高。

从张富清同志身上，我们也能看到他为了适应不同的工作岗位，补齐知识和能力短板弱项的勤奋刻苦。为适应新中国第一个五年计划和社会主义工业化的起步阶段需要，1953年已经是连职干部的张富清并没有躺在功劳簿上停滞不前，而是前往防空部队文化速成中学，积极主动地学习新知识、新本领，如饥似渴地恶补各门文化知识，参加了为期两年的文化学习。他毕业考试的语文、算术、自然、地理、历史等课程均在四分以上。在建行工作时期，张富清同志努力学习"拨改贷"业务、驻点服务客户，在干中学、学中干。离休以后，年近百岁的他依然每天读书看报、学习最新知识和党的理论路线方针政策。作为一名党员干部，要向张富清同志学习，树牢终身学习的观念。面对国内外的复杂形势和新时代的艰巨任务，面对改革发展稳定和创新发展的一系列新问题新要求，我们的知识本领需要不断与时俱进，不可能一个知识用一辈子、一个专业干一辈子，要按照习近平总书记"提高政治能力、调查研究能力、科学决策能

---

[1]《习近平谈治国理政》第4卷，外文出版社2022年版，第535页。

力、改革攻坚能力、应急处突能力、群众工作能力、抓落实能力，勇于直面问题，想干事、能干事、干成事，不断解决问题、破解难题"[1]的指示精神不断提高自身综合素质，适应新时代中国特色社会主义发展的新要求。

初心如磐，使命在肩。从张富清同志身上我们深刻体会到，党性修养既不是一蹴而就、一劳永逸的，也不是自认为坚定就坚定的，而是要在终其一生的长期斗争实践中不断砥砺、经受严酷考验的。党员干部应以向张富清同志学习为契机，在提升政治修养、理论修养、纪律修养、道德修养、作风修养、能力修养等六个方面持续锻炼、不断加强党性修养，炼就"金刚不坏之身"，以崇高的党性在学思践悟中坚定理想信念，在奋发有为中践行初心使命，不负历史、不负时代、不负人民。

---

[1]《年轻干部要提高解决实际问题能力　想干事能干事干成事》，《人民日报》2020年10月11日。

熔 炼 张富清同志一生的党性修炼

一名优秀共产党员的党性修养是组织培养和个人修炼的有机统一

中组部党建研究所副所长、全国党建研究会常委副秘书长 赵湘江

一次退役军人信息登记,让张富清同志坚守本色、深藏功名的英雄事迹得以被公众知悉,成为全体共产党员的楷模和典范。习近平总书记强调,党员是党的肌体的细胞,是党的活力与源泉;组织是党的生命线,党的力量来自组织。张富清同志的先进事迹不仅彰显了他本人过硬的党性,也是广大共产党员不忘初心、牢记使命的真实写照,更是中国共产党无愧为伟大光荣正确的党的生动缩影。

回望波澜壮阔的百年党史,中国共产党披荆斩棘、劈波斩浪,取得无数骄人成绩,党的组织规模不断壮大,靠的就是一代代有过硬党性的共产党员薪火相传、接续奋斗。而一代代共产党员之所以能在大战大考中锤炼党性、不断成长,进而涌现出以张富清同志为代表的一大批优秀共产党员,也离不开党的组织建设的不断完善,离不开党组织有力的教育培养。因此,我们要科学把握党性修养过程中党的组织培养与党员个人修炼的内在联系,坚持组织培养与个人修炼相统一,不断增强广大党员的党性修养,勇于担负起党和人民赋予的光荣使命。

一、始终代表最广大人民根本利益的党性让中国共产党永葆蓬勃生机

政党是由一定阶级领导的,代表本阶级利益的,围绕国家政权开展社会活动的政治组织。列宁指出:"党性是高度发展的阶级对立

的结果和政治表现。"[1]每个政党都代表着一定阶级的利益,一个政党的党性,正如刘少奇所说,就是"这种阶级性最高而集中的表现"[2],就是这个政党最本质的属性。习近平总书记在党的十九大报告中深刻指出:"为什么人的问题,是检验一个政党、一个政权性质的试金石。"[3]当今世界,特别是在西方资本主义国家,之所以出现党派林立、各成一派的现象,从根本上来讲就是政党间的党性不同,每个政党都分别代表着不同阶级、不同社会团体的利益,并希望通过参与国家政权、掌握国家权力来实现既定的政治目标。一个政党的党性,不仅在精神内化层面决定了其理论体系、政治路线和施政纲领,也在物质外化层面决定了其机构设置、组织规模和制度规范,还在党员个体特征层面决定了该党成员的政治品格、价值追求和精神风范。也就是说,一个政党的党性,在很大程度上影响着其能否代表最广大人民群众的根本利益,能否顺应历史和时代发展的潮流,能否成为切实推动社会发展的中坚力量。

中国共产党正是这样的政党,张富清同志正是这样的党员。《中国共产党章程》规定:"中国共产党是中国工人阶级的先锋队,同时是中国人民和中华民族的先锋队……中国共产党党员必须全心全意为人民服务,不惜牺牲个人的一切,为实现共产主义奋斗终身。中国共产党党员永远是劳动人民的普通一员。除了法律和政策规定范围内的个人利益和工作职权以外,所有共产党员都不得谋求任何私利和特权。"这揭示了中国共产党作为马克思主义执政党最本质的内

---

[1] 《列宁全集》第13卷,人民出版社2017年版,第273页。
[2] 《刘少奇年谱(一八九八——一九六九)》上卷,中央文献出版社1996年版,第357—358页。
[3] 《习近平谈治国理政》第3卷,外文出版社2020年版,第35页。

在属性，揭示了中国共产党在理论和实践上的先进性，揭示了中国共产党全心全意为人民服务的初心和宗旨。

中国近代末期，封建地主阶级、农民阶级、民族资产阶级都掀起了救亡图存的政治运动，但均以失败告终。在1921年中国共产党成立前后，中国的政治舞台上也曾出现过300多个政党和政治组织。但最后，只有中国共产党历经磨难、坚守正道、终获成功，从一个只有50多名党员的政党发展壮大成为现今拥有9600多万名党员的超级大党；只有中国共产党领导的无产阶级革命挽救了中国、挽救了中华民族，创造了开天辟地的历史壮举；也只有中国共产党顺应历史演进脉络和时代发展潮流，高举中国特色社会主义伟大旗帜，带领中国人民迎来从站起来、富起来再到强起来的伟大飞跃。作为政党，作为执政党，中国共产党同世界上其他政党一样，都围绕着国家政权开展政治活动。但与之不同的是，中国共产党始终代表中国最广大人民根本利益的党性，决定了党始终坚持"江山就是人民，人民就是江山"，不为一己之私、一家之利，将国家政权作为实现国家富强、民族振兴、人民幸福的方式和手段，将初心和使命贯穿党一切的理论、路线、方针、政策之中。这是中国共产党区别于世界上其他政党的最鲜明最本质的特征，是中国共产党永葆蓬勃生机的源头活水。

中国共产党的党性决定了共产党员的党性，党性是衡量共产党员的立场和觉悟的根本准绳，坚持党性原则是共产党员的根本政治品格。中国共产党的党性，自党成立的那天起就已确定，党的初心使命，在一代代共产党人的砥砺奋进和艰苦奋斗中，坚守百年，必将亘古不变。而共产党员的党性，不会随着组织上入党而自然拥有，不会随着职务的晋升而自然提升，不会随着党龄的增加而长期保持，需要在严格的党内生活中不断锤炼。周恩来说："每个党员从加入共产党起，就应该有这么一个认识：准备改造思想，一直改造到老。"① 从张富清同志的先进事迹中我们体会到，党员必须在改造客观世界的实践中不断改造自己的主观世界，时刻对标党章要求、对照人民期待，不断加强党性锤炼。这是党应对"四大考验"、防范"四种危险"、保持党的先进性和纯洁性的有效武器，也是党始终坚持群众路线的现实要求，更是全面建设社会主义现代化国家、实现中华民族伟大复兴的必然要求。

二、党的组织培养与党员个人修炼相辅相成、相得益彰

党性是党员干部立身、立业、立言、立德的基石，必须在严格的党内生活锻炼中不断增强。对每名党员来讲，党性的锤炼就是在进行一场彻底的自我革命。习近平总书记在十九届中央政治局第十五次集体学习时强调，推进党的自我革命，要坚持组织推动和个人主动相统一。这启示我们，要从组织和个人两个视角辩证地看待党性修养。

新时代党的组织路线提出：全面贯彻习近平新时代中国特色社会主义思想，以组织体系建设为重点，着力培养忠诚干净担当的高素质干部，着力集聚爱国奉献的各方面优秀人才，坚持德才兼备、以德为先、任人唯贤，为坚持和加强党的全面领导、坚持和发展中国特色社会主义提供坚强组织保证。习近平总书记在主持十九届中央政治局第二十一次集体学习时发表了题为《贯彻落实新时代党的组织路线，不断把党建设得更加坚强有力》的重要讲话，提出了

---

① 《周恩来选集》下卷，人民出版社1984年版，第425页。

"五个抓好"的具体要求。这要求我们坚持党的性质不动摇,不断巩固好、发展好党组织的党性和党员的党性。

(一)党的组织培养为党员党性修养提供坚强保证

组织坚强,党员党性过硬才有可靠保证。张富清同志加入解放军部队后,是党组织的教育和感化,让他清楚地明白解放军为人民而战、为解放全中国而战的道理,坚定了他跟党走的信念,在骨子里注入了英勇斗争、不怕牺牲的勇气;新中国成立后,百废待兴,是党组织的鼓励和号召,让他自觉服从组织的召唤,到艰苦的地方去,越是艰苦越向前;光荣退休后,是党组织的优良传统和作风,让他树立了正确的苦乐观,以艰苦为荣、以艰苦为乐,从来不给组织"添麻烦"。张富清同志曾深情说道:"党教育培养我这么多年,我能为人民做有益的事情,再苦也知足了。"

由此可见,党员党性观念的树立与改造,离不开党组织的教育、管理与监督。党组织如果是软弱涣散的、基础薄弱的,党员的党性修养也就无从谈起。缺乏党组织的科学教育,党员的党性修养可能会失去方向、卡在"瓶颈",不利于党员理论水平和思想境界的跨层次提升;缺乏党组织的有效管理与强力监督,党员的党性修养可能会失去约束、松弛涣散,不利于党员政治意识、纪律意识和党性观念的强化。

所以,党组织要通过实施方式多样、方法科学、内容丰富、渠道多元的党性教育,完善管理与监督机制,教育引导党员上好党性修养这门必修的"心学",不断增强贯彻执行党的路线方针政策的自觉性和坚定性。此外,党组织还要善于为年轻干部打造实践锻炼的平台,拓宽干部成长成才之路,在更广范围、更宽领域、更深层次锤炼党员干部的党性。

（二）党员个人修炼为巩固党组织党性提供有力支撑

党员党性过硬，组织建设才有坚实基础。党员是组织肌体的细胞和组织活动的主体，党员的党性修养下降了，党性锻炼松懈了，不仅损害着自己的政治觉悟和精神风貌，还直接影响着其所在的党组织。张富清同志放弃大城市的富庶生活和小家庭的岁月静好，主动选择到边远贫困的湖北省来凤县工作，带领村民们大抓生产、修致富路、摘贫困帽，退休后深藏军功名誉，一辈子恪守清贫作风。张富清同志忠诚担当、不忘初心的党员本色，不畏艰难、矢志奋斗的拼搏意志，胸怀大局、不计得失的奉献精神，深藏功名、居功不傲的谦和风骨，淡泊名利、乐观向上的人生态度，值得全体党员干部学习弘扬，并以此作为自己党性修养的努力方向。

党员加强个人党性修炼，不断鞭策自己，有利于自身成长为"信念坚定、为民服务、勤政务实、敢于担当、清正廉洁"的好干部，带动提升干部整体素质，为党的组织建设、为服务国家战略充实干部人才资源，党组织的组织力、凝聚力、战斗力将会更强。一个英雄名，聚起万面旗，在张富清同志先进事迹的感召下，在各级党组织的积极号召下，"张富清党员先锋队""张富清老兵志愿服务队""张富清志愿服务突击队"等志愿服务组织在全国范围内不断涌现，党员干部、退役老兵、热心群众纷纷加入其中，活跃在乡村振兴、社区治理、疫情防控、民生保障等各领域中，充分发挥了党员先锋模范作用，积极弘扬了奉献精神，成为基层党组织的"金字招牌"，成为党员党性锤炼有力支撑党的组织建设的典型例证。如果每名党员都能将张富清同志的先进事迹作为自己党性锤炼的努力方向，都能以张富清同志作为主动剖析自我的标尺，将思想和心灵上的"病变"扼杀在萌芽阶段，都能像张富清同志那样冲向服务群众第一线，我们党就能永远朝气蓬勃、永葆生机活力。

三、坚持党性修养的组织培养与个人修炼相统一

习近平总书记指出："中国共产党根基在人民、血脉在人民、力量在人民。"[1] 党的各级组织，从中央到地方，一以贯之将人民利益放在首位，把实现好、维护好、发展好最广大人民的根本利益作为一切工作的出发点和落脚点。全体共产党员，从加入党组织的那天起，就将为人民服务的誓言刻进骨子里、融入血脉中、落到行动上。因此，在党性修养过程中，党组织的培养与个人的自我修炼有机统一于全心全意为人民服务的根本宗旨。

（一）党组织要高质量做好党员党性教育工作

习近平总书记在全国组织工作会议上强调："党的力量来自组织。党的全面领导、党的全部工作要靠党的坚强组织体系去实现。"[2] 党组织是中央决策部署的贯彻主体，承担着推动党的路线方针政策层层传导、落地生根的重任。

锤炼党员党性，各级党组织责无旁贷。党组织要深入贯彻落实新时代党的组织路线，积极履行管党治党主体责任，发挥党校"阵地""熔炉"作用，高质量做好党员党性教育工作。围绕提高党员干部的政治修养、理论修养、道德修养、纪律修养、作风修养和专业化能力与知识素养，实施全方位、多形式、系统性的党性教育，努力涵养党员干部过硬的政治品格，为推进中国特色社会主义伟大事业提供坚强保证。

---

[1] 《习近平谈治国理政》第4卷，外文出版社2022年版，第9页。
[2] 习近平：《在全国组织工作会议上的讲话》，人民出版社2018年版，第11页。

1. 教育引导党员干部在贯彻"两个维护"的实践中锻造党性，提升政治修养

习近平总书记强调，要守住政治关，时刻绷紧旗帜鲜明讲政治这根弦。这要求各级党组织牢牢坚持党中央权威和集中统一领导，将"讲政治"摆在首位，特别是要将"两个维护"的政治逻辑、历史逻辑、理论逻辑、实践逻辑同党员干部讲清、讲深、讲透彻，不断教育引导党员干部自觉在思想上政治上行动上同党中央保持高度一致，心怀"国之大者"，把做到"两个维护"落实到实际行动中去，保持坚强政治定力和正确前进方向。

2. 教育引导党员干部在推动理论学习走深走实中滋养党性，提升理论修养

习近平总书记指出："认真学习马克思主义理论，这是我们做好一切工作的看家本领，也是领导干部必须普遍掌握的工作制胜的看家本领。"[1]这要求各级党组织坚持把学习贯彻习近平新时代中国特色社会主义思想摆在最突出的位置，认认真真读原著、悟原理，从历史和现实相贯通、国内和国际相关联、理论和实际相结合的宽广视角，深刻把握这一重要思想的深邃理论源泉、深厚文化底蕴、丰富实践基础、强大真理和人格力量，深刻感悟这一重要思想的时代意义、理论意义、实践意义、世界意义，深刻领会习近平新时代中国特色社会主义思想"十个明确""十四个坚持""十三个方面成就"新的系统概括的精神实质和丰富内涵，深刻把握贯穿其中的马克思主义立场观点方法。要组织广大党员干部深入学习党的基本理论，学习掌握马克思主义哲学、政治经济学、科学社会主义和党在各个

---

[1] 《习近平谈治国理政》，外文出版社2014年版，第404页。

时期的指导思想，不断深化对共产党执政规律、社会主义建设规律、人类社会发展规律的认识，自觉坚持和运用辩证唯物主义和历史唯物主义世界观、方法论分析解决问题，增强战略思维、创新思维、辩证思维、法治思维、底线思维能力，不断提高马克思主义水平和政治理论素养，不断提高运用科学理论解决实际问题的能力，真正做到学思用贯通、知信行合一。

3. 教育引导党员干部在明大德、守公德、严私德中涵养党性，提升道德修养

习近平总书记强调："领导干部要讲政德，政德是整个社会道德建设的风向标。立政德，就要明大德、守公德、严私德。"[①] 这要求各级党组织发展积极健康的党内政治文化，深入挖掘革命文化、社会主义先进文化和中华优秀传统文化的精神内涵与时代价值，注重廉洁教育、家风教育、政德教育，追求为人、持家、从政的高尚品德。

4. 教育引导党员干部在知敬畏、存戒惧、守底线中磨炼党性，提升纪律修养

习近平总书记在党的十九大报告中指出："加强纪律教育，强化纪律执行，让党员干部知敬畏、存戒惧、守底线，习惯在受监督和约束的环境中工作生活。"[②] 这要求各级党组织以党章党规党纪为遵循，始终坚持"严"的主基调，突出严守政治纪律和政治规矩，督促党员干部从现在做起、从身边做起、从一言一行做起。党组织要深入了解党员干部的思想动态，严格落实"三会一课"制度，严

---

① 《领导干部要讲政德》，《吉林日报》2018年6月26日。
② 《习近平谈治国理政》第3卷，外文出版社2020年版，第52页。

肃党内政治生活，用好批评和自我批评的武器。强化纪律教育，加强反面警示教育，为党员干部敲响警钟。要精准有效用好"四种形态"，对违规现象依法依纪严肃处理，正本清源，确保风清气正。

5. 教育引导党员干部在整治"四风"的顽瘴痼疾中历练党性，提升作风修养

习近平总书记强调，党的作风就是党的形象，关系人心向背，关系党的生死存亡，对"四风"问题必须下大气力惩治。这要求党组织抓严抓实作风建设，注重源头治理、标本兼治，加强党的宗旨和作风教育，发挥典型示范、榜样引领作用，树立求真务实、真抓实干的工作作风，引导党员干部坚持"实事求是"，深入贯彻以人民为中心的发展思想，践行全心全意为人民服务的根本宗旨，坚决反对"四风"，始终保持党同人民群众的血肉联系。

6. 教育引导党员干部在不断修炼内功中砥砺党性，提升专业化能力与知识素养

习近平总书记强调，年轻干部是党和国家事业发展的生力军，必须练好内功、提升修养。这要求党组织完整、准确、全面贯彻新发展理念，着眼建设现代化经济体系、发展社会主义民主政治、推动社会主义文化繁荣兴盛、加强和创新社会治理、加快生态文明体制改革和坚定不移全面从严治党等，聚焦党中央重大决策部署，突出问题导向、实践导向，组织开展务实管用的专题培训，引导和帮助干部丰富专业知识、提升专业能力、锤炼专业作风、培育专业精神。要着力培养又博又专、底蕴深厚的复合型干部，使之做到既懂经济又懂政治、既懂业务又懂党务、既懂专业又懂管理，不断提高党员干部适应新时代中国特色社会主义发展要求、解决发展中遇到的实际问题的能力。

（二）党员干部要把党性的个人修炼作为毕生的内在追求和终身课题

习近平总书记在2022年中共中央党校（国家行政学院）中青年干部培训班开班式上深刻指出，树立和践行正确政绩观，起决定性作用的是党性。广大党员干部要坚持以习近平新时代中国特色社会主义思想为指导，坚持向以张富清同志为代表的优秀共产党员学习，坚持以"不用扬鞭自奋蹄"的自律意识自觉加强党员的个人修炼，切实发挥党员先锋模范作用。

1. 坚定理想信念，对党绝对忠诚

习近平总书记强调，理想信念是立党兴党之基，也是党员干部安身立命之本。党员干部要始终坚定理想信念，心怀民生、胸怀天下，以如磐如炬的信仰、无畏向前的勇气、剑指成功的信心直面前进路上各种风险挑战。要深入学习马克思主义经典著作和党的一系列理论成果，特别是深刻感悟和把握习近平新时代中国特色社会主义思想力量，深刻理解马克思主义为什么行、中国共产党为什么能、中国特色社会主义为什么好。要把不忘初心、牢记使命作为终身课题，深入学习党史，传承红色基因，赓续红色血脉，弘扬革命精神，汲取锤炼党性的精神营养，不断增强政治判断力、政治领悟力、政治执行力，做到"信一辈子、守一辈子"。

2. 强化组织观念，坚持"四个服从"

习近平总书记指出："每个党员特别是领导干部都要强化党的意识和组织观念，自觉做到思想上认同组织、政治上依靠组织、工作上服从组织、感情上信赖组织。"[①] 党员干部要在思想上认同组织，

---

① 《习近平谈治国理政》第3卷，外文出版社2020年版，第86页。

牢记党全心全意为人民服务的根本宗旨，保持共产主义的操守和情怀，做共产主义远大理想和中国特色社会主义共同理想的坚定信仰者；要在政治上依靠组织，摆正个人与组织的关系，依靠组织成长与发展，不做背离组织的事情；要在工作上服从组织，始终坚持民主集中制"四个服从"的组织原则，严守组织纪律，遵循组织程序办事，不折不扣贯彻执行党中央和上级党组织决策部署；要在感情上信赖组织，增强角色意识和政治担当，时刻不忘对党应尽的义务和责任，坚持听党话、跟党走，在党言党、在党忧党、在党为党。

3. 坚持求真务实，锻造优良作风

习近平总书记强调："坚持从实际出发、实事求是，不只是思想方法问题，也是党性强不强问题。"[1] 党员干部要深刻理解"实事求是"的丰富内涵，敢于坚持真理，善于独立思考，坚持求真务实。党员干部要坚持党的群众路线，树立正确的群众观、政绩观和权力观，在工作中深入一线、亲近群众、真抓实干，敢挑大梁、敢扛重担、敢打硬仗，在急难险重的大战大考中不断磨砺自己，在解决人民群众急难愁盼的问题中不断锻炼自己，坚持在求变中前进、在求新中提高。党员干部要清白做人，老实做事，做到人前和人后一致、嘴上和行动一致、对上和对下一致。党员干部还要从中华优秀传统文化中不断涵养个人修为，修好"心学"，练好"内功"，保持高尚的德行和修养。

4. 树牢底线思维，坚持刀刃向内

习近平总书记指出："勇于自我革命，从严管党治党，是我们党最鲜明的品格。"[2] 党员干部要增强党员意识，树立自我革命的勇气，

---

[1] 《习近平谈治国理政》第4卷，外文出版社2022年版，第527页。
[2] 《习近平谈治国理政》第3卷，外文出版社2020年版，第20页。

对标优秀共产党员事迹、对照党章党规和人民期待，认真查摆自身存在的不足，做到立查立改立行，不断激浊扬清、净化思想、提升境界。党员干部要时刻绷紧纪律的弦，不断增强拒腐防变能力，不该做的事情决不做，不该碰的利益决不碰。面对复杂的情势、困窘的局面、横流的物欲，党员干部要做到不降其志，不变其节，不诱于誉，不恐于诽，永葆共产党员政治本色。

组织上入党，一生一次；思想上入党，一生一世。党员的党性修养绝非一朝一夕、一蹴而就的，而是要以"咬定青山不放松"的定力，绵绵用力，久久为功，让党性修养贯穿每名党员的自然生命和政治生命全程。广大党员要以张富清同志为代表的优秀共产党员为榜样，时刻不忘在党旗下的铮铮誓言，始终以党性立身、为人、处事，踔厉奋发，勇毅前行，坚定不移做有共产主义觉悟的先锋战士，为实现中华民族伟大复兴不懈奋斗。

二 学习实践：
张富清同志鼓舞我们实干开创新局

向张富清同志学习
以高质量党建引领新金融行动拓维升级

中国建设银行党委书记、董事长 田国立

"共和国勋章"获得者、"时代楷模"张富清同志是中国建设银行的一位离休干部，曾在湖北恩施来凤县支行工作多年。张富清同志60多年深藏功名，坚守初心、不改本色，朴实纯粹、淡泊名利，体现了一名共产党员的坚定信仰和赤胆忠诚，体现了一名基层干部的初心使命和责任担当，体现了一名建行人的精神风貌和职业素养。为深入贯彻落实习近平总书记对张富清同志先进事迹作出的重要指示，中国建设银行党委在全行常态化开展"向张富清同志学习"活动，推动"张富清特色党课"走进支部、走进各级各类党校、走进国企央企兄弟单位，打造了党建工作对内提质增效、对外合作赋能新模式，以高质量党建引领业务高质量发展。在张富清同志先进事迹的激励和鼓舞下，中国建设银行全面贯彻党的二十大精神，深入落实习近平总书记关于增强"三个能力"重要批示精神，立足"两个大局"，胸怀"国之大者"，践行以人民为中心的发展思想，积极服务和融入国家发展战略，更好地满足人民群众的美好生活需要，深刻把握金融工作规律，推动新金融行动拓维升级，履行国有大行责任担当，坚持走中国特色金融发展之路，为中国式现代化贡献金融力量。

一、深入学习张富清同志的先进事迹，推进高质量党建

张富清同志的先进事迹和崇高精神是建行人领悟初心使命的"好榜样"和学习教育的"活教材"，更是建设银行宝贵的精神财富。中国建设银行各级党组织将学习张富清同志与党史学习教育、学习贯彻习近平新时代中国特色社会主义思想主题教育相结合，积极探索党建工作新模式，打造具有建行特色的党建品牌，推动中国建设银行党建高质量发展。

（一）开展学习宣传活动，准确把握张富清老英雄的精神实质

张富清同志的先进事迹被媒体报道以来，尤其是习近平总书记作出重要指示后，中国建设银行党委高度重视、备受鼓舞，迅速反应部署相关工作，积极挖掘英雄事迹，深刻提炼精神实质，在全行掀起了"学英雄、提境界、比贡献、促发展"的热潮。

张富清同志的事迹感人至深、催人奋进，为中国建设银行事业发展注入了强大的精神动力。习近平总书记批示后，中国建设银行党委召开专题党委会集体传达学习习近平总书记重要指示精神，成立跨部门学习宣传活动领导小组，开展宣传报道和事迹挖掘工作，利用各类渠道对外发声，对张富清同志的先进事迹进行全方面传播。同时召开"全行学习宣传张富清英雄事迹研讨推进会"广泛征集意见建议，对张富清老英雄的事迹进行总结提炼，将其精神内涵升华为五种可贵品质：忠诚担当、不忘初心的党员本色；不畏艰难、矢志奋斗的拼搏意志；胸怀大局、不计得失的奉献精神；深藏功名、居功不傲的谦和风骨；淡泊名利、乐观朴实的人生态度。总行党委印发学习通知，正式在全行深入组织开展"向张富清同志学习"活

动，并授予张富清同志"中国建设银行优秀共产党员""中国建设银行功勋员工"称号。

（二）突出政治建设，以学习张富清同志的先进事迹厚植红色根基

张富清老英雄精神本质是"坚守初心、不改本色"。一直以来，中国建设银行坚守初心使命，不断强化政治建设、提高政治站位、增强政治自觉。进入新时代，更是坚定落实新发展理念，主动担起国有大行责任，从服务大局着眼、服务人民入手，以金融活水助力实现人民对美好生活的向往，做到与时代、社会、人民同频共振。

中国建设银行各级机构持续推动"向张富清同志学习"活动，重温初心使命、坚定政治方向、推进政治建设，把政治标准和政治要求全面贯穿全行党的建设和服务经济社会发展各项工作之中。在国有大行中率先将党建工作总体要求纳入公司章程，持续完善配套制度，确保党的领导有机融入公司治理各环节、党的组织有效内嵌到公司治理结构之中，实现上下贯通和全面覆盖，不断增强"四个意识"、坚定"四个自信"、坚决拥护"两个确立"、做到"两个维护"。

（三）坚持党建引领，做深做实党员思想政治教育特色化

中国建设银行充分发挥张富清同志的标杆榜样作用，切实加强对学习活动的组织领导，持续加大对先进事迹的传播力度，着力推进党建理念方式方法手段创新，在抓好党性教育、提高党性觉悟上狠下功夫，努力开创全行思想政治工作新局面，使党建工作深入人心、凝聚人心。

把学习张富清同志的先进事迹作为开展"不忘初心、牢记使命"主题教育的重要内容，确定5月24日为"学习张富清日"，并打造"张富清同志先进事迹宣教基地"、创作情景报告会、开发张富清特色党课，用张富清同志先进事迹"活教材"进一步促进学习活动的制度化、常态化，引导全行员工牢牢把握张富清同志先进事迹的精神实质和内涵，对标先进典型真学实干，不断增强党性修养、奉献精神和担当意识，真正把张富清同志的优秀品质融入中国建设银行的企业文化中，成为"建行精神"的时代符号和文化基因。"张富清特色党课"进入中国延安干部学院课程库，产生了良好的宣传教育作用和较大的社会影响力。

（四）强化责任担当，持之以恒推动党建和业务深度融合

中国建设银行牢记习近平总书记关于"增强服务国家建设能力、防范金融风险能力、参与国际竞争能力"的殷切嘱托，深化落实新发展理念，以张富清同志为榜样，将学习张富清同志先进事迹贯穿到党的建设和企业管理的过程中，浸润到广大员工的工作、学习和生活中，推动党建工作与业务发展紧密结合。

通过推进"书记项目"，成立"张富清金融服务队""张富清党员突击队"，在95533设立"张富清服务热线"，在网点设立"张富清服务示范岗"等，引导广大党员干部努力将学习活动转化为立足岗位推动发展的行动自觉。在贯彻落实党中央决策部署中，进一步发扬不畏艰难、矢志奋斗的拼搏精神，在服务构建新发展格局的主战场上，永葆胸怀大局、不计得失的崇高品格，在为党分忧、为国尽责、为民服务的实际行动中，彰显忠诚担当、不忘初心的政治本色。

二、弘扬张富清同志先进事迹，以人民为中心重塑新金融逻辑

全心全意为人民服务是张富清同志一生的追求：革命年代，他保家卫国、战功赫赫；和平年代，他扎根基层、为民造福。60多

年来，张富清同志始终把自己放在祖国和人民最需要的位置上，用实际行动诠释了"初心不改、不负人民"。在新的历史阶段，中国建设银行将张富清同志的为民初心融入业务发展，旗帜鲜明地提出"服务大多数人而不仅是少数人"的新金融理念，重塑金融逻辑，开启"三大战略"，让金融活水精准滴灌到"田间地头"，在推进共同富裕和构建新发展格局中发挥出金融赋能的可期力量。

（一）以"二八定律"为核心的传统金融弊端凸显

服务20%的头部客户以获得80%的丰厚利润的"二八定律"，一直被以华尔街为代表的传统金融行业视为金科玉律。这是资本主义金融的内在本质使然，也是西方资本主义国家无法克服的顽瘴痼疾，必然导致金融资源过度集中，进一步加剧阶层矛盾和贫富分化。数据显示，截至2021年底，美国最富有的10%的人口拥有的资产为98.94万亿美元，是其余90%的人口拥有资产的2倍多。[①] 与此同时，美元货币利用霸权地位对世界财富进行收割，对全球经济尤其是发展中国家的经济发展造成了严重外溢影响。

"二八定律"下的传统金融体系长期以来存在三个短板：一是脱离服务实体经济的本源，产生了金融"脱实向虚"的问题；二是过于强调资本逐利的自然属性，忽视了承担社会功能的社会属性，从而弱化了对社会大众、小微企业等客户诉求的响应；三是过于追求资产和业务规模的扩张，从而造成了风险积聚。

（二）在传统金融逻辑下我国金融发展面临多重挑战

中国的现代金融最初属于"舶来品"，改革开放以后，我国金融体系的建立不可避免地受到西方金融模式的影响，在快速发展的同

---

① 数据来源：美联储官方网站。

时存在一些弊端。进入新发展阶段，面对经济高质量发展要求，金融业的市场结构、经营理念、创新能力、服务水平呈现出明显的不适配，传统金融逻辑下的金融发展模式面临多重挑战。

一是客户过度集中的挑战。长期以来，金融机构追求规模、向往效率，将金融资源过于向城市、大中型企业、发达地区、财富群体聚集，忽略了农村、中小企业、欠发达地区、弱势群体等，这些长尾客群的金融诉求得不到有效满足，成为金融业的明显短板。

二是信用手段不足的挑战。过去由于技术水平的限制加之对风控的考虑，传统金融往往以挑客户、设门槛、要抵押等方式规避风险，信用工具匮乏，然而缺少抵质押物正是小微、"三农"等群体融资困境的症结所在。金融机构在新时代的重要课题就是摆脱以往过于依赖抵押提供融资的局限性，强化信用发现功能，建设和完善信用体系，解决银企信息不对称问题，降低风险和成本，以信用方式作为补充提高金融供给的有效性。

三是新技术冲击的挑战。当前科技加速发展，云计算、大数据、人工智能、区块链正在深刻改变金融业的经营方式和业务逻辑。互联网金融在支付领域攻城略地，在消费信贷、财富管理等领域同样发展迅速，传统金融机构受到持续冲击，改革创新迫在眉睫。

四是更好服务实体经济的挑战。服务实体经济是金融的天职，也是金融的宗旨。当前我国经济发展面临需求收缩、供给冲击、预期转弱的三重压力，叠加疫情冲击、全球经济复苏不确定等因素，经济运行凸显下行压力。因此实体经济面临诸多困难，一些实体企业生产经营陷入困境，金融需求愈加旺盛。如何使金融服务实体经济力度更强、覆盖面更宽、成本更低、效率更高，是摆在广大金融机构面前的关键挑战。

（三）树立以人民为中心的新金融理念

"二八定律"背后的根本逻辑还是金融资本为谁服务、金融资源被谁占有的问题。西方资本主义国家在"二八定律"的引导下，构建起的是为少数资本家而非为大多数人服务的金融体系。社会主义的根本目标是实现共同富裕，是为全体人民谋求最大利益。因此，传统金融的弊端必须克服，受西方理论影响的中国金融发展道路必须改变。中国金融必须要在社会主义核心价值观的指导下，牢固树立以人民为中心的新金融理念，更好应对时代挑战，实现高质量发展。

新金融是以服务人民和经济社会发展为目标，以数据为关键生产要素、以科技为核心生产工具、以平台生态为主要生产方式的普惠、共享、开放、绿色的现代金融服务体系。坚持以人民为中心的价值取向是新金融不同于西方传统金融最根本的区别，新金融秉承"金融为民"的思想，致力于破解"二八现象"，利用先进技术让普罗大众公平便利地获得高质量的金融服务，助力共同富裕目标的实现。

三、发挥新金融力量，融入大众美好生活

中国建设银行以党建促进业务提质增效，通过深入学习张富清同志先进事迹，提高政治自觉，坚定人民立场，强化责任担当，在新金融逻辑的指导下，回归金融初心本源，在服务实体经济和广大群众方面做出了积极探索，发挥新金融力量推动构建新发展格局，将张富清同志先进事迹在实践中不断深化。

（一）科技赋能金融，通过"信用发现"为破解"二八现象"打开新路

由于缺乏技术支撑，传统金融对不同群体的金融支持存在明显

差异，从而造成资源配置扭曲。中国建设银行充分利用科技赋能，从银行传统的"提供贷款"服务延伸为"发现信用"，跨越金融机构和企业、大众之间的"信用鸿沟"，让金融之水精准滴灌到实体经济和弱势群体。

——"村里"平台让村民有了信用。针对农民金融供给不足的痛点，中国建设银行在湖北省推出"村里"服务平台，收集省农业厅涉农数据，围绕5大维度、30余项指标建立农户信用评价体系，特别是立足农村实际，引入"五老"[①]评价机制对农民进行增信，为全省数万农户创建信用档案、配套信用贷款。从此农民有了信用，手机上就能申请贷款，金融服务的阳光普照到乡村角落。

——"奶牛抵押贷"为养殖户解决信用难题。养殖业受市场波动、病害、饲料价格变化等因素影响大，融资需求旺盛，而担保难的现实使其很难解决资金问题。中国建设银行突破传统业务抵押品接受范围，创新推出"奶牛抵押贷"，嵌入奶牛保险、风险监管，以生物活体抵押的方式向从事奶牛养殖的经营主体提供融资支持。通过科技赋能信用建设，中国建设银行持续推出"龙虾贷""金银花贷"等一批创新金融产品，将金融活水流向各类农户，真正助力乡村振兴。

——"技术流"为科创企业增信融资。科创企业研发投入高、资金需求大，而轻资产、无抵押的特性使其难以获得银行信贷，严重制约了企业发展。中国建设银行首创"技术流"评价体系，通过整合相关数据，将"科技创新"作为企业的核心资源要素纳入信用评价，突破依靠资产负债表、利润表和现金流量表"三张表"的评价

---

① "五老"指老干部、老战士、老专家、老教师、老党员。

体系，为商业银行提供了"第四张表"——科技创新表，将"技术流"转化为资金流，广大科创企业获得信用、得到融资，迈入发展快车道，金融成为助推科技创新的孵化器。

（二）重塑功能定位，以跳出金融做金融的视角融入大局服务民生

中国建设银行摒弃单纯以利润为中心的价值取向，以高站位、强担当、大情怀重塑功能定位，更加关注经济社会发展过程中长期性、系统性、持久性的问题，尝试以"跳出金融做金融"的视角寻找答案，突破边界创造性链接本地生活、数字政务、资源共享，彰显了国有大行的政治责任、经济责任和社会责任。

一是以"建行生活"赋能百姓美好生活。随着互联网技术的迅速发展，人们的生产生活方式和传统交易模式正逐渐改变，线上线下消费融合成为大势所趋。中国建设银行积极回应人民对美好生活的需要，以科技之手、数字之力自建"建行生活"一站式本地生活服务平台，以互联网平台经济模式打通金融与非金融服务，创建银行服务百姓生活新通道。"建行生活"将银行建在生活场景里，以非金融为切入点，通过构建线上生态平台，引入外部合作伙伴搭建生态场景，为用户提供高频普惠便捷的美食、外卖、充值、打车、缴费、网点、电影演出、信用卡八大生活场景服务，打通了服务断点，延伸了服务触角，用心用情为百姓的美好生活鼓与呼。"建行生活"依托平台流量优势为商户引流拓客，且不抽取商户佣金，真正赋能商户经营、惠泽百姓民生。"建行生活"更是在"后疫情时代"提振消费信心、释放消费潜力、恢复市场活力、实现"双碳"目标等方面，发挥着更多公共服务和社会治理的作用。

二是以智慧政务助力政府提升治理效能。近年来，习近平总书记多次强调要运用现代科技推进政府管理和社会治理模式创新。中国建设银行围绕党中央决策部署，以新金融行动推进智慧政务创新发展，帮助政府打通数据烟囱，解决政务痛点。现已立足各地实际，帮助14省13市政府搭建"互联网＋政务服务""互联网＋监管"平台，为政府打造线上线下高效便捷的服务体系；为企业提供一站式、全生命周期的服务功能，促进营商环境全方位多维度优化；为百姓解决办事难问题，让数据多跑路、百姓少跑腿，实现了政务事项"指尖办""就近办"，大大节约办事成本。目前已打造了云南"一部手机办事通"、河北"冀时办"、山西"一部手机三晋通"等多个样板产品。此外，中国建设银行在西南五省和京津冀地区积极推进"跨省通办"服务专区建设，同时推进渠道共享，致力于把基层网点打造成为百姓身边的"政务大厅"。

三是以劳动者港湾推动社会资源开放共享。国有资产为人民所有，也要为人民所用，党中央提出要打造共建共治共享的社会治理格局新要求。中国建设银行作为国有金融机构，加快探索优化资源配置和盘活存量资产新路径，开放辖下1.4万余个网点机构建成"劳动者港湾"，无偿为环卫工人、快递小哥、出租司机等户外劳动者提供休息、热饭、喝水、充电、如厕等便利，打破城市"围墙"，用爱心和尊重温暖每一位平凡劳动者。同时研发上线"劳动者港湾"服务共享平台，紧密结合线下港湾服务，实现附近港湾自动推送、快速获取、精准定位和智能导航等服务，让大众可以更快速、更便捷、更准确地获取附近的港湾信息，并与中国职工发展基金会实现数据共享，更好满足劳动者及特殊群众的实际需求。以"劳动者港湾"为代表的公益新模式正走出建行、复制推广，以共享社会资源、同心服务民生传递善意、温暖人心，在共建共享中谱写新时代美好生活。

（三）金融赋能社会，针对社会痛点难点问题提供金融解决方案

中国建设银行致力于用金融这把"温柔的手术刀"疏通经济堵点、破解社会难点、纾解民生痛点，发挥金融特性，创新产品服务，为服务国家战略、赋能社会进步、满足人民对美好生活的向往提供建行方案，真正解党和国家之忧、社会民生之虑。

一是以住房租赁助力破解住有所居难题。长期以来居高不下的房价让许多低收入群体、农村进城务工人员、年轻白领望"房"兴叹。按照传统金融的做法，银行只是给有需求者提供住房贷款，但对于大多数低收入人群来说，仍解决不了住房的根本问题。对此，中国建设银行深入贯彻落实党中央"房住不炒"的定位，推出住房租赁战略，基于普惠性原则把更多低收入人群和新市民纳入服务范围，在原来"要买房，到建行"的基础上提出"要租房，到建行"，增加租房服务，逐步从解决买房转向解决租房。中国建设银行基于互联网逻辑，开发公租房信息系统和住房租赁平台，帮助政府提升市场监管能力；推出"存房"业务，使家庭和企业闲置的房源"存"到建行，再有效投放到社会，避免社会资源的浪费；打造"CCB建融家园"品牌，为不同群体提供平价舒适的租住环境，打造住房租赁生态圈；率先探索住房租赁不动产投资信托基金（REITs），盘活不动产，为机构和个人投资者提供收益稳定的投资产品；设立住房租赁基金，以市场化、法治化、专业化运作，投资房企存量资产，与有关方面加强协作，增加市场化长租房和保障性租赁住房供给。目前，中国建设银行已与全国300多个地市政府签订住房租赁方面的合作协议，从制度保障、平台建设、房源供给、运营监管、金融服务等多个渠道入手，坚决贯彻落实党和国家的"房住不炒"政策，为普罗大众的安居梦想提供切实可行的综合解决方案。

——"创业之家"为新市民圆安居梦。北京，承载着万千"北漂"的生活与梦想，但其突出的住房问题却是横亘在众多年轻人面前的一座大山。中国建设银行结合地域特点和客群需求，创新支持保障性租赁住房建设，打造北京市大兴区西红门"创业之家"项目。项目特聘清华美院进行整体设计，注重交互与居住环境打造，强调绿色低碳，安装光伏环保设备、引入"海绵城市"雨水回收处理收集系统、建设垃圾处理系统，构建绿色可持续发展生活方式；强调智能服务，以"互联网+物联网"为纽带，定制多元化全屋智能物联家居设施，自由定制生活场景。"创业之家"项目实现对首都住房供给结构的优化，为保障性租赁住房政策的实施推进乃至缓解大城市住房困难提供新思路、贡献新方案。

二是以普惠金融助力破解小微企业融资难题。传统金融在价值取向上强调以资本回报为中心，小微群体的金融资源覆盖度严重不足。新金融的鲜明特征，就是在普惠金融的旗帜下破解上述难题，使社会成员公平地享有金融服务和资源。中国建设银行推出"惠懂你"App移动金融服务平台，涵盖测额、信贷、预约、智慧服务、增值服务等功能，手机端实现"秒申秒贷"，为普惠客群提供全生命周期的综合服务；打造"创业者港湾"，通过创新投贷联动机制，为中小科创企业提供全景式、全要素、全生命周期的资金支持，助力成千上万科创企业为梦起航。截至2022年末，中国建设银行普惠贷款余额超2.35万亿元，不良率保持在1%左右。

——"民工惠"，岂止惠民工。农民工讨薪难问题的背后涉及多方利益，这一现象不仅是金融难点，更是社会民生痛点。为助力化解农民工讨薪难,中国建设银行推出"民工惠"产品,根据项目业主、建筑企业、劳务公司和农民工之间的真实交易关系,提供供应链融资,以较低的利率水平将应付工资款提前变现为农民工工资,每个月直接发放到农民工的工资卡中,应付工资款到期后由业主或建筑企业直接支付给银行。劳务公司直接向社会融资成本平均超过10%,而"民工惠"专项融资款的平均利率在5%左右。此外,"民工惠"还融合了招工找工、职业培训、公益社交、创业等多个非金融服务场景,为农民工提供综合服务。

三是以惠农服务助力破解乡村振兴难题。民族要复兴,乡村必振兴。实现乡村振兴必须要重修农村金融"水利工程",实现金融资源的公平覆盖和有效触达。中国建设银行依靠互联网、大数据等技术,将金融的触角延伸到乡村领域。统筹推进线上线下乡村金融服务建设,线下与第三方主体合作建设"裕农通"普惠金融服务点,为周边乡镇村民提供基础金融和各类民生服务;线上推出"裕农通"乡村振兴综合服务平台,帮助政府打造乡村全场景综合服务体系,并推出一系列惠农金融产品。另外,中国建设银行围绕区域"三农"特色产业,创新相关金融产品和服务,搭建农业产业链生态场景,助力当地形成适宜的新产业新业态,提高金融支持乡村振兴的质量和效益。

——润泽蔬菜产业"万亩良田"。蔬菜产业是山东寿光的特色优势产业,但面对数字农业发展趋势,仍存在诸多薄弱环节,例如,蔬菜交易各环节未有效串联,生产、销售、管理各自分散,对市场缺乏分析掌控,产业链的整体优势未得到充分发挥等。为推动寿光蔬菜产业经营智慧化转型升级,中国建设银行与寿光市政府携手打造"寿光蔬菜智慧管理服务平台",构建了"1+2+N"的智慧蔬菜生态体系，"1"即一个蔬菜智慧管理服务平台，集智慧农业、大棚管理、远程监控、电子商务等多项功能于一体；"2"即两个系统支撑，包括大数据系统和物联网系统；"N"即部署多个服务应用，包括智慧农场、蔬菜交易终端系统、蔬菜追溯及展示等应用，实现帮菜农管大棚、帮市场管交易、帮政府管市场，助力提升"寿光蔬菜"的品牌价值。

四是以绿色金融助力实现低碳发展。在碳达峰、碳中和的目标下，我国经济结构、产业结构、能源结构以及生产生活方式都将发生重大变化。发展绿色金融，不仅是结构调整和业务转型的需要，也是承担助力经济社会绿色低碳发展的社会责任。中国建设银行将绿色发展因子融入实际，聚焦重点地区、重点行业、重点场景，充分发挥金融全牌照优势，创新各类绿色金融产品，综合运用绿色信贷、绿色债券、绿色产业基金、绿色信托、绿色租赁等工具广泛调动社会资源，鼓励投向清洁能源、清洁交通等重点领域，支持和培育绿色产业，推动产业升级和生态环境改善，满足人民对绿水青山的殷切期盼。

——打造银企互促低碳转型新模式。中国建设银行创新"碳惠贷"业务模式，将企业碳表现作为核心定价因子，实现"利率"与"降碳"挂钩，以低成本贷款支持企业绿色升级。企业因节能降碳实现碳配额结余，并将部分结余的碳配额自愿注销，支持贷款银行"碳中和"，形成了银企互促低碳转型新模式。除绿色信贷外，中国建设银行还充分利用绿色租赁、绿色债券、绿色理财等渠道满足企业的多样化融资需求，在日常生活、城市发展以及未来产业领域发挥重要作用，不以万里为远，共赴"人与自然和谐共生"的愿景。

使命呼唤奋斗，榜样引领前进。金融是服务社会的美好事业，经过近些年对新金融的初步探索，进一步坚定了我们走中国特色金融发展之路的信心。今后，建行人将继续以张富清同志为榜样，传承和发扬老英雄的奋斗和奉献精神，全面深化新金融行动，为服务实体经济、实现共同富裕贡献金融力量。

张富清同志的先进事迹是一部党性修养的好教材

中国建设银行党委副书记、行长　张金良

伟大时代呼唤伟大精神，崇高事业需要榜样引领。2019年9月29日，中华人民共和国国家勋章和国家荣誉称号颁授仪式在人民大会堂隆重举行，中共中央总书记、国家主席、中央军委主席习近平向张富清同志颁授"共和国勋章"。回溯过往，张富清同志的一生始终与党和人民事业同向同行，始终与国家发展同频共振。革命战争年代，张富清同志为建立新中国舍生忘死、浴血奋战，先后荣立三次一等功、一次二等功，被西北野战军记"特等功"，两次获得"战斗英雄"荣誉称号。退伍转业后，他坚决服从大局，服从组织安排，主动前往当时湖北省最贫困的来凤县，先后在县粮食局、三胡区、卯洞公社、外贸局、县建行工作，深藏功名60余年，扎根贫困山区默默奉献了一辈子。高山仰止，景行行止。他忠诚担当、不忘初心的党员本色，不畏艰难、矢志奋斗的拼搏意志，胸怀大局、不计得失的奉献精神，深藏功名、居功不傲的谦和风骨，淡泊名利、乐观向上的人生态度，充分彰显了新时代共产党人的党性光辉和崇高品格，为广大党员干部为政、干事、做人树起了一面旗帜。在共产党人修炼"心学"的过程中，张富清同志的先进事迹就是一部党性修养的好教材，读来催人奋进、发人深省，学来给人启迪、予人滋养，值得全体党员干部细品精研、勤学深悟。

中国共产党的初心和使命，激励着一代代共产党人为实现崇高理想不懈奋斗。我们党诞生于国家内忧外患、民族面临危难之际，从诞生之日起，就坚定不移地把为中国人民谋幸福、为中华民族谋复兴作为党的初心和使命，就旗帜鲜明地把实现共产主义作为党的最高理想和最终目标。这是我们党从成立那天起就已确定的最本质、最鲜明的特征。习近平总书记强调，党的初心和使命，是激励一代代中国共产党人前赴后继、英勇奋斗的根本动力。党的初心和使命，如同点亮至暗长夜的火炬，指引勇毅前行的光明方向，凝聚民族复兴的磅礴力量，在各个历史时期吸引了无数仁人志士为伍同行、奋起斗争；又如风吹雨打下的磐石，虽栉风沐雨，然历久弥坚，初心从未改变，使命永在心间。正如毛泽东所说："我们党尝尽了艰难困苦，轰轰烈烈，英勇奋斗。从古以来，中国没有一个集团，像共产党一样，不惜牺牲一切，牺牲多少人，干这样的大事。"[1] 一路走来，我们党始终不忘初心、牢记使命，正确把握党在四个历史时期面临的社会主要矛盾和中心任务，始终坚持"人民至上"的根本立场，朝着实现中华民族伟大复兴的宏伟目标奋勇前进。为了实现初心和使命，实现理想和主张，一代代共产党人义无反顾地投身为国家、为民族、为人民利益而奋斗的伟大洪流中，渡过无数激流险滩，越过无数惊涛骇浪，经过无数生死考验，付出过无数流血牺牲，共产主义信仰早已深入骨髓、融入血脉，成为共产党人党性的灵魂和毕生矢志追求的目标。张富清同志就是其中的优秀代表。解放战争时期，因为曾听地下工作者讲过，共产党是为人民谋幸福的党，共产党领导的军队是穷苦老百姓的军队，因此在党的初心和使命的感召下，张富清同志决定加入革命队伍，选择为人民而战。光荣入党后，张富清同志对党的初心和使命更加认同，并有了更为深刻的理解，党的初心和使命在张富清同志的骨子里注入了英勇冲锋、不怕

---

[1] 《毛泽东文集》第3卷，人民出版社1996年版，第292页。

牺牲的勇气，坚定了他听党指挥跟党走的信念。"跟党走，为人民谋幸福"，成为张富清同志铭记一辈子的信条。永丰战役的枪林弹雨中，他冲锋陷阵、视死如归，孤身一人炸掉敌人两座碉堡，成为直插敌人心脏的一柄利刃；社会主义建设的田间地头上，他攻坚克难、夙夜在公，主动选择赴艰苦边远地区工作，带头开垦荒原、大搞生产、修建公路，让人民群众过上了好日子；改革开放的时代春风里，他开拓进取，壮大建设银行来凤支行规模，给地方财政作出积极贡献……张富清同志以他一生为人民服务的实际行动追随、践行着党的初心和使命。在收看庆祝中国共产党成立100周年大会现场直播时，张富清同志深情地说："以人民为中心，一切为了人民，这正是一个政党的伟大所在。百年大党，将永远得到人民的拥护。"为中国人民谋幸福、为中华民族谋复兴这个初心和使命，是我们干事的底气，是我们奋斗的追求，必将永远砥砺着一代代共产党人踔厉奋发、勇毅前行。

　　以伟大建党精神为源头的中国共产党人精神谱系，深刻影响和塑造着每一名共产党员的党性。党的伟大精神是中华民族宝贵的精神财富。习近平总书记指出："一百年来，中国共产党弘扬伟大建党精神，在长期奋斗中构建起中国共产党人的精神谱系，锤炼出鲜明的政治品格。"① 追寻中国共产党人的精神谱系，要回到那个中华民族面临内忧外患、风雨飘摇的危急时刻。山河破碎，民不聊生，一大批仁人志士为救亡图存英勇奋斗、艰苦探索。十月革命的一声炮响，为中国送来了马克思列宁主义，党的先驱们在那个"觉醒年代"奋起而行，越来越多的先进分子聚集在马克思主义旗帜之下，开始

---

① 《习近平谈治国理政》第4卷，外文出版社2022年版，第7页。

探索用马克思主义指导中国的革命实践，创建了中国共产党。马克思主义同中国人骨子里的民族精神有机结合，形成了"坚持真理、坚守理想，践行初心、担当使命，不怕牺牲、英勇斗争，对党忠诚、不负人民"的伟大建党精神。伟大建党精神，是党的精神之源，集中体现了中国共产党人的崇高信念、坚定意志、政治品格和精神面貌。在伟大建党精神的指引下，中国共产党在百年奋斗的实践中形成了一系列伟大精神，构建起了中国共产党人的精神谱系。习近平总书记在庆祝中国共产党成立100周年大会上将四个历史时期党和人民的精神状态描述为"浴血奋战、百折不挠，自力更生、发愤图强，解放思想、锐意进取，自信自强、守正创新"。这正是我们党在每个历史时期的鲜明品格和精神标识，是对中国共产党人的精神谱系兼具历史性和时代性的高度概括和凝练。中国共产党人的精神谱系，深刻影响和塑造着每一名共产党员的党性，张富清同志就是一个鲜活案例和生动缩影。新民主主义革命时期，他冲锋在前，视死如归，为解放大西北立下功勋，"浴血奋战、百折不挠"在他身上得以凸显；社会主义革命和建设时期，他主动选择偏远艰苦地区扎根，带着农民种庄稼、挖水渠、建电站、修公路，改变当地一穷二白的面貌，"自力更生、发愤图强"在他身上得以彰显；改革开放和社会主义现代化建设新时期，他敢于探索，深入钻研外贸业务，打造农业产业链、建起外贸转运站，实现当地外贸扭亏为盈，他还勇立潮头，大力推行"拨改贷"业务，支援当地建设，"解放思想、锐意进取"在他身上得以展现；中国特色社会主义新时代，他紧跟党走，从未放松自己的理论学习，他意志坚强，耄耋之年截肢后硬是凭借着顽强的意志站了起来，"自信自强、守正创新"在他身上得以体现。可见，张富清同志强烈的党员意识和过硬的党性修养，离不开从中国共产党人的精神谱系中得到的滋养。他的先进事迹中蕴含的精神品质与中国共产党人的精神谱系同根同源，体现了党的红色基因融入血脉、薪火相传。深入挖掘、大力弘扬张富清同志先进事迹中蕴含的伟大精神，有助于我们赓续传承宝贵的精神财富，在新时代为党的精神谱系注入新的内涵，在新的伟大征程上奋力谱写精彩华章。

中华优秀传统文化滋养培育了炎黄儿女高尚的道德情操和向上向善的美好人性，厚积了涵养优良党性的土壤。《谏太宗十思疏》有言：求木之长者，必固其根本；欲流之远者，必浚其泉源。中华优秀传统文化是中华民族的根和魂，它经历了萌芽、发展、碰撞、融合、创新等不同阶段，是中国人思想和精神的内核，是滋养和形成一代又一代中国人美好人性的源头活水。亿万中国人民世代传承中华优秀传统文化，为我们党提供了坚实的执政基础，也为我们党的发展和壮大提供了生生不息的力量源泉。我们党是中华优秀传统文化的忠实继承者、弘扬者和建设者。一方面，我们党大力弘扬中华优秀传统文化，其中蕴含的"人生自古谁无死，留取丹心照汗青"的爱国主义思想、"先天下之忧而忧，后天下之乐而乐"的民族忧患意识、"天下兴亡，匹夫有责"的历史责任感、"得民心者得天下"的民本思想和"吾日三省吾身"的修身意识，培养和健全了共产党员的人格，陶冶了共产党员的情操，奠定了共产党员美好人性的基础。另一方面，马克思主义的基本立场、观点和方法与中华优秀传统文化相贯通、相契合，体现在马克思主义唯物论与中国古代唯物思想，马克思主义辩证法与道家辩证思想，马克思主义实践观与"知行合一"思想，马克思主义建立一个"没有压迫、没有剥削、人人平等、人人自由"的社会理想与"天下大同"的社会追求等诸多方面。这让中华优秀传统文化具有天然的接受马克思主义基本原理的内在基础和动力，也让我们党自马克思主义传入中国起就不断地推动马克思主义中国化时代化。张富清同志忠诚朴实、艰苦奋斗、深藏功名、淡泊名利的先进事迹体现的就是他美好人性和优秀党性的完美融合。中华优秀传统文化的沃土既润物无声地滋养了一代代共产党人的心灵，给予他们强大的精神力量，也扎下了党性修养的坚实根基，成为共产党员锻炼出坚强党性的思想源头之一。

持之以恒、矢志不变地修好"心学"是每一名共产党员锤炼党性的必经之路。坚定的党性不是与生俱来的，也不是一蹴而就的，而是在不断的学习实践中锤炼增强的，习近平总书记指出："党性不可能随着党龄的增加而自然增强，也不可能随着职务的升迁而自然增强，必须在严格的党内生活锻炼中不断增强。"[①] 共产党员的党性修养需要一个长期的、自觉的磨炼过程。张富清同志是在我们党领导革命、建设和改革从胜利走向胜利的奋斗历程中创造伟大实践和伟大事业的见证者、参与者、奉献者、实践者、获得者，亲身感受到中国共产党为了人民的坚定立场、血浓于水的军民关系、对群众利益的切实维护、光明磊落的责任担当，用毕生经历诠释了一名共产党员的党性修炼过程。正如他自己所说，"我是党培养的，我要跟紧党走，做一名党的好战士"。党员干部必须始终牢记我们的第一身份是共产党员，将党性修炼融入工作学习和生活中，充分发挥共产党员的先锋模范作用，做到"平常时候看得出来、关键时刻站得出来、危难关头豁得出来"，始终保持党的先进性和纯洁性。修

[①] 习近平：《在纪念朱德同志诞辰130周年座谈会上的讲话》，人民出版社2016年版，第8页。

炼"心学"是一个从内到外，从理论到实践，从量变到质变的循序渐进、螺旋式上升的过程，需要绵绵用力，久久为功。党员干部要持续加强政治修养、理论修养、纪律修养、道德修养、作风修养，不断提高文化知识和业务水平，增强适应新时代中国特色社会主义发展要求的能力。实践是检验真理的唯一标准，也是党性的"试金石"。党性修养不仅是理论概念，更是实践品格；不仅是口头表态，更是实际行动。刘少奇在《论共产党员的修养》中指出："革命者要改造和提高自己，必须参加革命的实践，绝不能离开革命的实践。"[1] 习近平总书记指出："党性是立身、立业、立言、立德的基石，必须在严格的党内生活锻炼中不断增强。"[2] 只有经过实践锻造，党性才能得到真正熔炼，去伪存真、愈挫愈坚，造就坚强党性。

全面从严治党是新时代党的自我革命的伟大实践，自我革命是跳出历史周期率的第二个答案。党的十八大以来，以习近平同志为核心的党中央统筹中华民族伟大复兴战略全局和世界百年未有之大变局，团结带领全党全军全国各族人民有效应对严峻复杂的国际形势和接踵而至的巨大风险挑战。党的十九大报告着眼党和国家事业发展全局，提出新时代党的建设总要求，把加强党的长期执政能力建设、先进性和纯洁性建设作为新时代党的建设的主线。勇于自我革命，是我们党最鲜明的品格，也是我们党最大的优势。全面从严治党，开辟了百年大党自我革命的新境界。自我革命是跳出治乱兴衰历史周期率的第二个答案。习近平总书记指出："自我革命关键要有正视问题的自觉和刀刃向内的勇气……全党同志要永葆自我革

---

[1] 《刘少奇选集》上卷，人民出版社1981年版，第99页。

[2] 《习近平关于全面从严治党论述摘编》，中央文献出版社2016年版，第25页。

命精神，增强全面从严治党永远在路上的政治自觉，决不能滋生已经严到位的厌倦情绪！"①张富清同志的先进事迹为全体党员树立了榜样模范，他为党和人民的事业奉献了一生，依然甘守初心、甘于奉献、甘受清贫，守好了一个共产党员的本分。多年来，张富清同志住着老房子、用着旧家具，吃着粗茶淡饭，过着清贫生活。从20世纪80年代初，张富清一家搬到现在仍居住的建行宿舍，近40年过去了，楼上楼下、左邻右舍都已翻修一新，老两口的家还是老样子。斑驳的墙壁，离休时建行赠送的一个木茶几，还在用；衣服的袖口都烂了，还在穿；儿女们给他买的新衣服，他叠得整整齐齐放在箱子里。88岁截肢仍乐观向上、坚持锻炼，拒绝在轮椅上被照料，靠着一条腿和假肢、支架重新站了起来，在家里一遍一遍地练习走路。近百岁高龄仍然坚持每天读书看报、看电视新闻。始终追求政治上的纯洁、思想上的进步、精神上的富有，这样的张富清同志，依然是"以咬定青山不放松的执着奋力实现既定目标，以行百里者半九十的清醒不懈推进中华民族伟大复兴"的榜样人物。习近平总书记强调："英雄模范们用行动再次证明，伟大出自平凡，平凡造就伟大。只要有坚定的理想信念、不懈的奋斗精神，脚踏实地把每件平凡的事做好，一切平凡的人都可以获得不平凡的人生，一切平凡的工作都可以创造不平凡的成就。"②这正是榜样的力量。当前，为了满足人民对美好生活的向往，既需要强大的物质力量保障改善民生，同时也需要强大的精神力量培根铸魂、立德润心。宣传和学习榜样就是用鲜活的价值观去诠释真善美的定义、去传递有形的正能

---

① 《习近平谈治国理政》第4卷，外文出版社2022年版，第32页。
② 《十九大以来重要文献选编》（中），中央文献出版社2021年版，第221页。

量、去感召人民向上向善。在建设中国特色社会主义新时代的伟大征程中，讲好英雄的事迹和先锋的故事，进一步发挥榜样的灯塔作用，对社会高质量发展具有深远价值。

学习张富清同志，要立足当前党和国家发展的大局、全局，把党性修炼与服务国家建设紧密结合起来，全面把握党的二十大对高质量发展提出的要求。在全面建设社会主义现代化国家、向第二个百年奋斗目标进军的新征程上，要全面贯彻习近平新时代中国特色社会主义思想，坚定不移把思想和行动统一到以习近平同志为核心的党中央各项决策部署上来。要认真把握党的二十大报告对经济金融工作的最新表述，全面理解高质量发展的深刻内涵及实践要求，充分肯定新时代十年中国金融业发展成绩，坚定不移走好中国特色金融发展之路，坚定不移推进金融业高质量发展。要准确把握新征程高质量发展的时与势。完整、准确、全面贯彻新发展理念，深入思考如何全面落实新发展理念，切实转变发展方式，增强价值创造力，向资本市场和投资者讲好"建行高质量发展故事"，向市场传递"走好中国特色金融发展之路"的正能量。认真践行金融工作的政治性、人民性，提升专业性，持续提高政治判断力、政治领悟力、政治执行力，全力服务实体经济，为经济社会高质量发展提供建设银行专业的金融解决方案。全面把握好质的有效提升引领量的合理增长，坚持走集约式、轻资本、轻资产的发展道路，确保主体业务和核心指标稳健均衡可持续发展。始终坚持守正创新，加快将战略优势转为竞争胜势，特别是要加大力度提升战略执行质效和数字化经营效能。始终坚持问题导向和目标导向，积极挖掘新的业务和盈利增长点，确保全行经营进入高质量可持续的发展轨道，咬定发展目标不放松，久久为功，推动形成高质量发展的生动局面和强大合力。始终坚持统筹发展与安全，坚持底线思维，树立极限思维，坚定不移贯彻总体国家安全观，有效防范化解各类风险挑战，牢牢守住不发生系统性金融风险的底线，实现高质量发展和高水平安全的良性互动。

百年征程照初心，奋楫扬帆启新程。中国共产党将最灿烂的诗篇书写在广袤的中国大地上，实现中华民族伟大复兴进入了不可逆转的历史进程。越是伟大的事业，越是充满挑战，面对前行路上的"娄山关""腊子口"，需要中国共产党举旗定向、领航征程，需要广大共产党员始终保持革命者坚如磐石的斗争意志和党性修养。为政之道，修身为本。张富清同志的先进事迹就是一部党性修养的好教材。全体共产党员要以张富清同志为榜样，把他的崇高精神内化为自身的精神理念、价值追求，坚定理想信念，涤荡初心使命，把忠诚担当和不忘初心融入实践，把智慧和力量凝聚到开启实现第二个百年奋斗目标新征程的宏伟实践中去，以奋发有为的行动书写无愧于时代的精彩答卷，以昂扬的姿态、有我的决心、无我的境界在党的二十大描绘的美好未来书写属于每一名共产党员的精彩华章。

三 精神赓续：张富清同志激励我们弘扬时代新风

传承榜样力量　弘扬英模精神

中共来凤县委书记　李伟

2019年，中共中央总书记、国家主席、中央军委主席习近平对张富清先进事迹作出重要指示强调："老英雄张富清60多年深藏功名，一辈子坚守初心、不改本色，事迹感人。在部队，他保家卫国；到地方，他为民造福。他用自己的朴实纯粹、淡泊名利书写了精彩人生，是广大部队官兵和退役军人学习的榜样。要积极弘扬奉献精神，凝聚起万众一心奋斗新时代的强大力量。"[1] 老英雄张富清两次受到习近平总书记亲切接见，先后被授予"全国优秀共产党员""时代楷模"等荣誉称号，并获国家最高荣誉——"共和国勋章"。2019年初，国家重点媒体在大力宣传老英雄张富清时，我在恩施州建始县担任建始县委副书记、县政协主席，从中央电视台、新华社、《人民日报》等国家、省、州各级新闻媒体报道中，了解到他深藏功名、无私奉献的先进事迹，深感钦佩、感触良深。同年5月，我受组织委派到来凤县担任县长一职，第一时间拜访了老英雄，参观他居住的建行老宿舍和曾经工作过的地方，多次

---

[1] 《习近平对张富清先进事迹作出重要指示》，央视网，2019年5月24日。

在现场聆听张富清同志讲他的红色过往，翻阅他学习《习近平总书记系列重要讲话读本》等书籍所做的读书笔记，并安排人员落实好张富清同志的生活起居、医疗保障，号召全县广大干部广泛开展向张富清同志学习的活动，通过榜样精神激励全县上下凝聚起干事创业的强大力量。

一、学习英雄事迹，赓续红色血脉

通过系统学习老英雄张富清的先进事迹，其对党的忠诚与信仰、对革命事业的热忱与执着、对生活的从容与坚毅、对名利的无我与淡泊，让我深受感动。

（一）感动他对党忠诚、不忘初心的革命本色

98岁人生，74年党龄，深藏战功64年，这组数字，诠释了一名共产党员的忠诚与初心。老英雄张富清在接受习近平总书记接见时说："感谢总书记，感谢党中央。我是党培养的，我要紧跟党走，做一名党的好战士。"革命战争时期，张富清同志服从指挥，党指到哪儿，就打到哪儿，敢于冲锋在前、敢于牺牲生命；和平建设时期，不计个人得失，做到"党让我去哪就去哪，哪里最艰苦就去哪儿"。对照张富清同志的先进事迹，我深刻感受到，应当向老英雄学习，扎根苦境、深入艰险，永远紧跟党走、永远和人民站在一起，低调务实、踏实干事，用汗水浇灌初心，用实际行动践行对党忠诚。

（二）感动他不畏艰险、不怕牺牲的战斗精神

张富清同志1948年3月参加中国人民解放军，在解放西北的战争中，先后参加了壶梯山战斗、东马村战斗、临皋战斗、永丰战斗等多次战斗，先后荣立西北野战军特等功一次、一等功三次、二等功一次，两次被授予"战斗英雄"称号，并获得了"人民功臣"奖

章。每一次战斗他都报名参加突击队，当前锋打头阵、翻城墙炸碉堡，与敌人殊死搏斗。对照张富清同志的先进事迹，我深刻感受到，个人荣辱相较于国家命运、人民利益都是微不足道的。作为一名党员，必须始终坚持党和人民事业高于一切，党叫干啥就干啥，党让去哪就去哪，尤其是在遇到有工作风险的事，只要有利于党和人民，就必须万难不辞、万险不避，做到"苟利国家生死以，岂因祸福避趋之"。

（三）感动他胸怀大局、矢志奉献的优良作风

张富清同志在来凤乡镇工作了21年（1959年至1979年），其间，他约有16年时间长期深入一线驻村扎点，住在老百姓家里，与他们同吃同住同劳动，一门心思地为百姓造福。在当时条件极为艰苦的情况下，他带领群众主导修建了当年堪称奇迹的"五大民生工程"（1960年，在三胡区石桥大队半山湾上修建了近7公里的"挂壁"水渠；1963年，在三胡区狮子桥大队修建狮子桥水利水电站；1965年，在三胡区革勒车人民公社二龙山处修建了提水灌溉工程；1976年，在驻点管理区——卯洞公社高洞荒山造林几千亩；1977年，在卯洞公社高洞管理区修建了7.5公里"挂壁"公路），为当地老百姓解决了粮食生产、农田灌溉、人畜饮水、发电照明、出行困难等一系列难题。国家开展精减人员退职工作，张富清同志首先动员妻子孙玉兰离职，放弃"铁饭碗"；张富清同志的大儿子得到一个到恩施工作的机会，身为公社革委会副主任的他却让儿子放弃机会，下乡当知青。张富清同志在"小我""小家"面前，总是义无反顾地选择"大我""大家"。对照张富清同志的先进事迹，我深刻感受到，奉献应当是共产党员最靓丽的精神底色，要敢于舍弃"小我"，努力成就"大我"，做到"君子有诸己而后求诸人"。

（四）感动他淡泊名利、廉洁齐家的高尚情操

张富清同志功勋卓著，却从不以此为资本要待遇、要名誉、要福利。他珍惜军人荣誉、珍爱党员身份，始终保持清廉本色，对待子女他说："我有言在先，好好学习，至于毕业后到底做什么事，就看自己的本事。国家公职考不起，就自己找生活。我没有本事为儿女找出路，我也不会给他们找工作。"公费购买的各类药品，都被他锁在抽屉里，坚决不让家里的其他人占国家便宜。对照张富清同志的先进事迹，我深刻感受到，作为县委书记，更要在清正廉洁上做表率，从严律己、克己奉公，做到"见理明而不妄取"，始终做一个一心为公、一身正气、一尘不染的人。

（五）感动他艰苦奋斗、乐观向上的人生态度

离休30余年的张富清同志，一直与老伴儿居住在原建行一栋20世纪80年代的房改房里，简陋的屋子、普通的家具，他却甘之如饴。88岁截肢的张富清同志，为了不给组织添麻烦，为了让子女"安心为党和人民工作"，靠着假肢和支架，重新站了起来。对照张富清同志的先进事迹，我深刻感受到，保持坦然心态、积极应对人生、主动破解难题才是正道，碰上不顺意的事，应当豁达面对、乐观向上，不能被困难影响生活，要始终保持奋进不息的坚强意志，攻克一道又一道难关。

二、挖掘红色资源，传扬榜样精神

2020年6月，我担任来凤县委书记之后，围绕张富清同志这部"活教材"，组织有关单位全方位挖掘张富清同志宝贵的"精神财富"，讲好张富清同志的党史故事，推动学习教育入脑入心、走深走实，凝聚起提振全县干部群众迈进新征程、奋进新时代的精气神，进一步激发干事创业的奋进力量。

（一）红色教育全面深入

结合"不忘初心、牢记使命"主题教育和党史学习教育，通过开展县委理论学习中心组读书班、召开支部主题党日、重走张富清同志当年主导修建的"五大民生工程"旧址旧貌现场等方式，全方位、深层次带领县"四大家"领导班子深入学习张富清同志的先进事迹，感悟榜样力量。利用各类会议、活动持续宣讲张富清同志的先进事迹，组建党委宣讲团、青年宣讲团和基层多样化宣讲队"两团多队"，开展各类宣讲1000余场，受众达6.6万多人，在广大党员干部中引起强烈共鸣。运用新媒体开展"主播带您重走英雄路"微直播，推出张富清事迹网上展播，再现老英雄一辈子"不忘初心、牢记使命"的感人事迹。通过"初心讲堂·我来说党史"现场讲解，让党员从老英雄的事迹中传承红色基因、汲取奋进力量。要求县教育局、团县委将张富清专题学习作为加强对青少年群体爱国主义教育的有力载体，推动红色精神深入各个年龄段群体。

（二）红色作品层出不穷

协调配合国家广播电视总局拍摄六集电视剧《功勋——默默无闻张富清》，客观真实再现了张富清同志作为战斗英雄复员后在贫困山区一心为民造福的感人事迹。中国共产党成立100周年时，在东方卫视、浙江卫视、北京卫视、江苏卫视黄金档上映。打造大型南剧《本色》，以张富清同志的皮箱为线索，将供粮解难、抗旱救灾、劝妻裁员、劈山筑路、家国情怀、深藏功名等六个时间事迹串联起来，再现峥嵘岁月，于2021年5月28日在来凤县完成首映，2022年8月17日首次在北京梅兰芳大剧院隆重上演，引起强烈反响，被纳入湖北省文艺精品项目扶持剧目、湖北省艺术发展专项资金项目、湖北省民族文化精品项目、湖北省重点文艺创作项目。出版《党的好战士：张富清》一书，翔实完备地将张富清同志的工作经历及感人故事反映出来。与湖北广播电视台联合发起直播《重走英雄路　探寻张富清初心之地》，50多万人在线观看。协作推出歌剧《老兵张富清》、话剧《张富清》、音乐剧《本色英雄》、秦腔《张富清1948》等一批省级及国家级重点剧目。

（三）红色阵地建强健全

投入资金340余万元，用历史照片、油画、多媒体、实物展示、场景还原等方式重点打造张富清事迹展馆，以"英雄无言，精彩人生"为主题，从战斗英雄、人民公仆、永葆初心、时代楷模四个部分展示了张富清同志平凡而精彩的人生。党史学习教育时期，张富清先进事迹展览馆成为各级各部门以及群众游客的热门打卡点，4万多名党员干部到现场接受教育，862个团队82647人到馆参观。该展馆被纳入建党百年红色旅游百条精品线路，成为湖北省社会科学普及教育基地。围绕张富清同志在来凤县主导修建的"五大民生工程"，打造"一馆三点"（张富清先进事迹陈列馆、三胡乡狮子桥电站、大河镇独石塘村影视基地、百福司镇高洞村等多个阵地），被纳入州直机关党员干部党性教育基地和建设银行系统党性教育基地，各地群众纷纷来此重走"英雄路"，接受精神洗礼。

（四）红色马甲走遍山村

在张富清同志先进事迹的感染下，2019年7月，来凤县成立"张富清先锋队"，由我本人担任总队长，各乡镇党委书记任分队长、村社区书记任小队长，配置"8+N"志愿服务队伍（"8"即理论政策宣传、文化文艺、助学支教、医疗健身、科学普及、法律服务、卫生环保、帮扶解困等八类常备队伍；"N"即若干具有特色和优势的志愿服务队伍，广泛开展社会招募，全覆盖分层级建设"张富清先锋队"），现有队员33370人，全县196个村社区共成立437个分队，15个"张富清服务站"，学雷锋示范岗40个，常态化开展各种志愿服务活动14500余次，服务时长120余万小时，其事迹在"学习强国"、《人民日报》、中央电视台等主流媒体报道30余次。湖北省社科联、长江云联合推出的《是这个理》栏目播出《山城"红背心"》，讲述"张富清先锋队"的故事，引起强烈反响。

三、彰显红色光辉，凝聚奋斗力量

张富清同志的奉献精神目前已经成为全县上下干事创业的重要精神力量。在张富清同志先进事迹的感染下，全县思发展、谋发展、抓发展的氛围日益浓厚，"红色革命老区县"的底蕴更加深厚，各项工作稳定前进。

（一）干事热情空前高涨

面对新冠肺炎疫情持续零星复发、经济下行压力增大、国际环境复杂严峻三重压力，在张富清同志先进事迹的激励下，全县干部锚定发展目标不动摇，坚定信心决心争先进。2022年上半年，来凤县各项指标稳中有进，地区生产总值增幅全州第三；固定资产投资增速高于全州平均水平14.4个百分点、高于全省平均水平12.9个百分点，规模以上工业企业同比增长12%，农林牧渔总产值同比增长16.1%。这些成绩的取得，都是在张富清同志的先进事迹激励下，全县干部拼搏苦干的结果。

（二）文化旅游快速崛起

在中央和省、州、县各级媒体持续宣传张富清同志先进事迹的努力下，来凤县红色旅游快速发展，打造的"一馆三点"吸引各地游客前来，并辐射带动全县各旅游点"串珠成线"，以杨梅古寨、镇南花海、旧司农园、默乡农场、徐家寨、檀木湾郁金香基地等为代表的休闲观光农业迅速崛起，餐饮、住宿、旅游等服务业快速发展。2022年上半年，全县旅游人数120万人次，实现综合收入5.4亿元。

（三）基层治理便民高效

通过榜样事迹影响，来凤县在城区构建"15分钟服务圈"，实现了便民惠民"365天不打烊"。以"传承张富清奉献精神构建15分钟志愿服务圈"为主题在湖北省青年志愿服务"社区计划"竞赛荣获金奖，花园堡社区获评第七批湖北省学雷锋活动示范点。在乡村，除党委政府牵头组建的张富清志愿服务队外，各类公益组织层出迭发，年均开展公益活动500场次，出动义工2000人次，志愿服务时长4万小时。诸如"来凤温暖行""转转工""爱心妈妈""那曲洛"等多支志愿服务队伍，与张富清先锋队相互协作、相互配合，打通服务群众"最后一百米"。邹杰获评第十三届中国青年志愿者优秀个人，连芳获得2020年湖北省"最美志愿者"殊荣。

张富清同志的先进事迹，不仅对于我个人，对于来凤县乃至全国都是宝贵的精神财富。明朝大宰相张居正写过一偈："愿以深心奉尘刹，不予自身求利益"，这正是张富清人生的真实写照。作为来凤县委书记，我将带头作表率持续向老英雄张富清学习，并带动全县干部群众传承好红色基因，弘扬英模精神，让党员干部群众在学习教育中汲取榜样力量，为推动"十四五"时期绿色崛起、高质量发展提供强大精神动力。

（注：2022年9月收到稿件）

为新时代唤醒一座精神丰碑

——发掘老英雄张富清先进事迹的感悟与思考

来凤县政协常委　邱克权

2019年，习近平总书记对老英雄张富清的先进事迹作了重要批示，并两次亲切接见了张富清同志。这一年，老英雄张富清获得了"全国优秀共产党员""时代楷模"等一系列国家荣誉，并获得国家最高荣誉——"共和国勋章"。这也是党和国家对这位已有70余载党龄的党的好战士的褒奖、肯定和激励。作为最早发现并发掘老英雄张富清先进事迹人员之一的我，一直被张富清同志深藏功名、无私奉献的先进事迹感动着，也时常感慨万千，庆幸党和国家及时开展退役军人信息登记工作，为新时代唤醒了一座精神丰碑。

一、为之震撼并发掘英雄事迹

2018年底至今的数年时间里，我从未间断地在发掘、宣讲老英雄张富清的先进事迹，想让更多的人全面感知、认识、了解真实的张富清同志，让更多的人知晓他尘封已久却充满生命力的初心故事，让更多的人从中汲取精神力量，发扬奉献精神，推进事业发展。

（一）深藏功名，为之震撼

2018年12月初，在来凤县对退役军人实行信息采集的工作中，我从同事张健全处得知其父亲张富清深藏功名的信息。自小便有英雄情结的我为之震撼，连续多夜辗转难眠，深感责任重大，于是暗下决心，一定要尽自己所能发掘这位老人隐藏多年的先进事迹。

随后，我第一时间向时任来凤县委书记的邢祖训作了汇报，并向县委写了专题报告，建议县委高度重视并宣传这位英雄的先进事迹。邢祖训在报告上作了签批，要求相关部门落实。

（二）潜心发掘，备受教育

得知张富清老人信息那天，我便开始发掘、搜集他的先进事迹。2019年2月至6月，我拿出所有节假日休息时间，全程陪同、参与国家主要新闻媒体对张富清同志的先进事迹的现场采访和宣传报道。考虑到张富清老人已95岁高龄，身体状况不是很好，为防止媒体记者因同一问题重复性采访，每次采访前，来凤县委都安排我事先向前来采访的记者介绍他的事迹，至2019年6月底，我先后向各级媒体记者及全国各地来访团队介绍了近百场次。

2019年8月，我作出了一个重要决定：沿着张富清同志在来凤县工作的轨迹，走访群众，深入发掘张富清同志的先进事迹，搜集有关他的真实史料，再现和还原这位老人从"普通人"到"英雄"的本色人生。在随后的5个多月时间里，我利用节假休息日，走遍了张富清同志工作过的原三胡区（现三胡乡、革勒车镇）和原卯洞公社（现百福司镇、漫水乡）的村村寨寨，主要是去看这些地方健在的老人之前是否知晓和熟悉张富清同志。功夫不负有心人，多日的走访让我收获满满，我相继找到了当年与他有较深交集的邓明成、杨圣、谢胜元、周元清、杨松柏、闵柱生、黄金楼、罗冰青、代芳斌、廖达友等老人，同他们进行深入交谈后，我发现张富清同志在乡镇工作了21年（1959年至1979年），其间，他约有16年时间长期深入一线驻村扎点，住在老百姓家里，与他们同吃同住同劳动，一门心思地为百姓造福，主导修建了当年堪称奇迹的"五大民生工程"，解决了当地老百姓粮食生产、农田灌溉、人畜饮水、发电照明、出行困难等一系列难题。如今，这"五大民生工程"的旧址旧貌都保留完好，其中有四大工程还在发挥着作用。2019年至今，我上百次到这"五大民生工程"的旧址旧貌现场，给前来的团队现场讲解，不仅让自己备受教育，也让更多的人受到了教育。我深深地感到，张富清同志在来凤县默默奉献的峥嵘岁月和他在战争年代的浴血奋战一样精彩。

（三）钻研史料，为英雄立传

在发掘、整理上述史料的同时，我查遍了《中国人民解放军第一野战军战史》等大量史实资料，通过在来凤县档案馆查阅档案，找到了张富清同志当年主导修建狮子桥水利水电站等民生工程的一些原始档案资料。我也经常去他家串门，同他及他的老伴儿孙玉兰等人聊天，了解到张富清同志及其家庭发生的更多不为人知的感人故事。

有了这些真实史料素材，出于一种责任和情怀，2019年底至2021年6月，我利用休息时间撰写了30余万字的图书——《党的好战士：张富清》。该书以时间为线，全面、翔实讲述了张富清同志在保家卫国、为民造福中的50余个真实而精彩的初心故事。2021年12月，该书被长安街读书会第20211207期推荐为干部学习新书。2022年2月，在首届红色印记湖北报告文学作品大奖活动中荣获长篇报告文学一等奖。2022年6月，成为鲁迅文学奖入选参评的报告文学类图书之一。

截至目前，该书产生了巨大的社会效益：一是为庆祝中国共产党成立100周年播出的电视剧《功勋——默默无闻张富清》便是根据该书改编，剧中的故事及人物人名大都取自该书。二是该书为国内关于张富清同志的歌剧、话剧等提供了真实创作素材。三是来凤县根据该书记叙的"五大民生工程"的旧址旧貌及真实故事，打造了张富清系列党性现场教育基地。四是国家相关部门根据该书的内容对张富清同志的历史资料进行了全方位的采集，重点对"五大民生工程"的旧址旧貌现场及书中写到的见证人等进行了详细拍照、摄像及采访，届时这些史料将永久性地在国家功勋荣誉博物馆（张富清馆）保存和展示。

二、揭秘无言人生

老英雄张富清的先进事迹经国家各级新闻媒体报道后，在国内产生了强烈反响。很多人在深受感动的同时，也在探寻他深藏功名的根源，作为一直在发掘他先进事迹的人，我从他的人生字典中寻找到了让人信服的答案。

（一）人生追问的三大秘密

在发掘、搜集、整理老英雄张富清的先进事迹中，我无数次被深深感动。感动之余，我也在思考，是什么让他深藏功名60余年，连自己的子女都不说？是什么让他在贫困山区一心为民造福，从不计较个人得失？是什么让他一辈子淡泊名利，永葆初心本色？

通过近四年持续不断的发掘和研究，我确定这一连串问题的答案就在于，老英雄张富清对党绝对忠诚，那种对党崇高而坚定的信仰，是他可以为党的事业献出一切的根源。只有明白了这一点，他之前种种按照常人眼光无法理解的举动才能得以解释。

或许很多人都会问，张富清同志究竟是一个什么样的人？翻开他的人生字典，"选择""突击""奉献""执着""忠诚""清廉"，这六个词应该是出现频率最高的。可以说他一生都在做选择，一生都在突击，一生都在奉献，一生都有执着的信仰，一生对党绝对忠诚，一生都守着清廉。当这六个鲜明特征在他身上完美叠加时，如果用四个字来形容，那便是"朴实纯粹"。如果我们详细解读这六个词，便能解开他深藏功名的密码。

（二）六个人生密码

选择，意味着不同的人生。徐徐展开张富清同志的人生画卷，你会发现，很多关键时期，他都在生与死、国与家、公与私上作着选择。这些选择，多数是迎难而上，朝着对自己不利的方向作出的，既让人肃然起敬，又让人无法理解。探究他的每次选择，他考虑的从来不是"我需要什么"，而是"党需要什么""人民需要什么""组织需要什么"。明白了这一点，他当年作出的这些选择似乎都在情理之中。

突击，彰显的是使命担当。张富清同志的人生中有无数次的突击，归纳起来，战争年代，他的突击信条是："我是一名共产党员，在党需要的时候，越是艰险，越要向前！"和平年代，他的突击信条是："我是党培养的干部，党需要我去哪里，我就去哪里。面对困难，党员就要迎难而上，我死都不怕，难道还怕苦啊？苦，我更不怕了！"

奉献，代表着不计个人得失。张富清同志扎根贫困山区30多年，工作岗位、职务屡屡改变，工作任务屡屡改变，时代环境屡屡改变，但每到一地，他都以极大的耐心与群众打成一片，竭尽所能地为群众解难题办实事，一门心思地为民造福，而极少考虑自己的得失，妻子、儿女都为之付出了巨大牺牲。于国于民，他的这种奉献，都是一种伟大的情怀。

执着，体现的是信念坚守。张富清同志的身上有一种非凡的坚持精神，那就是执着。至今已有70多年党龄的他，最长久的一种坚持便是对党的崇高信仰，70余年的实际行动，足以说明，他的信仰不是一段时期的信仰，也不是受环境变迁而不断变化的信仰，而是至死不渝、坚守终生的信仰。

忠诚，表现在言行上高度一致。纵观张富清同志70余年走过的风风雨雨，无论是顺境逆境，他对党的忠诚矢志不渝。他在接受采访中说出的一些让人泪目的话语，是他穿透岁月、历经风雨之后对党绝对忠诚的朴素表达，透着一种发自肺腑的真诚和纯粹。

清廉，展现的是一种高尚品格。张富清同志作为一名基层领导干部，先后分管过多个"肥缺"岗位，他只要稍微"灵活"一点，在工作30年间，不至于连一些简单的家具都没钱置办，全家人也不会长期饿肚子。而他做到了永葆共产党员的清廉和纯朴。

三、新时代的精神丰碑

老英雄张富清不是文学虚构的英雄，他是一位真实的英雄，他的精神品质犹如一座精神宝库，对于我们所处的这个时代来说，具有巨大的示范作用和榜样力量，将教育、引导和感染当下的人们，树立正确的人生观、价值观，正确对待名与利，激励更多的人以他为镜，荡涤心灵，激浊扬清，凝聚起奋进新时代的强大力量。

（一）初心使命坚如磐石

近两年，随着电视剧《功勋——默默无闻张富清》、歌剧《老兵张富清》、话剧《张富清》、南剧《本色》、秦腔《张富清1948》等一批省级及国家级重点文艺精品相继推出，张富清同志的先进事迹也搬上了舞台和银幕，更加直观生动地展现了他在部队保家卫国，在地方为民造福的初心使命及家国情怀，对激励广大党员干部奋发有为，服务经济社会发展起到了极大的促进作用。

纵观张富清同志近百年的人生，他见证了新中国成立前后的浴血奋战、社会主义改造及建设、改革开放和进入新时代的沧桑巨变。当年，在祖国大地的各个角落，不知有多少像他这样的共产党人、革命军人封存了血与火的记忆、封存了功与名的荣光，转身成为默默无闻的社会主义建设者。无论岁月沧桑，无论艰难困苦，他们为了民族的振兴和国家的强盛，始终初心使命如磐，一往无前。他们筚路蓝缕的奋斗历程，连着共产党人的初心和使命，也连着中华民族的伟大复兴。以张富清同志为杰出代表的这一代共产党人带着时代烙印，为国家的建立、建设，一路历经沉浮、披荆斩棘的奋斗历程，让我们能从中深刻领悟中国共产党为什么能、马克思主义为什么行、中国特色社会主义为什么好的实践真谛。

（二）时代需要精神丰碑

一个有希望的民族不能没有英雄，一个有前途的国家不能没有先锋。今天，我国正在发生日新月异的变化，我们比历史上任何时期都更加接近实现中华民族伟大复兴的目标。实现我们的目标，需要英雄，需要英雄精神。我们党和国家为什么能够不断创造奇迹？从其中一名党的杰出代表张富清同志的人生历程来看，他一辈子的革命工作都是不讲条件、不计得失，为党分忧、为民解难，牢记宗旨、坚定信仰，真正把对党的绝对忠诚刻进心中、融入血脉，充分发挥了共产党员的先锋模范作用。"张富清式"的时代奉献精神就是成就奇迹的力量，就是打开奇迹的"钥匙"。正是有了无数像张富清同志这样的先锋人物，我们党和国家的事业才能不断前进，赢得一个又一个胜利。一代人有一代人的使命，一代人有一代人的长征。我们坚信，在我们伟大祖国迈向强盛征途的关键时期，会涌现出更多年轻的"张富清"，成为共和国的脊梁，推动中华民族走向伟大复兴。

本文作者简介：邱克权，来凤县政协常委。2018年底，在得知张富清同志深藏功名的信息后，第一时间向来凤县委汇报，并写专题报告建议县委宣传他的事迹。此后，他主动承担起对张富清同志先进事迹的发掘、搜集、整理和讲解工作，全程参与了国家重点媒体对张富清同志的采访报道。2019年以来，相继给来自北京、新疆、陕西、武汉的团队以及湖北省州县相关单位宣讲老英雄的事迹300多场次，其中在张富清同志当年主导修建的"五大民生工程"现场讲解100多场次。一直致力于张富清奉献精神的发掘和研究。数十次采访了张富清同志及其家属，多次沿着张富清同志在来凤县工作过的足迹，实地走访群众及知情人，查阅了大量文史档案资料，将张富清同志在来凤县工作数十年为民造福的事迹尽数发掘。本文作者利用业余时间，历时两年走访并撰写了30余万字的图书《党的好战士：张富清》，为庆祝中国共产党成立100周年播放的电视剧《功勋——默默无闻张富清》便是改编自该书。本文作者相继被建行大学湖北分行分校及恩施州委党校等学校聘请为宣讲"张富清事迹"的客座讲师。

（注：2022年9月收到稿件）

熔　炼　张富清同志一生的党性修炼

我眼中的爷爷

张富清同志的孙女　张然

2019年，因为退役军人的登记，爷爷拿出了保存60多年的立功证书，经《楚天都市报》《湖北日报》报道后，全国各大媒体记者云集来凤县采访报道，除了对爷爷战斗经历、扎根山区的经历进行采访外，记者们也非常关注爷爷对我们这个家的影响。

很多记者都提出了这样的问题：

在你心中，你爷爷是个什么样的人？

其实，长期以来，在我们心中，爷爷就是一个普普通通的人：朴实、知足、奉献、感恩。

爷爷从部队转业到来凤县时，随身携带的物件就只有一口皮箱、一套军装、一个搪瓷缸。60多年过去了，当年的皮箱已经失去了光泽，皮箱的扣袢也已经断裂，加以缝补连接才能使用。一套军装从1955年穿到1977年，补丁摞补丁。一个搪瓷缸，已经失去盛水的功能，搪瓷脱落，牙膏皮打的补丁是那么的不协调，可缸体上的天安门图像却依然生辉，每天在三屉桌上静静地陪伴着爷爷看书学习。爷爷老了，它们也老了。可爷爷却将它们当成宝，不舍得扔掉。

2019年7月，爷爷到北京参加全国退役军人工作会议。临行前，家里替爷爷准备了新衣服、新衬衫，可是爷爷参会后，从北京回来一路上仍然穿着一件十几年前穿过的格子衬衣。他说这些衣服还能穿，丢了可惜。爷爷认为，衣服能保暖就行，"新三年，旧三年，缝缝补补又三年"，虽然生活条件比原来好了，但这个传统不能丢。

爷爷平时吃饭，问他吃什么，一句话"随便吃点"，从来不提要求。

早上一碗面条（这是全天吃得最多的一餐），中午一个馒头（或者摊饼）加油茶汤（家里打的油茶汤几十年都是如此，油炸茶叶、姜米，烧开就是油茶汤，没有泡的食品），晚上米饭一小碗，浇点菜汤。为了让爷爷多吃一点，我们常常暗里把爷爷碗里的米饭压实，这样可以多盛一点。2019年5月9日，新华社记者在采访爷爷后，拍摄了一张爷爷吃晚饭的照片，一盘豆腐、一盘合渣、一碗蛋汤。拍摄记者程敏老师感叹"老人过得太简单了"。

简单吗？老人不会这样认为。

记者们知道爷爷当过兵、打过仗，曾经就有记者问爷爷看不看打仗的电视剧。爷爷严肃地说："一般不看，因为有的里面有些事情太假。哪有打仗时，衣服干干净净的？坐在那里四平八稳地拿着筷子吃饭？我们那时打仗，没有换洗衣服，血水汗水混在一起，恶臭难闻。吃饭是炊事班把炒面倒进行军战士的帽子里，战士们边走边抓着吃。打仗，是你死我活的拼杀，你动作慢一点，敌人就会把你搞倒。"这是爷爷记忆里的场面。部队苦，打仗苦，没有这些苦，哪有今日甜。爷爷说："能有吃的就满足了，那样才会有力气。"

1959年，爷爷调往三胡区工作，适逢当地三年（1959—1961年）困难时期，来凤县遭遇百年不遇的大旱。那时，凡是能充饥的树皮、野菜、草根都被用来充饥。爷爷说："粮食来之不易，饿过饭的人更懂得粮食的金贵。"

爷爷现在的住房，是1984年左右来凤建行修建好用来分配给职工的住房，大约80平方米，后来成为房改房。从那时算来爷爷在这间房子已经住了38年，原来建行的职工大多已搬家了，新搬进来的住户也将房子整理一新。一楼的住户变成了美容的商户，成天人来人往,闹哄哄的。可爷爷一家仍住在这里。陈旧的墙壁黏附着涂料皮,破旧的门窗"吱呀"作声,已然难挡室外的寒风和暑热。很多年轻的记者走进来,第一感觉就好像时空发生穿越,回到了20世纪80年代。新华社程敏拍摄的那张老人吃饭的照片,那张吃饭的桌子,桌面是用捡来的五夹板做的,天长日久,边上已起毛球了。换季时存放棉絮、棉衣就用纸箱子,常常成为老鼠光顾的地方。我们多次提出或修整或换房,爷爷就是不同意。建行领导非常关心。2020年,为解决疫情防控期间老人长时间不能上街行走锻炼的问题,特意将住房紧邻的车库房顶整修连接,并加装电梯,这成了老人的好去处,只要有空就在车库房顶平台锻炼。县里也考虑到爷爷确实生活不方便,想给老人换一个地方,多次询问,他就是不同意。

其实谁不愿意住好一点呢?特别是爷爷年纪大了,行动又不方便。一生病,各种麻烦就来了:房子太窄了,多几个人就施展不开,就连担架都不好使。爸爸兄弟几个常年只能在爷爷住房外的沙发上睡觉,防止意外发生。

爷爷在三胡、卯洞驻队时,住在农户家。大多只能住在柴房或走道上,条件好一点的,就住在农户装谷子的木柜上面。那时,在农村还有住茅草房住山洞的人。爷爷在三胡修渠时,住在半山腰搭建的帐篷里,在高洞修路,就住在山洞里。

现在,2022年,爷爷仍然住在建行的房改房中,一如既往过着朴实而简单的生活。

在爸爸的记忆中(三胡、卯洞期间),在家里经常见不到爷爷,好不容易爷爷回来一次,也是拿上换洗衣服就匆匆而去,很少与家人一起吃饭,这个家更是交给了婆婆。爷爷在三胡工作期间,全家六口人,爷爷的粮食计划不在家里的粮证上,而粮店是按三七开供应杂粮和大米。那时基本上什么都是凭票，按计划供应，到月底有几天就完全没有粮食，会拉饥荒。全家平时尽量把洋芋、红薯和大米一起煮成稀粥，这样量大，可以填饱肚子。婆婆每次煮饭时总是用手去抓米而不是用瓢去舀，掰着手指头计划着每月粮食能吃多久。

在卯洞时，爷爷住队，多次晕倒在下乡的路上。由于太过劳累，有一次到供销社去开会，心里想着苦竹沟桐林病虫害防治问题，不知不觉走过了供销社，走到了反封坪，遇见路人问他去干什么，他才想起是到供销社去开会，赶快折身往回走。这样的事多了，婆婆非常担心，拉着爷爷的手说："你可不能出事，你出事了，我和孩子们怎么办呀。"

爷爷对我们说："我住队是为了带领群众发展生产，就是为了让老百姓能吃上一碗干饭。为了群众，我顾了大家，就顾不了小家。要相信，艰苦的日子不会长久的，一定会过去的。"

回望爷爷走过的路，我们似乎看到了爷爷一路走来的足迹，筚路蓝缕，一路艰辛。住的房子不断在变好，印证着社会的不断发展变化。这是奋斗者的付出，这是建设者的见证，这是一代共产党人使命担当的写照。时代在前进，生活在变化，吃住要知足，享受要有度，这样才会有朴实生活的心境。

爷爷立功，都是因为充当突击队员炸碉堡。有记者曾问爷爷："你知道担任突击队员意味着什么吗？"爷爷说，"突击队员就是用自己的身体去消耗敌人的子弹，为部队前进蹚开一条血路"，"每次战斗，手一举，就意味牺牲"，"只有共产党员才有资格报名参加突击队员"。随着记者的采访，说起牺牲的战友，说起惨烈的战斗场面，爷爷老泪纵横。据有关资料记载："永丰战斗，仅1天时间，第七一八团第一营换了3个营长，第二营六连换了8个连长。""二纵于27日7时30分发起总攻,战斗残酷激烈,当二营从永丰镇城墙缺口突入后,不到2个小时,先期进攻的四连、五连指战员全部牺牲。六连接替任务后,张富清再次担任突击组长,带2名战士子夜出击,连续炸毁敌人2座碉堡、缴获2挺机枪,打退敌人数次反扑,坚持到天明大部队攻进城,身负重伤。"永丰战斗取得重大胜利,但我方牺牲也很大,永丰烈士陵园里长眠着许多牺牲的战友,很多都是无名碑。记得一本书上曾写道:"回忆惨烈的战争画面,让亲历者思绪再次回到血腥的战场,那种痛苦,是撕心裂肺的痛苦。"爷爷一边说一边流泪,而我和爸爸在旁边听着,心潮澎湃,不能自已。终于明白爷爷为什么不愿说出过往的经历:"和牺牲的战友比,能活着,就是幸福。"

听着爷爷对记者的述说,我明白了为什么爷爷把生活压到最低标准,但心里非常知足;为什么他选择到贫困的山区,一干就是一辈子。为什么他要把军功章锁进箱底,几十年都不拿出来示人,即使在艰苦的日子里也从不拿出军功章来改变一下生活困境,那是因为爷爷心里一直在和牺牲的战友比,能活着就是幸福,战友们牺牲了,他们未完成的事还得接着干。爷爷在和生活困难的群众比,"我现在吃的、住的,衣食俱足,比过去不知好了好多倍,我知足了"。"我入党时就作了宣誓,为了党和人民的利益,我可以牺牲一切。"爷爷的"两个比较"所形成的生活态度、工作态度,自然而然潜移默化,长期浸润影响着一家人。现在我们家里19口人,6名党员,子女辈都是通过高考参加工作,孙子辈6人有2个本科生,3个硕士研究生,1个博士研究生在读。没有一个靠爷爷的安排去工作,没有一个利用爷爷的光环去谋取私利。

2019年5月24日,习近平总书记作出重要指示强调:老英雄张富清60多年深藏功名，一辈子坚守初心、不改本色，事迹感人。在部队，他保家卫国；到地方，他为民造福。他用自己的朴实纯粹、淡泊名利书写了精彩人生，是广大部队官兵和退役军人学习的榜样。要积极弘扬奉献精神，凝聚起万众一心奋斗新时代的强大力量。

2019年7月26日，全国退役军人工作会议在北京召开，习近平总书记亲切接见了全国退役军人工作会议代表，他走到爷爷身边，俯下身子说："你都做到了。你是全党全国人民的楷模！保重身体，健康长寿。"

2019年9月29日，人民大会堂金色大厅，习近平总书记给爷爷张富清颁授共和国勋章；10月1日，爷爷登上天安门城楼出席国庆70周年大典。看到滚滚钢铁长流从天安门前经过，看到游行的队伍载歌载舞，爷爷心潮澎湃，感叹再三："我们当年流血牺牲就是为了今日，就是为了祖国的繁荣和人民能过上今天的好日子。"

从北京回来以后，爷爷把勋章、荣誉锁进柜子里，钥匙就系在裤腰带上。爷爷说："沉甸甸的荣誉，体现的是党和人民的关怀。荣誉属于我那些牺牲的战友。我要永远记住党的关怀和恩情。"

《解放军报》杜献州老师采访爷爷后曾感叹道"老人一生吃了太多的苦"。爷爷一生吃苦，是因为不能让群众再吃苦，那是无数牺牲战友的嘱托。婆婆跟着爷爷吃苦，淬炼出伟大的中国女性博大善良的宽厚情怀和奉献者背后伟大坚韧的身影。父辈们跟着爷爷度过艰难岁月，淬炼出少年成长的勇气和不为困难压倒的信心。爷爷的故事告诉我们，他们那一代共产党人是如何走过艰难，走到今天的。烈士的生命和鲜血，换来了五星红旗的升起。创业者一心为民、筚路蓝缕的奋斗，托起了祖国繁荣昌盛的今天。一代又一代的共产党人，秉持着共产党人忠诚、执着、朴实的信念，传承着一心为民的初心，一代接着一代干，必将实现中华民族的伟大复兴。而无私奉献的精神，已然成为民族精神的一部分，流淌在国人的血液里，镌刻在我们民族的基因中，必将凝聚起万众一心奋斗新时代的强大力量。

习近平总书记指出，家风家教是一个家庭最宝贵的财富，是留给子孙后代最好的遗产。今日，爷爷仍然是一日三餐过着质朴的生活，仍然住在建行的家中，只是爷爷更加老了。初心本色，付此一生，爷爷用他的奉献诠释了一名老兵全心全意为人民服务的赤诚忠心，诠释了一名共产党员的清正家风。对于我们一家人来说，曾经不理解的事，我们找到了一些答案，这些答案，融化为一个家庭的品格，成为几代人自然而然的事，永远激励后辈儿孙听党话、跟党走，在新时代的青春赛道上跑出最好成绩。

（注：该篇文章写于2022年8月）

笃行之为

第四篇

　　知易行难，行胜于言。传承和弘扬张富清老英雄的高尚品德和崇高风范，在不断提高自身党性修养的同时，让更多的人乃至我们的后世子孙铭记老英雄的先进事迹，从老英雄精神中受感动、受教育、受启发、受鼓舞，是我们应尽的责任，也是对英灵的最好告慰。在本篇，我们阐述了新时代创新开展党性教育的一些思考，并将中国建设银行党校《党的好战士——张富清党性修炼情景案例课》课程脚本收录其中，为广大读者提供参考借鉴。

一　立德树人：对新时代创新党性教育相关工作的思考

对新时代创新党性教育的思考
——以《党的好战士——张富清党性修炼情景案例课》为例

中共中央党校（国家行政学院）党的建设教研部副教授　张超

"种树者必培其根，种德者必养其心。"习近平总书记指出，党性教育是共产党人修身养性的必修课，也是共产党人的"心学"。党性教育就是党组织或党员自身为了坚定理想信念、牢记初心使命、提高思想觉悟、增强政治自觉，保持思想上、政治上、作风上、纪律上的先进性和纯洁性，通过一定的途径、采取一定的方式、聚焦一定的内容，对党员开展的有组织、有计划、有目标的特殊的思想教育。新时代为加强党性教育提供了新的机遇和契机，提出了新的任务和要求。中共中央党校（国家行政学院）党的建设教研部与中国建设银行党校共同开发了《党的好战士——张富清党性修炼情景案例课》（以下简称"张富清特色党课"），在方法途径、教育内容与组织机制等方面均有所创新，相信能为今后党性教育工作的开展提供可借鉴的经验启示。

中国共产党历来重视党性教育，加强党性锻炼、提高党性修养，是我们党在长期的革命、建设和改革实践中不断取得胜利的重要保障。党的十八大以来，习近平总书记多次阐述党性的深刻内涵和党性教育的重要意义，提出明确要求。2013年6月，习近平总书记在全国组织工作会议上强调"培养干部，要抓好党性教育这个核心"①，充分显示了党性教育在干部培养过程中的极端重要性。同年9月，习近平总书记在指导河北省委常委班子专题民主生活会时指出："党性是党员干部立身、立业、立言、立德的基石，必须在严格的党内生活锻炼中不断增强。"②这一论断充分彰显了党性在党员干部修身养性中的基础性地位和作用。2015年12月，习近平总书记在全国党校工作会议上强调，"领导干部到党校学习，主要任务是学习党的理论、接受党性教育"，"各级党校要把党性教育作为教学的主要内容"。③我们党明确把党性教育与理论教育并列起来作为党校的主业主课，把党性教育明确为领导干部党校学习的主要任务，这凸显了党性教育在党内教育体系中的重要地位。2016年10月，习近平总书记在党的十八届六中全会第二次全体会议上指出："用理想信念和党性教育固本培元、补钙壮骨，着力教育引导全党坚定理想、坚定信念。"④这一重要论述，充分说明了党性教育在帮助党员干部坚定理想信念方面的重要作用。习近平总书记的一系列重要论述是新时代加强党性教育的根本遵循，为党性教育的巩固、深化、拓展指明了方向。

新时代党性教育在巩固深化拓展、取得显著成效的同时，与党中央的要求、党员干部的期待、时代发展的需要相比，还存在一些问题和短板：一是教学手段的灵活性、时代性不够且存在形式化倾

---

① 《习近平谈治国理政》，外文出版社2014年版，第417页。
② 《习近平指导河北省委常委班子专题民主生活会》，《人民日报》2013年9月26日。
③ 习近平：《在全国党校工作会议上的讲话》，人民出版社2016年版，第13、17页。
④ 《十八大以来重要文献选编》（下），中央文献出版社2018年版，第453页。

向；二是教学内容的针对性、实效性不强，在武装头脑、指导实践、推动工作上存在着老办法解决不了新问题的情况；三是存在把"党性教育"局限于"党校教育"的认识误区，导致党性教育主体不明、责任不清。

新时代党性教育工作需要坚持问题导向，不断创新，久久为功。首先，在方法途径上，需要聚焦课程主题和核心要素，选择恰当的教学方式进行情感的渲染，把握理论与情感的交汇点，以理导情，以情感化，情理交融，引发共鸣。如通过情景式讲授、案例教学、主题研讨、现场教学、角色体验、对话访谈等教学方式，把情感的力量注入课程当中，将党性教育的情感认同、理性思考和行动自觉有机统一起来，在"身临其境"中触及党员干部的内心，在"润物细无声"中净化党员干部的灵魂，从而增强党性教育的体验感和吸引力。

张富清特色党课以张富清同志党性修炼和全心全意为人民服务的先进事迹为主线，立体化呈现了张富清同志深藏功名六十载、不改初心守本色的感人事迹，并已进入中国延安干部学院等机构作为党性修养的专题课程。该课程以一台综合运用沙画、朗诵、评论、视频、影视同期声、歌曲等多种形式的高品质情景式报告会为主要载体，全方位展现了张富清同志对初心的赤诚、对使命的执着；同时通过现场访谈、理论讲授等环节揭示出张富清同志在党性修养方面带给我们的巨大启示。老英雄忠诚担当、矢志奋斗、不计得失、不改本色的奋斗历程和感人事迹，随着讲师团成员朴实走心的讲述，给广大党员干部、给所有的学员以巨大的思想震撼。聆听张富清特色党课，不仅仅是感动，更多的是思想的震撼、心灵的升华。

基于张富清特色党课的核心内容，中国建设银行开展了"张富清特色党课到支部"主题党日活动。在活动过程中，探索利用新媒体、微媒体开展党性教育，以微信、建行学习平台、学习强国等新媒体、新媒介为传播平台，以微视频等微媒体为传播载体，以简短精悍、通俗易懂的"小故事""小实践""小实例"来阐述"大道理"，主题明确，以小见大，形式上增强了党性教育的趣味性和时尚性，空间上拉近了党的理论、党性教育与党员之间的距离，效果上提高了党性教育的传播速度和影响广度，让党性教育搭上新媒体的快车，焕发出新的生命力。

其次，在教育内容上，党性教育的主要作用是影响党员干部的思想认识和行为态度，提高党员干部的政治素质和党性修养，把党的性质宗旨转化为自己的政治信念和行为自觉。新时代党性教育要把教育引导党员干部坚定理想信念、坚守政治信仰、增强党的意识、纪律意识等作为首要任务。通过积极地开展党性教育工作，既能因应社会思潮的起伏变化，帮助党员干部解开思想疙瘩，廓清思想困惑，又能从关心党员干部的生活工作、党员干部的思想实际和现实问题出发，聚焦解决党员干部思想上、作风上、纪律上存在的突出问题。

中国建设银行通过"张富清特色党课到支部"主题党日活动把学习张富清同志先进事迹同主题教育常态化、长效化结合起来，同落实巡视整改促进全行改革发展结合起来，同每一名共产党员自身的党性锤炼提升结合起来，推动张富清特色党课进支部、进课堂、进头脑，成为每个基层党组织"三会一课"的必修内容，通过组织集中学习、自主自学、岗位实践等多种方式，引导广大党员、干部学思践悟、细照笃行，将学习成果转化为以高质量党建引领高质量发展的实际成效。

最后，在组织机制上，党性教育是一项系统工程，需要多个教育主体发挥作用，也需要广大党员干部积极参与，形成合力和整体效应。新时代党性教育要夯实各级各类党性教育责任部门的责任，将党支部作为党员干部开展党性教育的常态化阵地，将党性教育与党内政治生活有机结合起来，充分激发党员干部的内生动力，增强党性教育合力，形成齐抓共管、相互促进的良好工作格局。

中国建设银行通过"张富清特色党课到支部"主题党日活动要求各级党组织要以政治坚定、作风过硬、业务精湛的党员骨干作为主体，通过组建"张富清突击队""张富清服务队"、创建"张富清服务示范岗"等，引导广大党员干部在贯彻落实党中央决策部署中，进一步发扬不畏艰难、矢志奋斗的拼搏精神，在服务构建新发展格局的主战场上，永葆胸怀大局、不计得失的崇高品格，在为党分忧、为国尽责、为民服务的实际行动中，彰显忠诚担当、不忘初心的政治本色。要求各级党组织书记切实履行抓基层党建"第一责任人"职责，把"张富清突击队""张富清服务队"等具体实践与推行"书记项目"工作有机结合起来，通过带头领办党建项目，落实、落细各项工作任务，探索完善党建引领业务发展的新模式、新机制，推动党建工作与新金融行动紧密结合，不断增强基层党组织的创造力、凝聚力和战斗力，以高质量党建引领建设银行增强"三个能力"和践行新金融行动向纵深发展。

一堂成功的党课离不开一支优秀的教师团队。张富清特色党课讲师团由建设银行总行以及部分分行的精干力量组成，其前身为建设银行总行"张富清同志先进事迹情景报告团"。报告团成员都是建设银行的普通员工，有的同志在此之前甚至没有任何舞台表演经验，但是他们坚持一路学习，一路宣讲，从一张白纸到一幅精彩画卷。在此次课程开发过程中，脚本一次次推倒重来，形式一次次变化更新。为了斟酌一句话，几度开展头脑风暴；想到一个好的点子，深夜爬起来赶紧记下。这支讲师团经常开会过了饭点，排练到了黎明。厚厚的一沓脚本修订稿，破了边，打了卷，记录着大家的辛苦付出。最终，他们合力为学员们贡献了一堂精彩的党性教育课程，自身也已成长为政治素养强、理论水平高、善于表达阐释的优秀教师。要讲好党课，就要持续加强讲师团的素质能力提升，建立师资培养长效机制，培养造就一支在党性教育方面有影响力的专业教研团队。

中国建设银行将深入学习张富清特色党课作为常态化开展向张富清同志学习活动的有力抓手，传承发扬张富清同志精神财富的重要手段。建行总行党委组织部、党务工作部会同党校、建行研修中心等单位，持续推出适合不同需求、受众和场景的系列党课内容。中国建设银行各级党委以党支部为单位，积极探索学习、宣传、推广张富清同志先进事迹的方法路径，总结提炼适合基层党员、干部党性修炼的方式方法，既充分发挥理论学习、"三会一课"、谈心谈话、"张富清学习日"（每年5月24日）等成熟制度的基础性作用，又灵活运用并发挥新兴媒体、设备、终端等载体的积极作用，使"向张富清同志学习"横向到边、纵向到底，同时务实功、求实效，避免形式主义和增加基层负担，结合本单位实际，把"常态化开展向张富清学习活动"持续推向深入，把学习成效体现在推动高质量发展中，体现到拓维升级新金融行动上，打造具有中国建设银行特色的党建工作品牌。

一个党员党性的养成，既需要自身的努力，又需要组织的培养，更需要持之以恒的学习教育。要把党的事业推向前进，实现党的奋斗目标，必须不失时机地推进党性教育的创新，坚定不移地加强党性教育，把党建设成为始终走在时代前列、人民衷心拥护、勇于自我革命、经得起各种风浪考验、朝气蓬勃的马克思主义执政党，把党员锻造成为坚强的具有共产主义觉悟的先锋战士。时空变幻、穿越百年，初心如磐、使命如炬。新时代党性教育的创新，必须系统地、全面地对党性教育的规律进行研究，提升党性教育的针对性和实效性，推进党性教育的整体规划和机制建设，从而为各级党员干部补钙壮骨、立根固本。

二、育才强基：党的好战士——张富清党性修炼情景案例课

党的好战士——张富清党性修炼情景案例课

为深入学习和全面弘扬张富清同志的先进事迹，更好地促进党建引领、浸润管理、厚植文化、薪火相传，传递榜样力量、传承红色基因，突出政治教育和政治训练，丰富党建工作方式方法和党性教育课程内容形式，《党的好战士——张富清党性修炼情景案例课》应运而生。

本课程旨在引导党员干部对照张富清同志的先进事迹中蕴含的"忠诚担当、不忘初心的党员本色；不畏艰难、矢志奋斗的拼搏意志；胸怀大局、不计得失的奉献精神；深藏功名、居功不傲的谦和风骨；淡泊名利、乐观朴实的人生态度"五个方面的核心内涵，学深悟透、细照笃行，不断提升党性修养、坚定理想信念，不断推进自我革新、自我提升，不忘初心、不改本色，增强"四个意识"、坚定"四个自信"、拥护"两个确立"、做到"两个维护"。

本课程通过情景报告、表演者采访、专家点评、自我沉淀等互动教学形式展现，主要包括以下四个环节：

第一环节：情景报告，内容详见课程脚本。

第二环节：表演者采访，内容可参考访谈实录。

第三环节：专家点评，可主要围绕以下几个方面，即什么是党

性、党性的内涵和外延、张富清同志如何用自己的一生诠释了党性、张富清同志如何进行自身的党性修炼、对我们有哪些有益的启示、我们应该在工作和生活中如何加强党性修炼等。

第四环节：自我沉淀，一是请学员对自身的党性修养进行总结评价，二是形成自身党性修炼的目标和方法路径持续提升党性修养。

第一环节：情景报告

党的好战士

——张富清党性修炼情景案例课脚本

中共中央党校（国家行政学院）党的建设教研部

中国建设银行党校

【开场主持词】

尊敬的同志们，同学们：

大家好！

中国建设银行党校张富清党课宣讲团，非常荣幸能通过视频方式与大家共同学习英雄张富清同志的事迹。

98岁高龄的张富清同志，他人生中的最后一个岗位是中国建设银行湖北恩施来凤支行副行长。解放战争时期他英勇善战、舍生忘死、屡立战功，社会主义建设时期他扎根基层、无私奉献、深藏功名。在他的事迹广为宣传后，他被授予国家最高荣誉——"共和国勋章"。

习近平总书记曾经三次接见张富清同志，称赞他是"坚守初心、不改本色"的共产党人典范。中国建设银行掀起了"向张富清同志学习"的热潮。

为了全面彰显张富清同志党性修炼的实践价值和时代价值，在中共中央党校（国家行政学院）党的建设教研部的指导下，《党的好战士——张富清党性修炼情景案例课》应运而生，按照"情景报告、表演者采访、专家点评"的形式，力求全景式展示英雄的感人事迹，挖掘党性真谛，引导党性锤炼。

欢迎大家提出宝贵意见，中共中央党校（国家行政学院）×××教授将在最后进行点评。

下面就让我们一起走近老英雄——党的好战士张富清。

党的好战士
——张富清英雄事迹情景报告会

表演者1：一百年，一个政党，从无到有、从小到大、从弱到强，中国共产党团结带领人民创造辉煌成就，成为世界第一大政党。

表演者2：一百年，一个民族，从任人宰割、饱受欺凌，到站起来、富起来、强起来，中华民族伟大复兴的历史进程已不可阻挡。

表演者1：一百年，一个国家，从满目疮痍、百废待兴，到地覆天翻、沧桑巨变，全面建设社会主义现代化国家的历史车轮滚滚向前。

表演者2：站在"两个一百年"奋斗目标的历史交汇点上，党中央号召我们：勿忘昨天的苦难辉煌，不愧今天的使命担当，不负明天的伟大梦想。

表演者1：走在新时代新的赶考路上，习近平总书记告诫我们：要——"不忘初心、牢记使命"。

表演者2：什么是初心？

表演者1：什么是使命？

表演者2：我从哪里来？

表演者1：要到哪里去？

表演者2：我的肩头又承担着怎样的时代责任？

表演者1：这是今天每一个共产党人，内心的自省与深切的发问。

表演者2：一天，一位98岁高龄的老人走进我的内心世界。

表演者1：一天，一位有着74年党龄的长者抵达我心灵的深处。

表演者2：老人给了我们最朴实、最真切、最生动的回答。他，是首批共和国勋章的获得者。

表演者1：他，就是战斗英雄、中国建设银行湖北恩施来凤支行原副行长、离休干部张富清。

表演者2：我们有幸与英雄见面，老英雄的笑容把我们一次次感染，老英雄的事迹让我们一次次感动。

表演者1：从他身上，我们加深了对初心内涵的领悟，在他眼中，我们望见了使命之光的闪烁。

表演者2：就让我们一起走近张富清。

表演者1：走近这位谦和老人。

第一篇章：谦和老人

表演者3：在湖北省恩施土家族苗族自治州来凤县有一条凤翔大道，这里有一个20世纪80年代建造的建行宿舍，里面住着一位谦和老人，他就是张富清。

表演者3：老人搬入这个宿舍已有30多年，始终过着简朴而又平静的生活。每天看书、读报、看新闻、记笔记，陪老伴和大女儿上街买菜，下厨做饭。闲暇时，还在院里走走，和老同事、老邻居打打招呼，聊聊天。

表演者3：家里收拾得干干净净，利利索索。斑驳的墙壁、褪色的家具，简朴中透着生气。阳台上养着一排绿植，像极了一队整装待发的战士。

表演者3：然而，一个偶然的事件，打破了他生活的平静。

【视频，央视采访片段"曾经是一名战斗英雄"】

表演者3：这是3枚奖章。第一枚，"人民功臣"4个字闪闪发光。

表演者4：第二枚，"解放西北纪念章"，清晰可见。

表演者1：第三枚，"全国人民慰问人民解放军代表团纪念章"，熠熠生辉。

表演者3：这张年代久远、早已泛黄的立功证书，上面记录着：1948年6月，在壶梯山战役中荣立师一等功；1948年7月，在东马村战役中荣立团一等功；1948年9月，在临皋战斗中，荣立师二等功；1948年10月，在永丰战役中，荣立军一等功。

表演者4：同奖章和立功证书一起包裹着的，是一张西北野战军的"特等功"报功书。还有一张身着军装、胸佩军功章的年轻人飒爽英姿的照片。

表演者1：这些沉甸甸的荣誉是属于张富清的。然而，周围没有人知道这些，就连他的儿女们也无从知晓。如果不是退役军人事务局进行信息采集，张富清光辉的人生不知还会封存多久。

【媒体采访】

表演者1：90多岁的张富清老人深藏功名、淡泊名利的消息不胫而走，大街小巷都在传颂着他的名字。

表演者4：可是，对于往事，张富清老人不想提及，直到有人劝说他，如实汇报自己的情况是对党的忠诚，是为社会作贡献时，他才满含热泪追忆起那段封存在箱子里、更封存在他心里60多年的峥嵘岁月，追忆起他在解放战争的枪林弹雨中历经九死一生立下的赫赫战功。

【视频，央视时代楷模片段张富清日记】

表演者5：【致敬词】

英雄张富清，深藏功与名，初心永不改，坦然写苍生。该是怎样的经历锻造了张富清，这个共产党人的谦和之风骨，忠诚之品格？

让我们一起回到那个战火硝烟的年代吧——

第二篇章：战火硝烟

表演者2：1948年，中华大地烽火连天，解放战争的硝烟弥漫在大江南北。24岁的穷苦农民张富清光荣入伍，成为中国人民解放军西北野战军第二纵队三五九旅七一八团二营六连的一名战士。

张富清苦练本领，作战勇敢，苦仗硬仗，无所畏惧。

他在壶梯山战役中任突击组长，攻下敌人碉堡，缴获敌人机枪，巩固阵地，使后续部队顺利前进；

表演者4：他带领突击组6人，在东马村消灭外围守敌，占领敌人碉堡，打开缺口，身负伤不下火线，继续战斗；

表演者3：他在临皋执行搜索任务，发现敌人后即刻占领外围制高点，封锁火力，完成截击，迅速消灭了敌人。

表演者2：浴血奋战、屡立战功的张富清，入伍5个月就火线入党。他面对党旗，举起右手，紧握拳头，庄严宣誓：永远听党的话，党指到哪里，就打到哪里，随时为党和人民牺牲一切。

表演者1：为了这个誓言，张富清总是不畏牺牲，冲锋在前。白天鏖战，夜晚突袭，大大小小的战役他不知道打过多少，身上的伤也不计其数，但他从不畏惧，从不退缩。他说，打仗的秘诀就是不怕死，战场上，决定胜败的关键是信仰和意志！

表演者3：1948年冬天的永丰战役，注定是一场恶仗。敌七十六军在我西北野战军的追击下，其主力逃回永丰镇，困兽犹斗。担负主攻任务的七一八团组织多次进攻，都因敌人火力凶猛，久攻不下。

表演者2：担任突击任务的六连决定成立突击组，连长刚刚宣布了行动方案，张富清第一个站了出来："连长，我去！"连长的目光落在了张富清身上："张富清，这次由你担任突击组长，把那个碉堡给我拿下！""是！！！"

【视频，张富清同期声】"炸毁了2个碉堡，才觉得有点疼，哈哈。"

表演者2：张富清满脸都是血，刚刚，子弹擦着头顶飞过，在头顶犁开了一道口子，一块头皮掀了起来。他顾不得疼痛，冒着敌人密集的子弹逼近碉堡，将8颗手榴弹和一个炸药包码在一起，拉下拉环。"轰"的一声，敌人的碉堡飞上了天。

表演者1：借着弥漫的硝烟和灰尘，他飞快地爬向另一座碉堡，用同样的方法炸毁了它。突然，张富清发现嘴里鲜血直流，满口的牙齿全部松动，有3颗已经脱落。

表演者3：他把满嘴的鲜血和掉了的牙齿往地上一吐，全然不顾被燃烧弹烧焦的身体，起身与敌人进行激战，一直坚持到天亮。看到攻城部队打了进来，身负重伤、体力消耗殆尽的他倒在了阵地上。

表演者4：战斗胜利结束了，敌七十六军2.5万余人全部被歼，军长李日基被俘，还缴获了大量军用物资。但是我军也付出了惨重代价。一个又一个的战士冲上去，倒在了血泊中。七一八团仅一营就换了3个营长；那一夜，他们六连换了8个连长；那一夜，有500多名官兵血染黄沙。

表演者1：张富清醒来，全然不顾身上的伤，疯了似地跑到还未来得及打扫的永丰战场上，在那鲜血染红的土地上，在一具具尸体旁，他一边翻着，一边喊着，一边喊着，一边翻着，他想找回和自己一起完成突击任务的两名战友。可是，里里外外、角角落落找遍了，也没看见他们的影子。他嘶哑的声音在瑟瑟寒风中回荡着：好兄弟，你们在哪里呀？永丰攻下了，咱们胜利了，你们快回来吧！快回来吧！

表演者4：这次战斗，张富清荣立军一等功，获得"战斗英雄"的称号，并晋升为副排长。纵队司令员王震亲自给他佩戴军功章，称赞他"了不起"。可是，他却高兴不起来，他心里念念不忘的是牺牲的战友，他觉得这枚奖章是他们用鲜血和生命换来的，这枚奖章应该佩戴在他们胸前，荣誉，应该属于他们。

表演者3：一个月后，一份由彭德怀司令员签署的"特等功"报功书，寄到张富清的陕西家中。1950年，因为功勋卓著，张富清被西北军政委员会授予"人民功臣"勋章。

表演者4：1953年3月，张富清被选到中国人民解放军防空部队文化速成中学学习。这是党和人民军队对他的又一次奖励。后来，组织号召速成班学员集体转业，支援地方建设。张富清毫不犹豫，毅然决定党指到哪里，就走到哪里。

表演者2：离开部队，他有多么的留恋；脱下军装，他有多么的不舍！就在那天，他把军装穿得整整齐齐，把几枚军功章庄严地佩戴在胸前，到照相馆照了那张英姿飒爽的照片，他把自己的军旅生涯完美地定格在那一刻。

表演者1：他开始整理自己的行囊，他把穿过的旧军装叠得方方正正，他端过冲锋枪、扔过手榴弹的那一双大手，把那几枚军功章摸了一遍又一遍，然后用一块红布小心翼翼地包起来，双手捧着贴在胸口，捂了很久很久，放进箱子的最底层。一边放一边喃喃自语着："亲爱的战友们啊，新中国成立了，仗不打了，隆隆的枪炮声没有了，到处都是嘹亮的歌声和幸福的欢笑声，你们听见了吗？亲爱的战友们啊，你们用自己的生命换来了新中国的命，今后的日子，我，就是替你们活着了！"

表演者3：他合上箱子，用一把锁将箱子紧紧地锁上。一把锁，封存了那些艰苦卓绝的战斗，封存了戎马倥偬的岁月，封存了一个战斗英雄、一名人民功臣的故事和传奇，骄傲和荣光！但是，生死难忘的战友情、不怕牺牲的突击队精神已经深深地刻在了张富清的心里！

【视频，老人原声】"我有什么资格拿出立功证件去摆自己，我有什么功劳啊！"

表演者5：【致敬词】

老人说得多么动情，多么真诚。藏军功，就因手足牺牲离去；淡名利，只为战友生命再续。

他做得是那样顺理成章却又义无反顾！这与那些躺在功劳簿上睡大觉、以功名为资本向党伸手的人相比，形成多么大的反差呀！

张富清封存了自己的军功和身上的伤痕，但他从没有封存初心的坚定和使命的担当！

转业脱下军装，他从人民功臣走向来凤公仆。

第三篇章：来凤公仆

【走进土家族的歌】

表演者1：1955年1月，已经是连职军官的张富清转业到地方工作。

表演者2：面对人生新的选择，张富清放弃了留在大城市的优越生活和工作条件，放弃了回到陕西老家、陪伴母亲和未婚妻，而是响应党的号召，选择到最艰苦的地方去，到祖国最需要的地方去。

表演者3：在湖北，恩施地区偏远、艰苦、困难，他就选择恩施；在恩施，来凤县最穷、最落后，他就选择来凤。

他说，"那里苦，那里累，那里条件差，共产党员不来，哪个来？我就是要到最艰苦的地方为党工作，为人民做事"。

表演者4：他让远在家乡的未婚妻千里跋涉到了武昌，办理了结婚登记，然后，两人长途漫漫，一路向西，在位于武陵山区的深处扎下了根。

表演者2：从人民功臣到人民公仆，30年间，张富清先后在来凤县粮食局、三胡区、卯洞公社、外贸局、建设银行工作，来凤的山山水水留下了他奋斗的身影，留下了一名共产党员坚实的足迹。

表演者1：20世纪60年代初，时逢三年困难时期，国家开展精简退职工作。担任三胡区副区长的张富清，竟然第一个动员在供销社工作的妻子退职。在那个吃不饱肚子的年代，供销社可是个多少人羡慕的单位啊。妻子万分委屈地哭了："我又没有犯错误，为什么要我退职？咱家这么困难，我没了工作，一家六口日子可怎么过？"

表演者2：张富清说："咱不经常说么，打铁还需自身硬，这样，执行党的政策才能坚决，咱才好做别人的工作。"

表演者4：看着他认真的表情，妻子知道自己再委屈也得答应了。她自己的男人，她太了解了，他说到就要做到，没有余地。她也知道，以后的日子会更难。

表演者1：靠着张富清一个人微薄的工资，要维持一家六口人的生活，其难度可想而知。4个孩子天天吃不饱饭，每到吃饭的时候，8只眼睛死死地盯着碗，可是谁也舍不得先动手。她一个堂堂副区长的妻子必须喂猪、捡柴、做帮工、学缝纫，什么脏活累活她都干。

表演者3：退伍不褪色，赤胆显忠诚。战功赫赫的张富清转业到最偏远的山区，做最艰苦的工作。30年从未向组织伸过手。在申请困难补助的名单里，也从没见过张富清的名字。30年，为了党的事业，他牺牲了自己的利益；30年，为了人民的事业，他顾不得骨肉亲情。母亲，就是他心底里永远的痛！

表演者4：刚到三胡区工作不久的那个夏天，张富清突然接到家里的电报：母亲病危，希望他能赶回去见母亲最后一面。他急忙去找领导请假，可是艰巨的工作任务使他无法脱身，他把仅有的积蓄200元钱寄回家中，告知家人忙完工作就赶回去。谁承想，20天后，又一封电报无情地送到了他的手中：母亲病故！

表演者1：张富清刚刚8岁的时候，父亲和大哥相继去世，柔弱的母亲独自一人扛起生活的重担，拉扯他们兄弟4人。他参军后，母亲整天为他提心吊胆。有一天，村里传说他在战场上牺牲了，母亲号啕大哭。直到他回乡探亲，母子二人相见，母亲才结束以泪洗面的日子。母亲在他心里的分量太重了！可是转业到来凤后他因为工作几乎没有陪伴过母亲。如今，母亲不在了，他能不回去送老人家最后一程吗？

表演者3：张富清拿着电报，急忙出门，去找领导请假。可没走多远，他便停下了脚步。此时，正值三年困难时期，紧张的夏粮收购工作不容他离开！他默默地把电报揣进衣兜，望着家的方向，任两行泪水在脸上流淌："老娘啊，儿子对不住您，儿子不孝啊！"

表演者2：直到离休，直到母亲去世20多年后，张富清才踏上故土，祭拜母亲。母亲的坟头已经长满荒草，母亲的音容已成遥远的记忆。他燃起一炷香，跪在坟头，深深地磕了3个头，恸哭失声："娘，我想吃您做的馍，我想牵您的手！儿子回来看您了，儿子给您敬香了，您老人家就原谅这个忠孝难两全的儿子吧！"

表演者1：是的，忠孝难两全。2016年，92岁的张富清在日记中这样写道："缺席了陪伴母亲衰老的时光，等到想要弥补的时候，剩下的只是永久的遗憾。"一个90多岁老人写下这段话的时候，他对母亲的思念和愧疚该是多么的深、多么的深啊！

【换音乐】

表演者4：1975年，张富清调任卯洞公社副主任。卯洞盛产桐油和茶叶，可是群众抱着"摇钱树"却没饭吃。解决群众的吃饭问题是天大的问题，张富清一面指导社员加强老林管理，一面带领群众开荒植树，又带领人员到外地参观学习，开办了桐油加工厂、林场和畜牧场。两年后，群众的生活大大改观。如今，"来凤桐油甲天下，卯洞桐油甲来凤"已成为品牌，叫响全国。

表演者1：张富清到卯洞后，一头扎进更偏远的高洞管理区，这里不通路、不通电、不通水，山连着山，岭叠着岭，老百姓不仅吃饭成问题，连日常出行都充满危险。为了修路，他四处奔走申请报批、借钱筹款规划勘测，打炮眼、放炸药，哪里难修他就修哪里，哪里危险他就出现在哪里。经过3年努力，硬是在海拔1000多米的悬崖绝壁上修通了一条挂壁公路，圆了2000多名土家族、苗族群众的世代梦想！

表演者3：1979年夏天，张富清要回县城任外贸局副局长。消息传开，许多社员翻山越岭到卯洞送别。那天早上，张富清一开门，门前站满了人。有的是头天晚上赶来的，有的手里捧着吃的，有的要送他自己做的小竹椅……是啊，你为老百姓付出了，老百姓绝对不会忘记你，共产党员任何时候都不能忘记群众的利益！

【视频，张富清："我死都不怕，还怕苦？苦我更不怕了！"】

表演者5：【致敬词】

在这个老共产党员的世界里，战争年代是生命的牺牲，和平时期是利益的牺牲。

炸碉堡时第一个挺身而出，"我上！"

转业脱下军装，最艰苦的地方，"我去！"

修建挂壁公路最危险，"我来！"

战争年代的突击组长，依然是建设新中国的突击队员！在这一点上，张富清始终没有变。这才叫——不忘初心！

老人在来凤县工作了近30年后，党又交给他一个新的任务。在这个党交给他的新任务面前，他是怎样把突击队员的精神继续融入建行岁月的呢？

第四篇章：建行岁月

表演者1：20世纪80年代，随着党的十一届三中全会的召开，中国建设银行由单一履行财政职能向履行财政和银行双重职能转变，

"拨改贷"改革由点到面逐步展开。1981年3月，57岁的张富清调任建行来凤县支行副行长，主持工作。

表演者2：当时，行里没有办公场所，没有交通工具。5个人挤在借来的一间土瓦房里办公。张富清头戴一顶草帽，脚蹬一双解放鞋，拎上一个包，揣上两个馍，带领员工爬山越岭，吃住在建设工地，人称他们是建设大军中的"背包银行"。

表演者4：田坝煤厂是最大的贷款客户，他把行李搬到厂里，在工人宿舍支张床，和他们吃在一起，住在一起，劳动在一起，一住就是几个月。经过努力，来凤支行"拨改贷"业务做得风生水起，放出的贷款没有一笔呆账。几年里，有力地支撑了来凤县的基础建设，在当地留下了良好口碑。同时，支行很快就产生了效益，有了自有资金，有了办公室，有了员工宿舍，为来凤建行的发展奠定了坚实的基础。

表演者1：在张富清离休前，上级行给了他们一个上调工资的名额，按照规定，张富清最符合条件。但是，在他的坚持下，上调工资这个唯一的名额却让给了另外一个副行长。他只是诚恳地说：

表演者2："我也考虑了，但这件事就这么定了吧，我觉得这样做更有利于咱来凤建行的发展。"

表演者1：在利益面前不伸手，是张富清一贯的风格。但是在党性的要求上，张富清又是一贯的严格。1985年1月，张富清办理离休手续后，敲开了办公室主任的门，他动情地说：

表演者2："我今天办理了离休手续，但是党组织有活动，一定要通知我啊！我虽然工作离休了，但思想不能离休。"

表演者4：是的，转业到来凤数十年，他深入生活，扎根人民，岗位在变，身份在变，但是对党忠诚、为民造福的初心始终没变。

张富清的家，至今仍然住在20世纪80年代初建成的建行宿舍，曾经的白色墙壁已经变色、斑驳，用了30多年的竹椅木桌还在使用，陪了他60多年满是补丁的搪瓷缸子还在珍藏。

表演者2：他的4个子女没有一个在他任职的单位工作，他也从没为子女就业提供过任何便利和帮助，儿女的成长都靠他们自己的努力。

表演者1：一天，患有高血压的儿子来看他，向他要降压药，张富清拒绝了儿子：我的药是组织给的，是国家对我的待遇，你吃的药是自费的，不能跟着我沾国家的光。随后，他拿了一把锁，把放药的抽屉锁上了。一把锁，锁住的是私欲，昭示的是一个共产党员大公无私的高贵品格。

表演者4：只讲奉献，不求索取。一次，张富清要做白内障手术，医生给他推荐了7000多元到2万多元的晶体，而他选了一款3000多元的最便宜的晶体。他还是那句话："我90多岁了，不能再为国家作贡献了，为国家节约一点是一点！"

表演者2：2012年4月，88岁的张富清左膝患原发性脓肿危及生命，经多地治疗不见好转，不得不高位截肢。医生告诉他，他的余生很可能在床上或轮椅上度过了。张富清不甘心：我既然不能为国家作贡献，那就少给组织添麻烦，不给儿女添负担，我必须重新站起来！

表演者4：术后一周，张富清就开始下床，每挪动一步，疼痛就会使他羸弱的身体绷成弓形，满头满身都是汗，老伴和儿女们搀扶着他，眼里在落泪，心里在滴血。

表演者2：回到家后，张富清拒绝坐轮椅，坚持戴着假肢练习走路。摔倒了，他默默挣扎着爬起来，再摔倒了，再爬起来！手掌划破了皮，胳膊蹭出了血，他仍然咬牙坚持。客厅那面斑驳的墙上，至今还隐隐留着他的血迹。

表演者1：靠着战场上淬炼出的意志，靠着他不怕流血不畏艰难的毅力，88岁高龄的张富清果真奇迹般地站起来了！战场上他不向死神低头，工作中他不向困难低头，生活中他也不向病痛低头！这就是一个战斗英雄的精神！这就是一个共产党员的精神！

表演者5：【致敬词】

是啊，这就是一个共产党员的精神。98岁高龄的张富清无论严寒酷暑，党组织生活他一次也没有间断过。

如今，张富清工作过的建行来凤县支行，已经成了服务、素质、形象堪称一流的网点，成为全国"张富清教育基地"。

张富清同志在建行工作期间，他用最传统的方式面对工作，他用最传统的精神鼓舞团队，比干劲不比条件，比作为不比待遇，比业绩不比生活。他把党的好传统融入了建行文化的底色，哪里有建设的热土，哪里就有建行人的足迹！我们就是要为国家担重责，为群众办实事。

从最初的建行改革职能转变，到今天业态的变化不可同日而语，面对众多难点，我们和老人有着同样的信心，攻克难点。我们落实新发展理念，开启新金融实践，大力推进的住房租赁、普惠金融、金融科技三大战略，正是我们针对新时代痛点问题的再攻坚，是不忘初心的再出发，是牢记使命的再立新功！

在建行网点"劳动者港湾"中，有一张老人穿着军装、面带微笑敬礼的照片。老人望着我们，在他微笑的面容与期待的目光中，还将告诉我们什么呢？

第五篇章：英雄无悔

表演者1：正如他的名字一样，张富清，富，富足于精神；清，清廉于物质。

表演者2：老人的经历是一座富矿，可以挖掘出太多的宝藏。

表演者1：张富清同志的人生是一盏明灯，能够折射出五彩的光芒。

表演者2：战争的硝烟染就英雄的底色，战场的鲜血铸就辉煌。

表演者1：突击队员的身影，是共产党人无论哪个时代都不曾改变的形象。

表演者2：他像一棵不老的青松，永远挺立在山岗。

表演者1：他是一面鲜红的旗帜，永远在队伍的前列飘扬！

表演者5：在他身上，我们曾有许多没有拉直的问号，现在拉直了。

表演者2：在他身上，我们曾有许多没有解开的疙瘩，现在解开了。

表演者5：在他的笑容里，有一种谦和的性情。

表演者2：在他的谈吐中，有一种人生的从容。

表演者5：也许，谦和的心态，便是他长寿的秘诀？

表演者2：也许，那从容的面对，便是他不老的真经？

表演者5：他虽然只有一条腿，却走出了人生里程的坚定！

表演者2：他虽然没有了牙齿，却咀嚼出人间最美味的纯正！

表演者3：三十功名尘与土，他把曾经的荣誉封存进皮箱，成为过往。

表演者4：八千里路云和月，他把活着的价值与人民相连，念念不忘。

表演者3：多少人利欲熏心，成囚徒囚犯镣铐银铛。

表演者4：多少人清廉一生，看云起云落自在坦荡。

表演者3：不纠缠利益多少，耕耘不辍舍与得便自有分量。

表演者4：不计较官职高低，心底无私天和地就显得宽敞。

表演者3：富清老人，你令我高山仰止！

表演者4：富清同志，你是共产党人学习的榜样！

表演者5：中华人民共和国授予张富清同志"共和国勋章"；

表演者3：中共中央授予张富清同志"全国优秀共产党员"称号；

表演者2：中共中央宣传部授予张富清同志"时代楷模"称号；

表演者1：中国建设银行授予张富清同志"中国建设银行优秀共产党员""中国建设银行功勋员工"称号！

表演者5：习近平总书记对张富清同志先进事迹作出重要指示：

老英雄张富清60多年深藏功名，一辈子坚守初心、不改本色，事迹感人。在部队，他保家卫国；到地方，他为民造福。他用自己的朴实纯粹、淡泊名利书写了精彩人生，是广大部队官兵和退役军人学习的榜样。要积极弘扬奉献精神，凝聚起万众一心奋斗新时代的强大力量！

【视频，"感谢总书记，感谢党中央。我是党培养的，我要跟紧党走，做一名党的好战士。"94岁的张富清紧紧握着习近平总书记的双手，激动地说道。

"你都做到了。你是全党全国人民的楷模！保重身体，健康长寿。"习近平总书记俯下身，双手紧握住老人的手，深情地说。全场掌声雷动。】

【视频，习近平总书记授"共和国勋章"】

歌曲《信仰》(陈玮)

表演者3：张富清是人民军队的好战士！

表演者4：张富清是祖国建设的好战士！

表演者5：张富清是我们党的好战士！

表演者3：不变的初心熔铸了这样的战士！

表演者1：永恒的信仰锻造了这样的战士！

表演者2：新时代的伟大事业需要这样的战士！

表演者5：民族复兴的伟大梦想呼唤这样的战士！

表演者1：战士自有战士的忠诚品格！

表演者3：战士自有战士的谦和风骨！

表演者4：战士自有战士的本色坚守！

表演者5：战士自有战士的无私情怀！

表演者2：张富清是我们这个伟大时代的英雄！

表演者1：张富清是不忘初心的时代楷模！

表演者5：张富清是共产党员的学习榜样！

表演者3：我们一定要按照党中央的部署，持续巩固深化"不忘初心、牢记使命"主题教育和党史学习教育成果。

表演者4：我们要增强"四个意识"、坚定"四个自信"、拥护"两个确立"，做到"两个维护"。

表演者2：我们一定要把党性修炼作为每一名共产党员一生的必修课，不断去杂质、除病毒、防污染。

表演者1：我们要以习近平新时代中国特色社会主义思想为指引：

表演者5：守初心，

表演者3：担使命，

表演者1：找差距，

表演者4：抓落实，

表演者2：以优异成绩向党的二十大——献礼！

合：为实现中华民族伟大复兴——不懈奋斗！

第二环节：表演者采访

主持人：感谢各位领导和同志们的观看和鼓励！我和大家一样，每一次听完充满激情的报告，都会为张富清老人的事迹激动不已。"他虽然只有一条腿，却走出了人生里程的坚定，他虽然没有了牙齿，却咀嚼出人间最美味的纯正"，这，就是我们的老英雄！

我是宣讲团的成员，建行江苏分行的一名青年员工，我叫武硕。刚才为大家演绎报告的我们6位同志，也不是专业演员，都是我们建行的普通员工，6名共产党员！

下面，再次请出报告团成员，让我们通过采访和座谈的方式听听他们与老英雄近距离接触的真实感受。

第一位：李红霞（表演者5）（退休继续宣讲，红色情结）

主持人：红霞姐，您先和大家介绍一下自己。

李红霞：大家好！我叫李红霞。我是建设银行河北省分行的一名退休员工。

主持人：红霞姐，您在宣讲过程中的感受是什么呢？

李红霞：我是2019年有幸加入这个团队的，也是在一路学习、一路宣讲张富清老英雄的先进事迹过程中退休的。退休以后，我还想继续为党、为建设银行做点事儿。我喜欢朗诵，多次参加华北军区烈士陵园"清明公祭"活动，现场朗诵缅怀先烈、歌颂英雄的诗歌。自从我见过老英雄之后，每次我站在烈士纪念碑前诵读时，就觉得张富清老英雄就站在我的身边，他给我力量，他为我加油。

主持人：是的，我特别能体会您的那种情感。红霞姐，您与老英雄之间还有什么红色情结呢？

李红霞：我出生在军人的家庭，我的父亲也是一位参加过解放石家庄战役的老战士，已经去世多年。记得在2019年7月17日，我们来到老英雄的家里，当我见到老英雄的那一刻，心情特别的激动！当我握住老人家那双温暖的手时，他笑盈盈地望着我，我就像见到了我的老父亲一样，眼泪止不住地往下流，他虽然是一位大英雄，但他是那么的和蔼可亲。

老人家穿得很朴素，家具也很老旧，但是收拾得干干净净，很温馨。他桌子上的报纸和书，摆得整整齐齐，他的学习笔记写得密密麻麻，我清楚地记得一本《习近平总书记系列重要讲话读本》，黄色的封皮已经被他翻得泛了白，卷了边。这又让我想起我的父亲用毛笔书写的共产党员要永远牢记的"两个务必"。父辈们对党的那份情感，一直感染和激励着我努力工作。

主持人：是呀，老英雄的影响和老父亲的教诲一直深深地感染着您。

李红霞：还有一件事非常打动我：那是2017年，新任的来凤支行行长李甘霖要召开支部大会，当时，李甘霖并不知道老人家刚做完截肢手术。当天，张富清老英雄在老伴的搀扶下，借着助步器，爬一个台阶，歇一会儿，再爬一个台阶，再歇一会儿，艰难地爬到了支行三楼会议室。李甘霖连忙迎上去，愧疚地说："老行长，我刚上任，只想见见大家，今天也只是一次党员的普通学习。您岁数这么大，又刚做了手术，不方便，您就在家休息吧。"可张富清老英雄却说："我是一名共产党员，党组织有活动我必须参加。"在老英雄身上,我感受到了他退休不褪色、不忘初心的党员本色。

现在我也退休了,我一定继续向老英雄学习,思想上永远不退休。只要组织需要,我随时报到,用实际行动向老英雄致敬!

主持人:谢谢红霞大姐!您的发言就像您在报告中的致辞,温暖又充满力量。谢谢您的分享!

第二位:李星星(表演者4)(一线员工、眼神力量、岗位)

主持人:下一位接受采访的是李星星,这是一位来自基层一线的员工,星星和我们谈几句吧!

李星星:各位领导,大家上午好,我是李星星,来自湖北襄阳,我一直在基层业务条线工作,没有任何舞台表演经验,我非常荣幸能加入这个团队,用我的声音讲述英雄故事,真的,这是我做梦都没有想到的事情。

主持人:看来你参与这个活动,感触还很多呢!

李星星:是的,在一路宣讲老英雄的过程中,我的思想也受到了洗礼,得到了升华。我们去了老英雄的家里,当李红霞老师和刘成国老师献上诗朗诵后,他回忆起了那些牺牲的战友,眼睛里闪着泪花,举起了右手,敬了一个非常标准的军礼!

主持人:那一刻,是怎样的画面呢?

李星星:我一直都记得老英雄表情庄重,眼神非常坚定,有力!和他四目相对的时候,我好像充电了,浑身充满力量。

老人家当年96岁了,容貌变了,腿脚也不方便了,甚至眼睛的晶体都更换过,但是那个眼神有道光!这是属于军人特有的坚定和刚毅。都说眼睛是心灵的窗口,透过这道光,我看到了一个老党员、军人对党的无限忠诚和信仰,我很感动。我永远也忘不了那个眼神。

主持人：是啊，这个眼神的光，就是老英雄对党无限忠诚的信仰之光。

星星，听说您现在已经成长为基层行行长，做着和张富清老英雄离休前一样的工作，老英雄的精神是怎么激励你的呢？

李星星：2020年底，我参加了在老英雄的家乡举办的党性教育培训班，重走了老英雄当年翻山越岭找水源的那条崎岖的山路，一趟2个小时，也看到了他当年冒着生命危险修出的挂壁公路，很壮观。当年没有大型机械设备，可以想象他为了解决群众喝水和出行问题，吃了多少苦、流了多少汗啊！

主持人：听你这么一说，大家仿佛都看了当年老英雄带领群众战天斗地的劳动场景，当时你有什么感触呢？

李星星：我觉得和他相比，我太幸福了，老英雄不怕吃苦的奋斗精神是我的精神财富。我还年轻，吃苦也是我成长路上的必修课，回来后，我便主动申请到网点，我要做和张富清老英雄离休前一样的工作。我会遇到各种挑战和压力，每当想放弃的时候，就会想起老英雄，再难也难不过炸碉堡、再累也累不过翻山越岭找水喝，再苦也苦不过修挂壁公路，就是这么一种力量勉励我：要做好自己，带好团队，服务好客户。

主持人：说得好。有句老话叫作——学英雄，见行动。

据我了解，星星其实是放弃了很多人羡慕的留在省行机关工作的机会，而选择了基层。

我想，这是老英雄的事迹给了她勇气，也是一个青年历练成长的有为之路。相信你在基层一定可以点亮属于你的星光。让我们为星星的选择鼓掌！（扬上去）非常感谢你的分享。

第三位：夏青（表演者1）（感情充沛、深藏功名）

主持人：我们接下来要采访的是报告团成员夏青同志，您好！

夏青：您好！大家好！我是建行湖北分行党群工作部的夏青。

主持人：夏青同志，我们注意到您在宣讲中情感非常充沛，几次哽咽、几次流泪，给大家留下了很深的印象，您是不是生活中泪点特别低？

夏青：谢谢大家关注我。说实话生活中我还真不是一个爱哭的人。

主持人：那是什么让您每一次都如此动情？

夏青：老英雄的事迹，把我感动得一塌糊涂。

他对战友的深情、高龄截肢后还能再一次站起来的这份毅力感动着我。还有一幕也深深印在我脑海里。记得那一次我们去老英雄家，我注意到家里有一位60多岁、头发花白，眼神非常单纯的老人，后来我才知道，他是老英雄的大女儿。当年老英雄在来凤卯洞工作的时候，大女儿也就五六岁的样子吧，有一天大女儿发烧，老英雄正带领群众修挂壁公路，他也以为只是普通的发烧感冒，直到孩子开始呕吐、痉挛，家里人才着了急，四处筹钱，但等凑齐钱送到医院，孩子已经昏迷。经过诊断，孩子得的是脑膜炎，因为医治不及时，最后成了智障患者。大女儿就是老英雄一辈子最愧疚的人。他跟老伴说：他只有一个心愿，就是比女儿多活一天！

主持人：英雄也是平凡人，英雄也有血有肉，他胸怀大局，公而无私，感动着您，也感动着我们每一个人。

夏青：所以大家说我的泪水多我承认，那是因为我一次又一次被老英雄感动。在我的泪水中，凝聚着我对老英雄深深的崇敬之情！

主持人：是的是的，我们能感受到您泪水中那份真挚的情感。几年来，一路传播着老英雄的英雄事迹，您觉得对您个人有什么启发或者影响吗？

夏青：跟着这个团队一路走来，说句真心话，我感觉自己是真真正正上了一堂非常生动的党性课，也真正理解了什么叫"思想上入党"！一次次的宣讲，我也经历着一次又一次党性修养的锤炼！有时候我也会思考这样一个问题：我们现在身处和平年代，不可能像老英雄一样，通过流血牺牲炸碉堡来体现自己对党的忠诚和英勇。但是，我们在工作和生活中，同样会面对很多困难和艰险，甚至很多诱惑，这些困难、艰险、诱惑不也是一个又一个的碉堡吗？因此，我们同样需要以老英雄为榜样，以坚强的党性来武装自己，去炸掉一个又一个的碉堡！

主持人：看得出来，夏青同志不仅仅是感情上非常充沛，老英雄的精神也是深深地渗入了您的心里。感谢夏青的分享。

第四位：陈玮（信仰）

主持人：接下来我为大家介绍刚刚为大家带来动听歌声的我们宣讲团成员陈玮，来，您也给大家介绍一下自己吧。

陈玮：大家好，我是来自建设银行河北省分行的一名基层员工陈玮。

主持人：刚才您演唱的这首歌曲非常的有气势也很好听，这是一首您为老英雄原创的歌曲，那是什么打动您创作这首歌呢？

陈玮：我从小喜欢音乐，崇拜英雄，心底一直都藏着一种英雄的情怀。长大后当了兵，后来又去了部队文工团，参加过很多国家级的歌唱比赛，也得过很多的奖项，退伍后来到了建行。也是一个偶然的机会，我去成都参加中国金融音乐家协会的一个活动，是在列车上同行的一位金融业同事那里听到了张富清老英雄的感人故事，一下子就把我给牢牢抓住了，老人家深藏功名、淡泊名利、居功不傲的谦和风骨深深触动了我。

张富清老英雄一直都生活在湖北恩施来凤县那样一个偏远的小镇里。那可是60多年前啊，那个年代那里更是荒凉艰苦。新中国成立，一个大英雄、一名人民功臣，以他对国家的功绩，本可以拿出他的功劳簿、英雄勋章选择去大城市享受生活，可他却用一只皮箱把他的荣誉全部封存起来，一藏就藏了60多年，并且选择去了那样一个最偏最远最艰苦的地方，到最基层继续为党为国家为人民尽一名共产党员应尽的义务。一路上，我内心久久不能平静，我一直在思索，是什么让老英雄如此高风亮节、深明大义呢？他不计个人得失，不居功自傲，淡泊名利，清廉一生，哪里艰苦他就到哪里，哪里需要他就到哪里。

我的父亲也是一名老转业军人，我和我的弟弟也都是军人出身，我也是在部队当兵时入了党，我们一家人都是共产党员。受党教育多年和家风熏陶，我自认为自己还是有党性觉悟的，但跟老英雄的思想觉悟对比，差得太远了。最终，我找到了唯一的答案，那就是信仰，是老英雄对党的无比忠诚、坚定和信仰，一个人，内心一旦有了坚定的信仰就有了思想和行动的方向，前方的道路就会宽广而明亮。瞬间，一种创作的欲望就涌上了心头，歌词与旋律一下子就在我脑海里迸发出了火花。好的艺术作品一定是有灵魂的，是需要激情的，是需要真情实感的，生硬地去写是写不出来的。

主持人：一路宣讲一路歌，那么宣讲团一路走来，您有什么记忆特别深刻的吗？

陈玮：嗯，不仅有，还让我终生难忘。那是2020年的1月，我有机会跟随中国金融工会领导和建行总行领导去来凤县看望张富清老英雄，并现场把这首《信仰》唱给了老英雄，当我紧紧握着老人家的手，眼含热泪看着老英雄慈祥的面容唱这首歌的时候，我的手上感受到了一位90多岁老人家手上的那种坚定的力量，尤其唱到战友的时候，老英雄紧紧握着我的那双手在颤抖，泪水在那张饱经风霜的脸上止不住地流淌。那一刻，我的心里突然有了像朝圣一样的感觉，就像是见到了信仰之光，忍不住单膝跪坐在老英雄面前。我的眼前是一片光明，我更透彻地领悟了一名共产党员的朴实纯粹、高洁担当。再大的英雄也是普通人，英雄这个词与一个人的身躯是否魁伟没有直接关系，一个人一旦有了坚定的信仰，那他就一定具有了高于普通人的那种坚定的方向和精神层面的宽广。我有幸见到了老英雄，也更清楚地知道了以后的路要如何去走，这就是榜样的力量，是信仰的力量。

主持人：是啊，信仰的力量，一个人，有了坚定的信仰，人生才会有方向。

陈玮：是这样的，在离开来凤县的路上，当地建行的同事还讲了一个小故事，也特别触动我。他说，有一次恩施行组织了一次离退休老干部座谈会，一位参加过对越自卫反击战的老干部，在会上提起自己曾经打过仗，还立过三等功，讲这些的时候，张富清老英雄就坐在他旁边，这位老干部还问起咱们老英雄："张老行长啊，您不是也当过兵吗？您都立过什么功啊？"老英雄只是微微一笑，什么话都没说。当老英雄的事迹被大家熟知后，这位老干部感到很惭愧，以后再也没有向别人主动提起自己立过功的事。

主持人：什么叫深藏功名，什么叫高风亮节，张富清老英雄为我们做出了谦和风骨的表率。感谢陈玮的分享，谢谢。

第五位：刘成国（表演者2）（头顶的伤疤，海军延期退伍，实现英雄的价值）

主持人：我们最后采访的报告团成员是刘成国同志。他在呈现作品的过程中投入感非常强烈，有一种要把我们带入情境中的力量。请问您是怎么做到的？

刘成国：大家好，我来自建行天津市分行。我记得在老英雄家里与他合影时，看到老英雄的头顶有一道重重的疤痕。这让我想起了情景剧中的，一颗子弹从张富清头顶飞过，在头顶犁开一道口子，一块头皮掀了起来，他顾不上疼痛，先后炸掉两座碉堡。就是这道疤痕让我心头一震。但老英雄叙述这件事的时候却风轻云淡，坦然一笑。这道疤痕是解放战争中一个英雄的印记，它像军功章一样向我们讲述着英雄的过往。这个画面我一生都不会忘记，抛头颅、洒热血，过去读来是一句口号，此时再读便有了无限的张力。

主持人：说得真好，说实在的，您在演绎的过程当中，身上真是有一种军人的气质，您有没有当过兵？在这方面您有什么感慨？

刘成国：很遗憾我没当过兵，但对军人有一种天然的喜欢和骨子里的热爱。我记得有一次去一个海岛，为海军演出，演出完之后，官兵们很受感动，和我们一起合影。有一个海军士兵站在我的身后，小声对我说："刘老师，我跟您说件事儿。你们的报告太让人感动了！说实在的，我一个月后原本就想复员的，但是听了报告以后我受到了鼓舞！我准备要提请一个申请延期复员的报告。我要再为祖国站一年岗，我要再为海疆守一年岛！我想用这种方式表达我对老英雄的这份崇敬。"

我听完这句话后，特别的感动。我们所做的这些事情，不正是彰显着张富清这位老英雄榜样的时代价值吗！今天我们来到延安，我也希望通过我们合力的演出报告，能够在这里再一次实现英雄榜样的时代价值！

主持人：谢谢刘老师充满激情的分享！谢谢。大家看得出来，刘老师是一位对艺术十分钟爱的人，他创作的诗歌《信仰的力量》曾经为张富清同志朗诵过，下面我们就请刘成国老师和李红霞老师一起，为我们再现当年的朗诵情景。有请。

主持人：我们的讨论环节到此结束。需要补充说明的是，这堂党课是集体创作的结晶，由中共中央党校、建行党校领导和专家组成的强大的策划、撰稿、组织团队，宣讲团作为具体呈现团队，除了台上我们6位同志，还有：

为我们呈献精美沙画作品的是建行吉林分行的闫雪明；

为报告会提供音视频支持的是北京分行的陈立忠，湖北分行的李清华，还有因疫情没能到现场的青岛分行的孙小明，宣讲团团长——湖北分行的李立峰。

我们感谢每一位为此付出努力的人。谢谢大家。

第三环节：专家点评

下面有请中共中央党校（国家行政学院）××教授为今天的报告作点评。

（可根据教学现场的实际情况，结合前文对专家点评内容的提示，灵活掌握点评内容）

结束语（点评版）：

好！感谢××教授的精彩点评！相信我们大家也都感受到了

××教授深刻的党性解读和深厚的理论功底，可以说，××教授的点评本身就是一堂兼具理论价值和实践价值的"微党课"。

【结束语】

张富清党性修炼情景案例课，按照"情景报告、表演者采访、专家点评"三个环节进行开发设计，力求从三个方面展现其特色：一是"情景式"的带入，综合运用视频、同期声、朗诵、评论等多种形式，全方位、全景式地展现张富清同志忠诚担当、矢志奋斗、不计得失、居功不傲、淡泊名利的人生历程和崇高品质，给人身临其境的带入感，学员可集体观看，更可分角色模拟表演，真情投入其中，感受和教益会更深。

二是"讨论式"的思考，通过视频观看或参与模拟角色表演后，现场抒发内心的切实感受，结合理论学习，联系客观实际，针对现实问题，对标张富清同志，开展对象感强、针对性强的现场讨论，共同探究党性的修炼这一终生课题，相互启发，共同提升。

三是"点评式"的总结提炼，使张富清同志的鲜活事迹得到升华，让党性修炼的逻辑机理、重大意义、导向作用更加深入人心，从而形成了一堂感人至深、发人深省的党性修炼情景案例教学课程。

我相信张富清老英雄的事迹一定会在我们每一个人的精神世界中留下清晰的印记，成为我们每一个党员同志党性修炼的标尺和榜样！我们相信，老英雄忠诚担当、不忘初心的党员本色，不畏艰难、矢志奋斗的拼搏意志，胸怀大局、不计得失的奉献精神，深藏功名、居功不傲的谦和风骨，淡泊名利、乐观向上的人生态度，不仅是革命、建设和改革开放初期老一辈共产党员、基层干部的杰出代表，更会在新时代激励和鼓舞一批又一批的党员干部埋头苦干、勇毅前行。

好，本次"张富清党性修炼情景案例课"就汇报到这里，感谢各位领导、各位嘉宾、各位学员的观看！谢谢大家！

第四环节：自我沉淀

可结合教学需要，灵活掌握自我沉淀的形式（如集中研讨、个人自修等），主要包括以下内容：一是请学员对自身的党性修养进行总结评价，二是形成自身党性修炼的目标和方法路径持续提升党性修养。

注：扫码观看《党的好战士——张富清党性修炼情景案例课》视频资料

后　记

中国建设银行党委副书记、监事长、党校校长　王永庆

《熔炼——张富清同志一生的党性修炼》在各方的支持配合下出版发行了，这是张富清老英雄在近百年人生历程中咏唱出来的一曲党性赞歌，这是中国建设银行在组织学习张富清老英雄事迹中探索出来的一个创新成果，这是建行党校和各级党组织在党性教育中打磨出来的一种授课模式，这是众多党员干部在党性修养中优选出来的一道精神大餐。

张富清老英雄出生于中国共产党成立后的第三年，在新中国成立前的炮火中加入了中国共产党，经历了旧中国的苦难岁月，体验了国民党和共产党军队的不同性质，感受了国家站起来、富起来、强起来的扬眉吐气，为我国解放事业作出了巨大贡献，为新中国的建设事业和改革开放事业贡献了全部力量。然而，他却深藏功名，默默奉献，始终坚守着共产党人的精神高地。在他的身上，承载着党的历史，熔铸着党的信仰，彰显着党的宗旨，他的先进事迹是一部活生生的党性教育教材。

张富清老英雄作为中国建设银行离休干部，为中国建设银行赢得了莫大荣誉，为党员干部和广大员工树立了光辉榜样，为企业文

化增添了红色血脉，为新金融事业注入了强大动力。中国建设银行党委把学习张富清老英雄作为全行大事来抓。媒体报道张富清老英雄的事迹后，党委书记、董事长田国立先后三次作出批示，要求加强对学习活动的组织领导，其他党委成员也通过不同方式推动学习活动开展。习近平总书记对张富清老英雄的先进事迹作出重要指示后，总行党委中心组进行了专题学习，对学老英雄活动进行了深入研究部署。总行党委先后下发了《关于开展向张富清同志学习活动的通知》《关于授予张富清同志"优秀共产党员""中国建设银行功勋员工"称号的决定》《关于常态化开展向张富清同志学习活动的意见》《关于开展"张富清特色党课到支部"主题党日活动的通知》。《建设银行报》、建设银行企业网开设多个专栏，连续报道张富清老英雄的事迹、发表评论员文章、反映学习情况。全行上下将学习活动与党建、业务和社会深度融合，创建了"张富清同志先进事迹宣传教育中心""张富清同志先进事迹多媒体展示中心""张富清同志先进事迹党群服务云中心""张富清同志先进事迹宣传窗口"和党员带头学习张富清同志先进事迹的专题模块。从总行本部到各分支机构，"张富清金融服务队""张富清党员突击队""张富清服务热线""张富清服务示范岗"如雨后春笋般不断涌现。总行将每年5月24日确定为"学习张富清日"，组织开展了一系列各具特色的服务活动。在老英雄的感召和影响下，中国建设银行各项业务得到长足发展，员工队伍得到全面加强，品牌形象得到有效提升。

在学习活动中，有两种形式受到行内普遍好评，引起社会广泛关注。一种是总行组织编写的《英雄张富清是咱建行人》小册子，用一个个生动故事串起了张富清老英雄的人生经历；另一种是总行组织创作的《党的好战士》情景报告，用一个个具体场景再现了张富清老英雄的高风亮节。《英雄张富清是咱建行人》扩写后再版发行，创造了建行出版物阅读量新高。《党的好战士》情景报告会在覆盖全行的基础上，走进国家机关，走到地方各界，走向解放军和武警部队，所到之处无不是掌声、哭泣声，反响热烈。受众们普遍反映："事迹感动人，精神激励人""受到了一次深刻教育"。2022年6月，中共中央党校（国家行政学院）党的建设教研部和中国建设银行党校决定把《党的好战士》情景报告打造成一堂党性修炼情景案例课，并列入中国延安干部学院等机构党性修养专题课程和建设银行基层党支部"三会一课"必修内容。这一做法受到了热烈欢迎，产生了深刻影响，大家希望把张富清故事、情景报告和各界人士对张富清同志的评价，合编成一本党性教育特色教材，供更多的党校、党组织和党员干部参考。基于这一情况，我们编辑出版了此书。

该书取名"熔炼"，是从张富清老英雄党性锻炼中得出的结论。张富清老英雄有着坚强的党性，从外因分析，是党长期培养教育的结果；从内因分析，是自身长期学习修养的结果。在自身长期学习修养中，张富清同志更注重在生与死、公与私、难与易、得与失等重大问题上的选择和熔炼，从而把自己的政治信仰、思想道德提炼到近乎炉火纯青的地步。张富清同志是在血与火的战场上入党的。他在壶梯山战役、东马村战斗、临皋战斗中，主动要求担任突击队员，先后获师一等功一次、二等功一次、团一等功一次，被授予师"战斗英雄"称号。入党后，他进一步强化了牺牲精神，经受住各种复杂环境的考验。永丰战役选择担当突击队员，带领两名战友冲锋陷阵，只身炸掉敌人两个碉堡，打退敌人多次反扑，为战役胜利打开通道，荣立军一等功，获得"战斗英雄"称号，受到彭德怀和王震称赞，西北野战军给他记了特等功。中央军委抽调人员入朝参战，他毫不犹豫报名参加，迅速踏上了艰辛的行军之路，迎接新的九死一生。组织确定速成中学学员集体转业，他主动放弃回家乡与母亲团聚的机会，舍弃在城市安家的优越条件，选择在条件艰苦的少数民族地区湖北省来凤县扎根奋斗。国家精减工作人员，他首先动员妻子从供销社"下岗"，全家艰苦度日，从不向组织伸手。卯洞公社开凿挂壁公路，他带领大家抡大锤、打炮眼、开山放炮，哪里艰苦哪里危险就去哪里，圆了2000多名土家族、苗族儿女的时代梦想。建行来凤支行有一个调资指标，他最符合条件，也是最后一次机会，但他却把指标让给另一名副行长。这些无一不透视着他的党性，检验着他的党性，熔炼着他的党性。不经烈火淬，难成百韧钢。他60多年深藏功名，一辈子坚守初心，是党性熔炼的集中体现和最终结果。

　　熔炼也是广大党员干部党性修养的必由之路。共产党员也是人，是人就有人性。然而，人性是党性的基础，党性是人性的升华。因此，共产党员必须加强修养、弘扬德性、增强党性，打下坚实的政治思想道德基础。中国共产党的目标是实现共产主义，宗旨是全心全意为人民服务，特征是除了人民的利益，没有自身任何利益。这就决定了，共产党员增强党性，仅靠一般的"三观改造"是不行的，局限在一般的参加组织活动、自我学习修养也是不够的，必须在大是大非、大风大浪面前经受考验和锻炼。分析我们党历史上真正的共产党员，无一不是在这样的考验和锻炼中提升了自己；反之，一些叛徒和腐败分子，无一不是在这样的考验和锻炼中丢失了自己。

后　记

现在，我国进入全面建成社会主义现代化强国的关键时期。世界百年未有之大变局加速演进，世界之变、时代之变、历史之变的特征更加明显，需要解决的矛盾和问题比以往更加错综复杂。这就更加需要共产党员投身新的赶考之路，在风大浪急的洪流中检验自己的党性，在熊熊燃烧的熔炉中熔炼自己的党性，让自己成为一名不负时代、不负人民的真正的共产党员。

张富清老英雄是一名真正的共产党员，是我们要终身学习的楷模，我们一定要把老英雄的崇高精神和风范铭记好、传承好、践行好、弘扬好，这也是我们编写本书的初衷。风好正是扬帆时，策马扬鞭再奋蹄。新时代新征程的蓝图已绘就、号角已吹响，走好中国特色金融发展之路、实现中国式现代化的强国梦、抵达中华民族伟大复兴的胜利彼岸，前路必然是荆棘密布、风高浪急甚至惊涛骇浪，需要我们以"行百里者半九十"的清醒和"咬定青山不放松"的坚定，砥砺奋斗、久久为功。我们要高举中国特色社会主义伟大旗帜，贯彻落实好党的二十大精神，以全党深入开展学习贯彻习近平新时代中国特色社会主义思想主题教育为契机，加强理论学习、厚实理论功底、提升理论修养，坚持不懈用习近平新时代中国特色社会主义思想凝心铸魂、滋养初心、引领使命，运用贯穿其中的马克思主义立场观点方法改造好主观世界和客观世界。"志不求易者成，事不避难者进。"中华民族伟大复兴不是只靠坐收渔利和守株待兔就能盼来的"天功"，而是需要我们辛勤耕耘才能换来的硕果。我们要坚持理论联系实际的优良作风，贯彻践行新发展理念，把学习党的创新理论的成果转化为实践理性和动力，深化对经济社会发展规律的认识，在解决改革发展难题中统筹把握当前与长远、内涵与外延、发展与安全的关系，全面增强战略思维、辩证思维、创新思维和底线思维。要大兴调查研究之风、大力支持党员干部"下沉式"实践，不仅要以问题导向、痛点思维和"钉钉子"的实干精神回归金融服务实体经济本源，问需问效、纾困解难，不断满足人民群众对美好生活的需要，让党员干部在实践中经风雨、长才干、练党性，还要秉持同理心态、共情能力和"俯身求教"的谦虚态度，积极向人民群众学习勤奋的劳动精神、管用的工作技能和旷达的人生智慧，在实践中进一步践行从群众中来、到群众中去的工作方法，进一步树牢以人民为中心的发展思想。榜样是时代的灯塔，是看得见的精神力量。我们还要充分发挥以张富清老英雄为代表的榜样引领作用，一方面，要大力开展榜样教育，引导党员干部学习先进、看齐先进、争当先进，让榜样精神融入企业文化、汇入行动理念，以榜样正能量凝心聚力、开创新局。另一方面，要以榜样为镜推进"刀刃向内"的自我革命，督促检视剖析、力促改革发展，打造一支忠诚干净担当的建设银行金融干部队伍，不断提升金融服务质效，坚定不移走好中国特色金融发展之路，以金融高质量发展助推经济社会高质量发展。

  本书在编写过程中得到了中央组织部、中央宣传部、中共中央党校（国家行政学院）、中央和国家机关党校、中共来凤县委、张富清同志原所在部队等的关注和指导，参考了《解放军报》等主流媒体刊发的报道以及邱克权、邱凯著的《党的好战士：张富清》，田天、田苹著的《父亲原本是英雄》等书籍，在此一并表示衷心感谢！

  由于水平有限，书中不足之处在所难免，敬请广大读者批评指正！